志水 宏吉
高田 一宏 編著

マインド・ザ・ギャップ！

現代日本の学力格差とその克服

大阪大学出版会

はじめに

　本書のタイトルを「マインド・ザ・ギャップ！」とした。「すき間や段差に気をつけろ！」という意味の英語である。
　皆さんはロンドンの地下鉄に乗った経験をお持ちであろうか。地下鉄を利用する際にかならず聞かれるのが、Mind the gap, please. という、太く長い、男性の場内アナウンスの声である。しばしばイギリスを訪問する私などは、その声が耳について離れない。
　その際の「ギャップ」とは、ホームと列車ドアとの「段差」のことである。ロンドンの地下鉄の、その段差はかなり大きい。だから「気をつけなさい」というわけである。日本から初めて旅行で行った人々には、びっくりするほど大きく感じられる「ギャップ」だ。
　この本の主題は、子どもたちの学力の間にある「ギャップ」、すなわち「学力格差」である。この問題を私個人は、かれこれ十数年にわたって探究してきた。子どもたちの学力格差の実態がいかなるものなのか。それは近年どのように変化しつつあるのか。その格差は、どのような社会的要因と関連しているのだろうか。そして、その格差を縮小するには、どのような具体的手立てがあるのか。これらの問いが、本書で追究されることになる。
　子どもたちの学力格差をこのまま放置すれば、将来大変なことになるという危機感を私たち執筆陣は有している。私たち研究者のみならず、すべての教育関係者の英知を集めて、何とかしなければならない。そのような問題意識を「マインド・ザ・ギャップ」というフレーズに込めたつもりである。

　本書のベースになっているのは、2013年の11〜12月に大阪府内で実施された小・中学校（小25校、中15校、計39校）の小学5年生と中学2年生を対象とした学力実態調査のデータである。

文部科学省が、「ゆとり教育路線」から「たしかな学力向上路線」にかじを切ったのが 2003 年のことであった。それから早くも 10 年以上の歳月が経過した。2007 年からは全国学力・学習状況調査が実施されるようになり、子どもたちの学力についての社会的関心は急速に高まってきているが、その深刻化が懸念される格差の実態については必ずしも十分に明らかにされているわけではない。本書では、現代日本の「学力格差」の問題に学問的視点からのメスを入れたいと思う。

　私たちが行った上記の調査にいたる経緯・背景を簡単に述べておきたい。

　私志水が、岩波ブックレット（苅谷剛彦・志水宏吉・清水睦美・諸田裕子『調査報告「学力低下」の実態』岩波ブックレット、No. 578、2002 年）において、小・中学生の学力の「2 こぶラクダ化」を指摘したのは、今から 13 年前のことである。当時は、いわゆる「学力低下論争」のまっただ中であった。本当に子どもたちの学力は低下しているのか。それを確かめるために、2001 年に学力調査を行った。その際に先行調査として採用したのが、1989 年に大阪府下で実施された、同和地区の子どもたちの学力実態調査（学力テストと生活・学習状況アンケート）である。1989 年の調査と同じ対象校・学年で、同じ設問・項目の調査を実施すれば一定程度の比較が可能になるだろうと考えた。その分析結果をまとめたものが、前掲著である。

　1989 年と 2001 年を比較すると、子どもたちの学力低下の傾向は顕著であった。各科目とも平均点はのきなみダウンしていた（特に、小学校算数の落ち込みがひどかった）。しかしながら、よくデータを見てみると、決してあらゆる層の子どもたちの学力が低下しているというわけではなく、かつてと比べて下位層の占める割合が増大していること、すなわち、学力の「2 こぶラクダ」化傾向が進行していることが判明したのであった。以前なら一団となって走っていたマラソン集団が、第一集団と第二集団に分かれて走るような状況になってきていることが見いだされたのである。端的に言うなら、「学力低下」の実体は、「学力格差の拡大」であった。

　それから 12 年が経過した 2013 年の時点で、私たちは第 3 弾の調査を企画・実施した。「2 こぶラクダ」化のきざしが見えた子どもたちの学力は、

21世紀に入ってどのような変貌を遂げたと言えるのか。顕在化しはじめた学力格差の実態は、今日どのような様相を呈しているのだろうか。その問いに答えるべく企画・実施されたのが今回の2013年調査であり、その結果の概要は同じく岩波ブックレットから刊行されている（志水宏吉・伊佐夏実・知念渉・芝野淳一『調査報告「学力格差」の実態』岩波ブックレット、No. 900、2014年）。本書『マインド・ザ・ギャップ！』は、そのブックレットでの分析をさらに強化・発展させたものである。

3回の調査のプロフィールについては、第1章7〜12ページに改めて整理しているのでそちらをごらんいただきたい。要するに、12年を隔てて3回の調査が実施された（1989→2001→2013）ということである（いずれも、干支で言うならへび年にあたる）。それぞれのメインテーマは、「同和地区の低学力」→「学力低下」→「学力格差」と移り変わりがあるものの、同じ対象校での経年比較ができるという点で、本調査は他にほとんど類例のない貴重なデータを提供してくれるものである。

「3時点での経年比較」が本書の第一の特徴とするなら、その第二の特徴は、この本が「温かい知」の産出を求めて編まれているということである。「温かい知」とは、私自身の造語である（志水宏吉「冷たい知と温かい知」、大阪大学教育文化学研究室『教育文化学年報、2015年』）。

従来、科学的な知は、客観性・普遍性・論理性などを特徴とするものがよいとされてきた。私たちが専門とする教育社会学の領域でも同様であり、この種の調査データを中心に据えた刊行物においては、冷徹な分析にもとづいた統計的事実やそれに対するクールな解釈・判断が展開されるのが常であった。「近年、学力格差が広がりつつある」「その格差は家庭環境の違いに根ざしている」「格差は学年進行とともに拡大する」等々。こうした「知」は、それはそれで価値はあるものの、いささか取りつく島がない。「冷厳ではあるが、展望が見えない」そうした種類の知のことを、「冷たい知」と呼んでおきたい。

それに対して、「なるほどな。学力格差はあるけれど、こういうふうに見

れば事態は改善されるかもしれない」「家庭背景の力は大きいようだが、これだけがんばっている学校もあるんだな」「学力をあげるためには塾に行くことと思いがちだけれど、もっとほかのやり方もあるようだ」といった「知」の形態もありうる。ひとことで言うなら、「きびしい状況のもとでの展望を語る」ような「知」の形、これが私の言う「温かい知」である。

　本書で実現したいと私たちが考えたのは、一つでも二つでもよいから、そうした「温かい知」を産出したいということであった。本書の内容に即して言いかえるなら、「調査データの分析を通じて、学力格差克服の方向性・筋道を提案する」こと。これを私たちの志とした。その志が実現したかどうかは、皆さんに本書の内容を実際に読んで判断していただくしかないだろう。

　最後に、本書の構成を示しておく。本書は、全体で11章から成り立っている。

　第Ⅰ部「学力格差の構造」には、3つの章を収めた。第1章は、全体の序論的位置づけをもつもので、本書を作成するにいたった経緯と今回の調査（2013年調査）の概要について述べる。第2章では「家族の教育戦略」、第3章では「社会関係資本」をキーワードに、子どもたちの間の学力格差の構造に迫る。

　第Ⅱ部「教育実践と学力格差」にも、3つの章が収められている。第4章では「授業改革」、第5章では「学び合い」や「人間関係づくり」を切り口に、学校における教育の中身が子どもたちの学力にどのような影響を与えているかについて検討する。さらに、第6章では、大阪の特徴である「集団づくり」の実践が子どもたちの社会観に与える影響について検討を加える。

　第Ⅲ部「学力格差の克服」には、4つの章を配置した。まず第7章では、私たちのグループの「お家芸」である「効果のある学校」論にもとづく経年比較を行っている。そのうえで第8章において、継続的に「効果のある学校」と判定された学校の教育の中身を質的に検討し、「学校効果」を持続させる要因について考察する。また第9章においては、逆に「学校効果」が現れにくい学校の特徴・課題について、子どものウェルビーイングの視点から検討

を加える。最後の第10章は、本書のまとめに当たる部分である。本章において見出された知見を改めて整理し、子どもたちの学力格差を縮小・克服するための具体的手立てについていくつかの提案を行う。

　最後に「補論」（第11章）として、学力研究の方法論的洗練のために、「項目反応理論」という近年注目を集めている分析手法を取り上げ、本データへの適用を試みた。

志水宏吉

目　次

はじめに（志水宏吉）　i

第Ⅰ部　学力格差の構造

第1章　2013年大阪学力調査 ……………………… 志水宏吉　3
1. 調査の背景　3
2. 調査のアウトライン　7
3. 学力のトレンド──3時点比較　12
4. 子どもたちの生活・学習状況の変化
　──アンケート項目に見られる変化から　17
5. 2001年から2013年への変化をもたらしたもの　20

第2章　家族の教育戦略と子どもの学力 ……………… 伊佐夏実　28
──投資と期待のジェンダー差──
1. はじめに　28
2. データの概要　32
3. 家庭背景からみる学力のジェンダー差　33
4. 投資と期待　36
5. 投資と期待が学力に与える影響は
　ジェンダーによって異なるのか　44
6. おわりに　49

第3章　社会関係資本と学力の関係……………………芝野淳一　55
　　　── 地域背景の観点より ──
　　1. はじめに　55
　　2. データの概要　58
　　3. 社会関係資本のアクセス可能性と分布　63
　　4. 地域背景別にみた社会関係資本が学力に与える影響　66
　　5. おわりに　70

第Ⅱ部　教育実践と学力格差

第4章　授業改革は学力格差を縮小したか……………前馬優策　81
　　1. はじめに　81
　　2. 使用データおよび指標について　85
　　3. 授業スタイルにもたらされた変化　85
　　4. 授業スタイルと学力の関係　92
　　5. 授業で子どもの水準・格差は変わるのか　94
　　6. おわりに　102

第5章　「学びあい」や「人間関係づくり」は
　　　学力格差を縮小するか……………若槻　健・伊佐夏実　107
　　1. 問題設定　107
　　2. 先行研究と分析の視点　109
　　3. 学びあい・人間関係と学力　111
　　4. 学びあいに積極的に取り組み、人間関係が
　　　豊かなのは、どのような学級か　119
　　5. まとめと今後の展望　121

第6章 「集団づくり」は公正な社会観を育むか？…知念　渉　125
　　　── 学力形成に付随する社会関係の社会化機能 ──
　　1. 問題設定　125
　　2. 基本的な分布の確認　128
　　3. 公正な社会観の規定要因分析　132
　　4. 学習における社会関係の規定要因分析　136
　　5. 結論　140

第Ⅲ部　学力格差の克服

第7章 「効果のある学校」の特徴……………………高田一宏　147
　　　── 3時点の経年比較より ──
　　1. 問題設定　147
　　2. 学校の効果と児童・生徒の生活背景　148
　　3. 通塾・非通塾グループの学力格差　153
　　4. 家庭学習習慣・基本的生活習慣・持ち物　155
　　5. 自尊感情　159
　　6. まとめと今後の研究課題 ─ 生活の変化とその背景　162

第8章 「効果のある学校」を持続させている要因の検討
　　　── 継承される「思い」と「仕組み」──
　　　………………………………若槻　健・西　徳宏　168
　　1. 問題設定　168
　　2. 継続して「効果のある学校」となったA小学校とB中学校　171
　　3. 「効果のある学校」を持続させている要因の検討　173
　　4. 拡がる「思い」と「仕組み」　195
　　5. まとめ　198

第9章　「効果」が現れにくい学校の課題……………高田一宏　202
　　　　―― 子どものウェルビーイングの観点から ――
　　　1. 問題設定　202
　　　2. D小学校 ―急速な小規模化への対応　204
　　　3. E中学校 ―「地域の学校」としての使命　208
　　　4. まとめと今後の課題
　　　　　―「効果のある学校」から「ウェルビーイングのための学校」へ　213

第10章　調査から実践へ………………………………志水宏吉　230
　　　はじめに　220
　　　1. 各章の要約　221
　　　2. 学力の経年変化 ―回復をもたらしたもの　224
　　　3. 学力の規定要因 ―社会関係資本の可能性　226
　　　4. 教育活動との関係 ―学力と社会性との相乗効果を生む　230
　　　5. 学校運営との関係 ―「効果のある学校」論の再検討　232
　　　6. 今後の課題　236

補論　学力分析のための方法的革新

第11章　項目反応理論による「学力低下・学力格差」の
　　　　実態の再検討……………………………………川口俊明　239
　　　1. はじめに　239
　　　2. 日本で実施されている学力調査の欠陥　241
　　　3. 古典的テスト理論と項目反応理論　244
　　　4. IRT（項目反応理論）による分析　246
　　　5. データの概要／分析結果　251
　　　6. まとめ　257

おわりに（高田一宏）　261
執筆者紹介　264

第Ⅰ部

学力格差の構造

第 1 章

2013年大阪学力調査[*]

志水宏吉

　本章では、この本のベースとなっている2013年大阪大学学力調査の概要について紹介する。

　まず1節で、近年の学力問題の歴史をふまえたうえで、本調査の実施にいたる経緯について述べる。2節では、この調査のアウトラインを説明する。3〜4節が、この調査の結果の概要である。3節では、3時点（1989 → 2001 → 2013）における学力の変化について、4節では、それに伴う子どもたちの生活・学習状況の変化について見てみる。続く5節では、2001年から2013年にかけて学力格差が縮小した理由について、若干の検討を加えることにしたい。

1. 調査の背景

1) テストレジームの広がり

　世は学力テストばやりである。学校現場はテストであふれかえっている。昔もそうだったのではと思われる読者の方々もおられよう。たしかに昔からテストはあった。痛い目に遭ってきた人も多いだろう。ただ、テストの用いられ方に、昔と今とでは大きな違いがあると私は感じている。それを「テストレジーム」の広がりという言葉で、ここでは表現しておきたいと思う。

　テストレジームとは、「テストを中心に学校教育が動いている」様子を表す言葉である。21世紀に入ってから、日本の学校現場では急速にテストレジーム化が進行しているように思われる。特にそれは、従来テストの世界と

は相対的に自律していた小学校現場で顕著である。かつての小学校の教師たちはテストの結果に一喜一憂するといった事態にさらされることは少なかったが、今日ではもはやそうではない。自分のクラスの、あるいは学年・学校のテスト結果に神経をとがらせなければならない局面が明らかに増えている。

　それはテストが、個人の成績や偏差値を割り出すためにもっぱら使われていた時代から、学校や教師の集合的パフォーマンスの指標となる時代に移り変わっていることの反映である。2007年からスタートした全国学力学習状況調査の社会的な位置づけ、扱われ方を想起していただければよいだろう。子どもたちの間にある学力面での差異は、もはや個人の問題だけではない。それは、クラスや学校や地域の問題でもあるのだ。こうした現象が最初に起こったのは、イギリスやアメリカといったアングロサクソン系の国々である。いわゆる新自由主義的な教育改革の流れが、こうしたトレンドを生んできた。その流れが世界各国に広がってきている（志水・山田 2015）。

　日本のなかでこのような動きが顕著になった発端は、1999年に勃発したと言われる「学力低下論争」である（市川 2002）。2000年に実施されたPISAと呼ばれる国際比較学力テストの結果が公にされるにいたって、その流れは決定的なものとなった。「PISAショック」と呼ばれたドイツの状況ほどではなかったものの、かつては「世界一」と言われた日本の子どもたちの学力水準の低下が大きく取り沙汰された。危機感をもった文部科学省は、2003年ごろに、いわゆる「ゆとり教育」路線から「たしかな学力向上」路線へと舵を切るにいたる。その後の動向については、皆さんご承知のところであろう。

　本来学力テストの主要目的は、子どもたちの学力の状況をつぶさに把握し、今後の教育指導の改善に向けてのヒントを得ることにある。しかし今日では逆に、学校別や地域別の学力テストの点数を少しでもあげるために、日々の授業やその他の教育活動への「テコ入れ」が進むといった「倒錯」した状況すら見られるようになってきている。テストの結果という「手段」が、教育の「目的」となってしまうのである。良きにつけ悪しきにつけ、現代の

子どもたちが生活する学校はそのような色彩を強めている。

2) 学力格差の問題

　個々の学校や市町村・都道府県の学力テストの「平均点」が問題にされる風潮が社会的に強まっているなかで、教育関係者や研究者の世界では、子どもたちの間にある「学力格差」の問題が俄然クローズアップされている。その一つの、おそらく主要な引き金となったのは、私たちの研究グループの調査結果である。

　今回の 2013 年調査の前段階として 2001 年に実施された調査を分析した私たちは、2002 年に出版されたブックレットにおいて、以下の 2 つの事実を指摘した（苅谷他 2002）。

① 　子どもたちの学力に「2 こぶラクダ化」の傾向が見られる。
② 　「2 こぶ化」を抑止している「効果のある学校」がたしかに存在している。

　上記の①は、「子どもたちの学力低下の実体は、学力格差の拡大にある」という主張につながる。この指摘は発表当初は目新しいものであったが、それから十数年が経過した現在では、「学力格差こそが問題である」という認識は、すべての教育関係者に共有されるようになっていると言ってよい（上記の②も重要問題であるが、このテーマは本書の 7〜9 章の主題となる）。

　それ以降、主として教育社会学者の手によって、子どもたちの学力格差の実態についての経験的研究が蓄積されている。その代表的なものの一つが、2001 年調査の共同研究者である苅谷剛彦の手によるものである。

　苅谷は、1989 年調査と 2001 年調査の結果を比較し、「学力の階層間格差は拡大しつつある」という主張を行っている（苅谷 2004）。両調査では、親の職業や学歴といった階層指標はとられていないため、ここでの「階層」とは、「家の人はテレビでニュース番組を見る」とか「家の人に絵本を読んでもらったことがある」といった項目を合成して作成した「文化的階層」とい

う代替指標である（同前書、pp. 130-131）。また同時に氏は、「塾にも行かず家でもまったく勉強しない子ども」を No study Kids と称し、その割合がかなり増えていることが学力格差の拡大に大きな影響を及ぼしているとした。最終的に氏が主張するのは、1989年から2001年という、いわゆる「ゆとり教育」路線が推進された時期に、子どもたちの学力格差が顕在化してきたという事実である。端的に言うなら、教育政策の影響によって学力格差は拡大したというのである。

　ここで挙げておきたい今ひとつの研究が、耳塚寛明らのものである。耳塚は、お茶の水女子大学の COE プログラムの一環として実施された継時的な学力調査の結果をもとに、子どもたちの学力形成プロセスに大きな「地域差」がありうることを指摘した（耳塚 2007）、すなわち、大都市圏に位置する A エリアでは、私立中学への進学が多く、その準備教育など家庭の教育戦略の違いの階層間格差が顕著であり、それが子どもたちの相対的に大きな学力格差を生じさせていること、逆に地方都市である C エリアでは、受験塾がほとんどなく、家庭背景が学力に決定的な影響力を持たないこと、を明らかにした。学力の階層間格差は、主として大都市部の問題であるとしたのである。

　なお耳塚は、2013年の全国学力学習状況調査において初めて実施された保護者調査のデータ分析をも担当し、家庭の社会経済的背景と子どもたちの学力の関連性を指摘したうえで、家庭での学習時間を確保することが不利な環境を克服する手段となりうるという主張を行っている（お茶の水女子大学 2014）。

　これらに対して、私志水を代表とする研究グループでは、独自の視点からの学力格差研究を展開してきた。第一には、上記の②の延長線上に位置する、学力格差を克服する「効果のある学校」に関する質的研究である。この研究の流れの成果として提示できるのが、「しんどい子に学力をつける7つのカギ」（志水 2005）であり、「『力のある学校』のスクールバスモデル」（志水 2009）である。その中身については、それぞれの文献を参照していただ

きたい。先にも述べたが、この研究の流れに即して展開しているのが、本書7〜9章の3つの論文である。

次に、「つながり格差」仮説について述べておこう（志水・高田 2012 ; 志水 2014）。先に見た苅谷や耳塚の先行研究では、階層間の経済的・文化的格差が学力格差の基盤にあるという議論を展開している。これは、欧米の教育社会学においてつとに指摘されてきた論点である。日本においても、欧米と同様に、家庭間の経済力や文化的環境の違いが、子どもたちの間の学力格差を導いているというわけである。

それに対して、私たちのグループでは、2007年の全国学力学習状況調査の都道府県別の結果を1964年のそれと比較検討することを通じて、経済や文化に還元できない要因が現代の小・中学生の学力格差に大きくかかわっている可能性を指摘した。これが「つながり格差」仮説である。この詳しい中身については、上記の参考文献をごらんいただきたい。端的に言うなら、子どもたちを取り巻く人間関係の豊かさが、経済的・文化的要因と同程度に子どもたちの学力形成に深く関与しているという事実が明らかにされたのである。人間関係（＝「つながり」）の豊かさは、「社会関係資本」の豊かさと言い換えることができる。社会関係資本と学力との関係、これは本書の各章の底流をなす問題意識であり、特に6章ではこの問題が直接に論じられる。

2. 調査のアウトライン

1) 3回の調査のプロフィール

本書のもととなるデータは、2013年に実施された大阪大学学力調査によって得られたものである。この調査は、その経緯からして「第3回調査」としての性格をもつ。先行する調査は、1989年に実施された「第1回調査」、そして前節でも言及した、2001年に実施された「第2回調査」である。

これら3つの調査の概要をまとめたものが、次の表1-1である。

第1回調査が行われた1989年は、バブル経済がはじける前のことであり、教育界ではいわゆる「ゆとり教育路線」が強化される直前の段階にあった。

（表1-1）3回の調査のプロフィール

実施年	目的	実施責任者	対象と方法
第1回 (1989年)	大阪の同和地区の児童生徒の低学力の実態を把握する。	中野陸夫（大阪教育大） 池田　寛（大阪大）	府内の小学校25校、中学校14校。小5と中2対象の学力テスト（国、算・数、英）と生活アンケート
第2回 (2001年)	児童生徒の学力低下の実態を把握する。	苅谷剛彦（東京大、当時） 志水宏吉（東京大、当時）	上記のうち小16校、中11校。小5と中2対象の学力テスト（国、算・数）と生活アンケート
第3回 (2013年)	児童生徒の学力の動向を時系列的に捉えると同時に、学力格差の実態を把握する。	志水宏吉（大阪大） 高田一宏（大阪大）	第1回調査にエントリーの全校（小25校、中14校）。小5と中2対象の学力テスト（国、算・数）と生活アンケート、および保護者アンケート

　当時大阪を中心とする関西では、同和地区の子どもたちの低学力問題が学校現場の争点のひとつとなっており、その解明・克服のために学力テストと生活アンケートを組み合わせた「学力実態調査」がいくつかの自治体で行われていた。大阪大学での私の前任者にあたる池田寛らを中心に、アメリカのマイノリティ研究の成果が取り入れられ、学力テストと生活アンケートを組み合わせた教育社会学的実態調査が開発・実施され、その手法が取り入れられ始めていたのである。これら同和地区の低学力実態調査は、学力テストのみを実施し、領域別分析や誤答分析にほぼ終始していた日本の状況のなかでは異色の存在であり、今日では貴重な史料的価値を有するものであると言える。

　いわゆる「学力低下論争」が勃発したのが1999年から2000年にかけての時期であった。第2回調査が実施されたのは、その議論が沸騰しているさなかのことである。1990年代に続いた「ゆとり教育路線」のもとで、子どもたちの学力が低下してきたのではないかという危機感が社会をおおっていた。私たちはその論争に一石を投じるべく、2001年に第2回調査を実施し

た。その主要な結果（＝「学力低下は学力格差の拡大である」）は、先に見た通りである。2000年に実施された第1回のPISA調査（国際学力比較テスト）の結果の公表などを受けて、文部科学省は2003年より「たしかな学力向上路線」に転じた。私たちの第2回調査は、その路線転換に一定の影響を与えたと言うこともできるかもしれない。

　そして、今回の調査である。2001年から2013年へといたるこの12年間は、間違いなく「たしかな学力向上路線」の期間であった。2000年から3年おきに行われているPISA調査に加え、2007年からは国内的に学力・学習状況等調査が毎年実施されることになった（2011年は東日本大震災のために中止）。全国テストの都道府県順位に教育委員会や現場教師たちは一喜一憂し、「早寝、早起き、朝ごはん」などをスローガンとする地域・家庭・学校が一丸となった学力向上運動が全国的に広がりを見せ、早くも数年が経過した。冒頭に述べたテストレジームの広がりは、子どもたちや保護者の意識にも一定の影響を及ぼしているに違いない。

　12年を隔てて3回めの調査を実施することは、私自身の念願であった。こうした社会の動きは、実際に子どもたちの学力にどのような影響を与えているのだろうか。2012年のPISA調査の結果によれば、日本の子どもたち（15歳児）の学力はかなり回復傾向にあると言われているのだが、より年少の子どもたちにはどのような変化が生じているのだろうか。「大阪」という地域的な限定はあるものの、その問いに答えようとしたのが今回の第3回調査である。

2）今回の調査の概要

　表1-1にあるように、今回の調査の対象校は大阪府内の小学校25校と中学校14校である。これら39校は、いずれも1989年の第1回調査の対象となった学校である。当時の記録をみると、中学校14校はいずれも校区に同和地区のある「同推校」（＝同和教育推進校）であり、小学校はその校区に位置する「同推校」および「一般校」である。Aという中学校の下にBとCという小学校が存在する形を思い浮かべていただくとよいだろう。今回の

調査対象校の多くは、そのような「トリオ」として選択された小・中学校である。

2001年の第2回調査では、調査へのエントリーを辞退する学校がいくつか出た。小学校で25校中9校、中学校で14校中3校。したがって、第2回調査の対象校は、小学校が16校（全体の64.0%）、中学校が11校（同78.6%）となっている。要するに、全体の2～3割の学校が諸々の理由から調査を辞退した。それが、今回の第3回調査では幸いにもすべての学校の協力を得ることができた。テストレジームの広がりにより、テストを受けることを当然とするような雰囲気が学校現場に醸成されているのかもしれない。いずれにしても、本調査を企画立案した私たちからすると、全校の協力を得ることができたのは有難いことであった。

さて、各章の分析結果を理解するうえで留意していただきたいのは、本第3回調査の調査対象の「サンプル特性」である。上記のような経緯・背景をもつものとして収集された今回のデータが、日本全体を代表するものと言えるかというと答えは「否」である。今回の保護者調査で得られた保護者の世帯収入と母親の学歴の分布（小学5年生の保護者のもの）を、2013年度の全国テストで得られたものと比較してみたのが表1-2である。

世帯収入と母学歴の両方で、私たちの調査対象は全国平均を一定程度下回る水準となっている。とりわけ世帯収入が300万円以下の世帯が23.5%存在しているという数値には、留意しておくべきだろう。概括的に言うなら、私たちのサンプルは、全国平均と比べると社会経済的にややきびしい層に偏っていると見ることができるのである。

（表1-2）保護者の世帯収入と母親の学歴

	世帯収入				母学歴		
	300万円未満	300～600万円	600～900万円	900万円以上	高卒まで	専門学校・短大	大学以上
私たちの調査	23.5(%)	46.1(%)	22.9(%)	7.5(%)	49.5(%)	40.2(%)	10.3(%)
全国調査	15.0	41.5	28.5	15.1	44.1	42.0	14.0

第3回調査の中身は、1) 国語および算数・数学の学力テスト、2) 子どもたち対象のアンケート調査、3) 学校対象のアンケート調査、4) 保護者対象アンケート調査、の4点から成り立っている。

1) の学力テストのオリジナルは1989年調査のものである。この調査は、同和地区の子どもたちの低学力の実態を探ることを目的としていたため、教科の基礎学力を測定する問題が設定された。今日的に言うなら、全国テストの「A問題」に大まかに相当するものだと考えてよい。しかしながら、2000年代に入ってからは、子どもたちの思考力・判断力・表現力を伸ばすことが指導の重点目標とされ、全国テストにもこれらの力を測る「B問題」が設定されている。そこで、今回の各教科のテストにおいては、A問題の部分の精選を図り、全体の4分の1程度をB問題とすることとした。B問題の作成にあたっては、大阪府茨木市教育委員会の協力を得た。ここに記して、茨木市教委に感謝の意を表しておきたい。

今回の調査の特色の一つが、4) の保護者調査を実施したことである。2013年度の全国学力学習状況調査では、家庭環境と学力との関係をみるために、初めて「保護者調査」が実施された。画期的なことだと言わねばならない。その結果の一端は、前項で見た通りである。私たちの調査でもそれにならい、公開されている文科省調査の調査票を利用して保護者調査を試みた。回収率はそれほど高くはならなかったが、収集されたデータにもとづく分析を、いくつかの章で行っている。

次の表1-3に示したのが、3回の調査の対象校・対象者数である。すべての対象校の参加を得ることができた第1回と第3回を比べると、小・中の双方において、児童生徒の数が6割程度に減少していることが知れよう。一世

(表1-3) 各回の対象校・対象者数

	小		中	
第1回 (1989年)	25(校)	2101(名)	14(校)	2738(名)
第2回 (2001年)	16	921	11	1281
第3回 (2013年)	25	1367	14	1461

代(ほぼ25年)の間にいちじるしく少子化が進行したことを物語る数字ではある。

以下の分析に際しては、3時点(1989年・2001年・2013年)あるいは2時点(2001年と2013年)を比較する場合には、基本的に第2回の対象校(小16校、中11校)に合わせたデータセットを作成し、分析・考察を行った。他方、今回(2013年)にしぼった分析を行う際には全校(小25校、中14校)のデータを用いたことをあらかじめお断りしておく。

3. 学力のトレンド
——3時点比較

1)3回の調査の経年比較

本調査の最も大きな特徴は、3時点での比較ができることである。

例えば、小学校の算数では、各種の計算問題や面積・図形に関する問題、国語では、漢字の読み書きや言葉の意味・文法的知識に関する問題などの基本的な設問(今日的に言うなら「A問題」)に対して、1989年・2001年・2013年と、同じ対象校の子どもたちに回答してもらっている。1989年から2013年にいたる24年間で、子どもたちの学力にはどのような変化が生じたと言えるのだろうか。

その結果をまとめてみたのが、表1-4である。

表のなかの「アップ」とは正答率が「3％以上上がった設問」を、「ダウン」とは逆に「3％以上下がった設問」を、「横ばい」とは「増減がその範囲内に収まっている設問」の数をそれぞれ表している。たとえば、上段(2001年から2013年の変化を示す)の小学校国語(「小・国」)では、全体で26問あるうち、16問がアップ、5問がダウンし、そして同じく5問が横ばいだったということである。

まず、上段の数値について見てみよう。「小・国」「小・算」「中・国」という3つの科目において、「アップ」の数が過半数に達していることがわかる。すなわち、それらの科目では、2013年の子どもたちの成績は、2001年の子どもたちよりもよくなっていることがわかるのである。それに対して、

(表 1-4) 設問ごとの正答率の変化

2001 → 2013

	アップ		ダウン		横ばい		全体
小・国	16 問	61.5%	5 問	19.2%	5 問	19.2%	26 問
小・算	28	66.7	5	11.9	9	21.4	42
中・国	16	55.1	3	10.3	10	34.5	29
中・数	5	18.5	7	25.9	15	55.6	27

1989 → 2013

	アップ		ダウン		横ばい		全体
小・国	7 問	26.9%	11 問	42.3%	8 問	30.8%	26 問
小・算	3	7.1	23	54.8	16	38.1	42
中・国	5	17.2	17	58.6	7	24.1	29
中・数	0	0.0	19	70.4	8	29.5	27

(注)「アップ」は正答率が 3% 以上上昇、「ダウン」は 3% 以上低下、「横ばい」は変化が ± 3% 未満にとどまっている項目

「中・数」については、「ダウン」の数が「アップ」より若干多くなっており、成績が向上したとは言えない結果となっている。しかしながら、全体的に言うなら、2013 年の結果は 2001 年に比べると上昇傾向にあると指摘することができるだろう。

次に、下段の数字に目を移そう。これは、今回 (2013 年) の子どもたちの結果を 1989 年の子どもたちのそれと比べてみたものである。4 つの科目のすべてにおいて、「アップ」よりも「ダウン」の数が多いことが知れる (「中・数」にいたっては、「0」対「19」というきわめてきびしい結果となっている)。要するに、1989 年の子どもたちは、現代の子どもたちに比べると、かなり高い基礎学力の水準を誇っていたということである。

2 つの結果を重ね合わせると、次のように言うことができる。すなわち、1989 年から 2001 年にかけて、子どもたちの基礎学力の水準は大きく低下したが、そこから 2013 年にかけては、ある程度の回復傾向が見られるのである。「V 字回復」とまではいかないが、「弱い V 字回復」とでも呼べるぐら

(表1-5) 平均得点の変化

	小		中	
	国語	算数	国語	数学
1989年	75.6 (16.3)	79.0 (18.5)	69.4 (20.3)	68.8 (21.5)
2001年	70.5 (18.6)	66.6 (21.3)	63.8 (21.4)	62.6 (25.3)
2013年	73.9 (15.5)	73.6 (19.0)	67.1 (19.1)	61.8 (22.9)

(注) かっこ内は標準偏差

いの回復だと指摘することができる。

上記の各科目の結果を、100点換算にしてみたものが次の表1-5である。

小学校の2つの科目は、いずれも2001年の結果が最も悪くなっていることがわかる。算数にいたっては、79.0点 (1989) → 66.6点 (2001) → 73.6点 (2013) と、2001年には12.4ポイントも落ち込んでいる (そして今回は、7ポイント回復した)。中学校国語についても同様の結果となっている。唯一気がかりなのが、中学校数学の結果であり、2001年の62.6点から2013年の61.8点と、ごくわずかながら平均点が低下しているという結果が出ている。

上記の結果をまとめるなら、「2001年から2013年にかけて、子どもたちの基礎学力は弱いV字回復傾向にある」ということになるだろう。これは、15歳児に関するPISA調査と呼ばれる、国際比較学力テストの結果の動向とも符合するものである (すなわち、PISAでは、2003年と2006年の結果に落ち込みが見られたが、2009年と2012年の結果はかなりの上昇傾向にあると言える)。

2) 学力格差はどうなっているか

さて、本書のテーマは「学力格差」である。この3時点で、学力格差の状況はどうなったと言えるだろうか。

子どもたちの学力格差の状況を要約的に示す数値が、表1-5のかっこ内に示された「標準偏差」である。標準偏差とは、得点のばらつきを示す数値である。数値が大きいほど、学力テストの点数がばらついていることを意味する。すなわち、数値が大きくなればなるほど、学力の格差が広がっていると

解釈することができるのである。

　表の数値をみると、「小学校国語」「小学校算数」「中学校国語」「中学校数学」の４つの科目とも、2001年の値が最も大きくなっていることがわかる。つまり、3時点を比較すると、学力格差が最も大きかったのが2001年だったのである。その2001年と比べると、2013年の標準偏差は、押しなべて小さくなっている。1989年の数値と比べると、大きいものも小さいものもあるが、ほぼ同様の数値となっていると言っていい。これらのことから、本調査の範囲内では、2001年でもっとも学力格差が大きくなり、2013年ではそれが1989年時点での水準にまで回復した（＝格差が縮小した）と言うことができる。

　次にあげる図1-1〜図1-4は、各科目の得点の分布（「9点以下」「10〜19点」…「90点以上」の10段階に分けたもの）を、調査年別にみたものである。
　すべてのグラフで、1989年が最も高得点層（70点以上）が多く、2001年が最も低得点層（40点未満）が多い波形となっていることが見てとれよう。特にそれが顕著なのが、「小学校算数」のグラフである。80点未満のところまで一貫して01年の数値が高く、90点以上の層では、9.2％（89年）→ 22.6％（13年）→ 35.5％（89年）ときわめて大きなコントラストが描かれている。
　また、4つのグラフの中で、ユニークな形状を示しているのが「中学校数学」のものである。表1-5でみたように、4科目のなかで唯一2013年の結果が2001年より下回っていたのが中学校数学である（2001年の62.6点に対して、2013年は61.8点）。2001年と2013年の波形を比べてみた場合、上位層も下位層も2001年の方が多くなっていることがわかる（逆に、当然のことながら、中位層は2013年の方がかなり多い）。つまり、中学校数学にかぎって言うなら、2013年では低得点層が減った一方で、高得点層も減少したために、全体としての平均値は上昇しなかったということになる。いずれにしても、格差という観点から言うなら、中学校数学においても（というか、特に中学校数学においては）、2001年の格差が最も大きく、2013年ではそれがかなり縮小したという経緯があると判断できる。

以上をまとめると、1989年の時点に比べて2001年でかなり拡大した子どもたちの間の学力格差は、2013年の時点ではかなりの程度縮小したと主張することができる。たしかな学力向上路線のもとで、低学力層の基礎学力を下支えしようという機運が盛り上がり、それに即した現場実践が積み重ねられるなかで、一定の成果がもたらされたということだろう。ただし、先に断っておいたように、ここでの分析は、あくまでも過去との比較が可能な「A問題」的な設問に限定して行ったものである。「B問題」をふくめた場合に、それがどうなるかは何とも言えないところである。

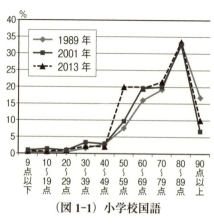

（図1-1）小学校国語

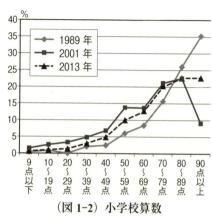

（図1-2）小学校算数

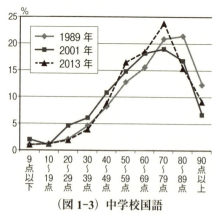

（図1-3）中学校国語

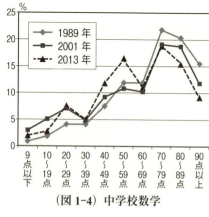

（図1-4）中学校数学

ただ、A問題とB問題の正答率の間には高い相関があると推測される。実際に今回のデータを分析した結果においても、そのことは確認されている（志水他 2014：16-18）。「2001年から2013年にかけて学力格差は縮小した」という主張は、かなりの妥当性をもつものと位置づけてよいだろう。

4. 子どもたちの生活・学習状況の変化
── アンケート項目に見られる変化から

次に見ておきたいのは、子どもたちに対する質問紙調査の結果の3時点比較である。

本調査では、アンケート項目として「家族との会話」「生活習慣」「持ち物」「家庭学習」「生活時間」「習い事」「学校生活」「自尊感情」「社会観」といったものを用意している。これらの項目に関して、子どもたちの回答にはどのような変化がこの24年の間で見られるであろうか。

最初に指摘しておきたいポイントは、小学生と中学生との間で、ほとんど同様の傾向性が共通して見られたという事実である。「小学生はこう変わっているけど、中学生は逆にこのようになっている」という結果は一つも見られず、「小学生も中学生もおしなべてこう変わってきている」という傾向が一貫して見られたのである。具体的には、以下のような変化が観察された。

表1-6は、小学生（5年生）の数値である。全体で57個ある共通項目のうち、変化が認められた主だった30項目について数値を並べている。

小学生の生活や意識の変化に関して、この表からうかがい知ることができるのは、およそ以下の5点である。

第一に、子どもたちの生活習慣は、1989年から2001年にかけてやや乱れたものの、13年には「立て直し」の兆しが見られる（⑤～⑧）。すなわち、「朝食」「歯磨き」「あいさつ」「就寝」のいずれの項目においても、2013年の結果は2001年のそれよりも良好なものとなっている。生活時間の結果も、その傾向と符合する。「テレビゲームをする時間」（⑭）は若干増えてはいる（57.3分→61.9分）が、「家で勉強する時間」（⑫）は36.1分から46.5分に

10分程度増え、逆に「テレビを見る時間」（⑬）は139.5分から130.2分へと10分程度短くなっている。

　第二に、それと連動して、彼らの学習習慣にも改善傾向が見られる。「学校の宿題をいつもする」（⑮）と答えた子どもの割合は、2001年の77.0%から13年では86.3%と大幅に伸び、89年の83.4%をも上回る数値となっている。わからないところを「ほうっておく」子どもたちの割合も若干だが減少している（⑯）。

　第三に、子どもたちの生活満足度が向上しているように見受けられる。すなわち、「学校生活はとても楽しい」（⑳）と答えた子どもたちは、2013年が最高で、34.3%という値を示している。3人に1人以上が、学校生活におおいに満足しているというわけである。さらに、「私はとても幸せだ」（㉒）と答えた子どもの比率も、2013年では大幅に増加している（それまでの40%台前半から53%台へ）。現代では、2人に1人以上が「とても幸せ」と感じるようになっているのである。

　第四に、そうした数値と連動するように、子どもたちの自尊感情が全体として良くなってきている（㉑〜㉗）。特に㉓「やると決めたことは最後までやり通す」や㉖「みんなの前ではっきりと自分の意見が言える」や㉗「難しいことにぶつかった時こそがんばる」といった項目についての伸びが著しい。その理由の一つとして考えられるのが、親や教師といった周囲の大人とのコミュニケーションの改善という要因である。㉔「親は私の気持ちをよくわかってくれる」（47.0% → 59.0%）や㉕「先生は私の気持ちをよくわかってくれる」（24.3% → 30.1%）の数値が、同様に2001年から2013年にかけて大幅に向上しているのが、その一つの現れである。また、おしなべて「家族との会話」（①〜④）が以前より増えてきていることも、その関連から理解することができる。

　第五に、上の点と関連して、子どもたちの社会観（㉘〜㉚）もポジティブなものへと変化しつつある兆しが認められる。すなわち現代の子どもたちは、2001年の子どもたちと比べて、㉚「人がかりに貧乏でも、必ずしもその人が悪いからとは言えない」と感じ、㉙「誰でもがんばれば認められる」

（表1-6）小学5年生のアンケート調査。生活・学習状況の変化

		1989	2001	2013
家族との会話	①友だちのこと「よく話す」	47.8%	56.3%	61.5%
	②あそびや趣味のこと「よく話す」	28.8	32.4	40.5
	③自分の悩み「よく＋ときどき話す」	34.4	37.4	47.9
	④将来の仕事のこと「よく話す」	17.5	17.0	24.2
生活習慣	⑤朝食を食べる	83.2	92.4	94.4
	⑥朝、歯を磨く	94.9	80.1	87.9
	⑦「いってきます」「ただいま」のあいさつをする	90.5	87.5	92.9
	⑧決まった時間に寝る	29.9	25.4	32.1
持ち物	⑨携帯・スマホ「持っている」	4.6	17.5	47.7
	⑩PC「持っている」	4.2	10.0	13.7
	⑪自分だけの部屋「ある」	35.8	39.0	46.3
生活時間	⑫家で勉強する時間	51.1分	36.1分	46.5分
	⑬テレビを見る時間	140.2	139.5	130.2
	⑭テレビゲームをする時間	33.6	57.3	61.9
学習習慣	⑮学校の宿題を「いつも」する	83.4%	77.0%	86.3%
	⑯わからないところは「ほうっておく」	10.7	16.8	14.4
	⑰わからないところは「先生に聞く」	3.2	7.9	12.3
ならいごと	⑱「スポーツ」をならっている	28.8	38.4	47.7
	⑲「塾」でならっている	28.7	29.4	29.4
学校満足	⑳学校生活は「とても楽しい」	28.8	29.0	34.3
自尊感情	㉑学校の勉強には自信をもっている	19.4	20.9	25.6
	㉒私はとても幸せだ	42.4	44.1	53.4
	㉓やると決めたことは最後までやり通す	28.7	38.7	44.8
	㉔親は私の気持ちをよくわかってくれる	47.6	47.0	59.0
	㉕先生は私の気持ちをよくわかってくれる	20.9	24.3	30.1
	㉖みんなの前ではっきりと意見が言える	21.5	22.0	29.9
	㉗難しいことにぶつかった時こそがんばる	32.3	34.6	42.4
社会観	㉘今の世の中は、金持ちと貧しい人の差が大きすぎる	44.7	50.9	40.9
	㉙誰でも、かんばればがんばるだけ、人に認められる世の中だ	30.8	26.3	31.0
	㉚人が貧乏なのは、その人が悪いからとは思わない	50.5	46.6	56.5

社会だと考えるようになってきている。

　総括的に言うなら、2001年にいくつもの側面で「落ち込み」を見せたアンケート調査の結果は、2013年にはかなりの「改善」が見られるようになってきている。生活・学習習慣面しかり、意識面しかり。学力偏重とも言える、今世紀に入ってからの教育改革路線の推進が、それに先立つ「ゆとり教育」路線でゆるんでしまったタガを引き締める効果を発揮したと表現できるかもしれない。

　ただし、この間の変化を「引き締め」とだけ言ってしまうのも不正確である。「ゆとり教育以前」と表現できる、1989年調査の子どもたちの状況に比べると、今の子どもたちの生活満足度や自尊感情の水準はむしろ高まっている。少子化や社会の成熟化の影響と言えるかもしれないが、スパルタ的に子どもを鍛える社会のあり方から、周囲からのポジティブな言葉がけによって彼らのモチベーションを高めようとする社会への変化が、こうした結果を生み出していると考えることができよう。

5. 2001年から2013年への変化をもたらしたもの

1）何が変化をもたらしたのか

　ここまでの分析で明らかになったのは、以下のようなことがらである。

① 子どもたちの学力は、1989年から2001年にかけてかなり低下した。
② それは、子どもたちの間の学力格差の拡大を伴うものであった。
③ 2001年から2013年にかけて、学力は「弱いV字回復」を果たした。
④ それに応じるように、学力格差も1989年あたりの水準に戻った。
⑤ こうした学力動向に合わせるように、子どもたちの生活習慣・学習習慣は2001年時点より改善傾向にある。
⑥ 同様に、子どもたちの生活満足度・自尊感情・社会観などもよりポジティブなものになりつつある。

そこで次に、なぜこのような、のぞましい方向への変化が生じたのかという問いについて考察を行ってみることにしたい。具体的に見るのは、「生活時間」「通塾」「授業」の3つの要因である。

まず、生活時間について。先に小学5年生について、アンケート調査の結果がどのように変化したかをみた。結果を示すことはしないが、中学生（2年生）の結果もほぼ同様のものであった。たとえば、小学5年生の「家で勉強する時間」は、2001年に大きく落ち込んだものの、2013年には平均で10分程度回復していた（51.1分→36.1分→46.5分）。同じように中学2年生でも、家で勉強する時間は2001年に落ち込んだが、2013年では小学生ほどではないものの、4分強回復している（42.2分→27.6分→31.9分）。学力向上への社会的な関心が増すなかで、「ゆとり教育」時代に大幅に後退した家庭学習の時間が今日では復調傾向にある。

また、中学生のテレビをみる時間も、2001年に大幅に増えたものの、2013年では逆に大幅に減っている（137.7分→160.1分→125.7分）。この点については、近年の「携帯・スマホ」の普及という要因を見落としてはいけないだろう。残念ながら、本調査では「携帯・スマホ」に費やす時間を子どもたちに尋ねてはいないが、その所有率は小学生（5年）で46%、中学生（2年）で73%に達している。それらに費やすであろう時間を加えると、子どもたちがメディア（テレビ＋ゲーム＋携帯・スマホ）に費やす時間は、確実に増加しているのではないかと推測できる。にもかかわらず、上でみたように子どもたちの家庭学習時間もまた増加している。これは、メディア環境が進化し続けている一方で、家庭学習に力を入れようという学校からの働きかけの強まりを示唆する結果ではないかと推測される。

次にみておきたいのは、通塾の影響である。学力テストの点数の変化には、通塾の影響がかかわっているのではないか、と一般に考えることができる。表1-7を見ていただきたい。

まず注目されるのは、右端に示した通塾率の変化である。小学校で約3割、中学校で約5割と、本調査の対象校における全体の通塾率にはこの二十数年の間にほぼ変化がないことがわかる。つまり、前節でみた正答率の変化

(表1-7) 通塾と得点の関係

〈小学校〉

	国語			算数			通塾率
	非通塾	通塾	差	非通塾	通塾	差	
1989年	74.3点	78.7点	4.4点	77.4点	83.2点	5.8点	27.5%
2001年	69.2	75.3	6.1	65.5	71.3	5.7	29.4
2013年	71.9	79.0	7.1	71.7	80.5	8.8	29.4

〈中学校〉

	国語			数学			通塾率
	非通塾	通塾	差	非通塾	通塾	差	
1989年	65.9点	72.8点	6.9点	61.9点	74.8点	12.9点	54.4%
2001年	59.6	68.8	9.2	53.3	72.9	19.6	50.7
2013年	65.7	69.2	3.5	55.2	69.1	13.9	49.7

には、通塾状況が大きく変わったからというような事情は関与していないと見ることができるのである。

次に、各科目における「通塾」と「非通塾」の「差」を見てもらえればわかるように、このサンプルにおいても「通塾」グループの平均点は「非通塾」グループのそれをいつも上回っている。しかし、この表において注目されるのは、中学校におけるその格差が、2001年から2013年にかけて縮小していることである（特に、2001年には19.6点もあった数学の平均点の差が、2013年では13.9点にまで下がっている）。これが何に由来するものなのか、残念ながら本調査データからだけではわからない。ただ、一つ考えられるのは、上に述べたような学校からの働きかけの強化が、「非通塾」層の学力の下支えに寄与しているという可能性である。

三番めに見ておきたいのは、授業スタイルの変化である。2001年調査と2013年調査では、子どもたちに、「つぎのような授業がどのくらいありますか」という聞き方で、次の表1-8にあげた5つのタイプの授業について、算数・数学と国語という2つの教科について、「よくある」「ときどきある」「あ

まりない」「ほとんどない」の4段階で答えてもらっている。その結果(「よくある」と答えた者の比率)を整理すると次のようになる。

興味深いことに、小学校でも中学校でも、各タイプの授業に対して「よくある」と答えた子どもたちの比率が全般的に増えている。特に「宿題が出る授業」「自分で考えたり、調べたりする授業」「自分たちの考えを発表したり、意見を言い合う授業」という3つの項目については、両方の教科および小・中ともで、「有意に」増えているという結果となっている。もちろん、この結果は子どもたちの主観(「よくある」と思う)を経由したものであり、客観的にそれぞれのタイプの授業が増えたとは言えないわけだが、この結果は注目に値するものである。すなわち、2001年から2013年にかけて、少なくとも子どもたちの視点から見て、国語や算数・数学の授業が活性化してきた(=いろいろな活動が積極的に取り組まれるようになってきた)という積極的な評価がなされているのである。

この結果から、次のように推測することが可能である。すなわち、3節で見た、子どもたちの「A学力」の上昇傾向は、「B学力」の着実な獲得を伴っ

(表1-8) 授業の変化（2001 → 2013年、「よくある」と答えた者の割合、%）

	小		中	
	2001	2013	2001	2013
〈算数・数学〉				
1) 教科書や黒板を使って先生が教えてくれる授業	87.6	91.8*	86.4	89.7
2) ドリルや小テストをする授業	29.2	31.0	17.1	13.8*
3) 宿題が出る授業	27.3	37.3**	19.9	30.7**
4) 自分で考えたり、調べたりする授業	21.1	34.7**	12.3	23.8**
5) 自分たちの考えを発表したり、意見を言い合う授業	44.7	53.1**	9.6	13.6**
〈国語〉				
1) 教科書や黒板を使って先生が教えてくれる授業	88.0	91.1	89.3	94.3**
2) ドリルや小テストをする授業	37.2	42.5**	20.4	43.7**
3) 宿題が出る授業	32.1	34.1**	12.8	26.7**
4) 自分で考えたり、調べたりする授業	34.2	40.9**	29.0	30.6*
5) 自分たちの考えを発表したり、意見を言い合う授業	50.7	59.0**	25.2	24.7**

**は1％水準、*は5％水準で有意。

ている可能性が高いということである。PISA 調査でも、2003 年・2006 年に相対的に下落した子どもたちの「読解力」「数学的リテラシー」の数値は、2009 年・2012 年には再び上昇傾向に転じていることが明らかになっている。文科省の路線転換は、結果的に、子どもたちの学力低下傾向に歯止めをかけることに成功したと判断できるのではないだろうか。

2）学力規定要因の変化

　本書の目的は、学力格差の実態を解き明かすことにある。次章以降では、男女間での格差、家庭環境との関係、通塾との関係等について順次フォーカスがあてられる。そこで、次章以降へのつなぎとして、子どもの学力形成に密接に関連していると考えられるいくつかの要因の影響力の変化について概観しておくことにしたい。その要因とは、「性別」「家庭の教育的環境」「通塾」「親の大学進学期待」「学習習慣」の 5 つである。

　中学生について、2001 年と 2013 年の数値を比べると、男子の比率は 49.0% → 49.8%、通塾率は先にも見たように 50.7% → 49.7% とほとんど変化はない。また保護者が子どもに大学進学を期待する割合（中学生自身の回答によるもの）は、40.7% → 37.7% と若干低下しているものの、それほどの変化ではない。

　残る「家庭の教育的環境」と「学習習慣」については、以下のようにいくつかの項目を組み合わせて指標を作成した。

「家庭の教育的環境」：以下の 4 項目の回答を得点化したもの
　　　　　　　　　　　　　　　（4 点が最低、16 点が最高）
- 家の人はテレビでニュース番組をみる
- 家の人が手づくりのおかしをつくってくれる
- 小さいとき、家の人に絵本を読んでもらった
- 家の人に博物館や美術館に連れていってもらったことがある

「学習習慣」：以下の5項目の回答を得点化したもの
(5点が最低、20点が最高)
- 出された宿題はきちんとやる
- 授業で習ったことについて、自分でくわしく調べる
- きらいな科目の勉強でも、がんばってやる
- 家の人に言われなくても、自分から進んで勉強する
- テストの前になっても、ほとんど勉強しない

　上の2つの指標について、平均点を算出してみると、「家庭の教育的環境」については、10.4点→10.7点と、2001年から2013年にかけて若干の数値の上昇が見られる。一方の学習習慣については、12.0点→13.1点と、かなりの数値の向上が観測される。これは、先にみた「授業の活性化」という趨勢と一定の関連を有していると見てよいだろう。この十数年の間の学力重視の傾向のもとで、中学生たちの学習習慣にも改善の兆しが見られるということである。

　表1-9をごらんいただきたい。これは、中学生のデータに対して、この5つの要因（性別、家庭の教育的環境、通塾、親の大学進学期待、学習習慣）についての重回帰分析というものを行った結果である。重回帰分析は、いくつもの要因のなかでどの要因の影響力が相対的に強いかを見極めるために行うものである。表のなかの「β」の値が、その要因の規定力の相対的な強さ

(表1-9) 学力の規定要因（重回帰分析・中学生）

	2001年			2013年		
	B	β	有意差	B	β	有意差
男子ダミー	-11.385	-.133	**	-.5499	-.073	*
家庭の教育的環境	1.268	.073	**	.017	.001	
通塾ダミー	22.484	.263	**	10.814	.144	**
親の大学進学期待ダミー	13.381	.151	**	12.986	.165	**
学習習慣	4.063	.313	**	3.923	.350	**

（注）Bは「非標準化回帰係数」、βは「標準化回帰係数」を表す。
「**」は1%水準で有意、「*」は5%水準で有意。

を表すもので、絶対値が大きいほど規定力が強いと見ることができる。

　2001年の時点では、この5つの要因はすべて統計的に有意な水準で、子どもたちの学力に格差を生じさせていた。つまり、「女子」「通塾者」「親が大学進学を希望している者」、さらに「家庭の教育的環境が整っている者」「のぞましい学習習慣をもつ者とそうでない者」との間に、顕著な学力格差が生じていたということである。5つの要因を比べるなら、その影響力の強さは、「学習習慣」→「通塾」→「親の大学進学期待」→「家庭の教育的環境」→「性別」の順になっていた。

　それが2013年になると、いくつかの変化が見られる。まず、「家庭の教育的環境」の影響が大きく弱まり、統計的な関連が見られなくなった。次に、「男子であること」の「不利」も減少傾向にある。残りの3つの要因のうち、「通塾」の影響力も減少しており、唯一学力への影響力が着実に増しているのが、「学習習慣」という要因である。

　学力の「2こぶラクダ」を指摘した2001年調査の時点では、家庭背景の影響力はかなり強まっていたはずだが、12年後の時点ではその影響力はかつてほどではなくなっている。それに代わって、適切な学習習慣の形成がカギを握るという事態が立ち上がってきているようである。学習習慣の形成にはもちろん「家庭の力」もかかわってくるはずだが、それと同じぐらい「学校の力」が重要になってくる。本章で見てきた2001年から2013年へといたるトレンドの変化は、「学校の力」の再発見を私たちに要請しているようにも見受けられる。

　　＊　本章は、志水他（2014）のⅠ・Ⅱ章を加筆修正したものである。

(参考文献)
市川伸一，2002『学力低下論争』筑摩書房
苅谷剛彦，2004「『学力』の階層差は拡大したか」苅谷剛彦・志水宏吉『学力の社会学』岩波書店，pp. 127-151
苅谷剛彦・志水宏吉・諸田裕子・清水睦美，2002『「調査報告「学力低下」の実態』岩波ブックレット
耳塚寛明，2007「だれが学力を獲得するのか」耳塚寛明・牧野カツコ『学力

とトランジッションの危機』金子書房，pp. 3-23
お茶の水女子大，2014，文部科学省委託研究「平成 25 年度全国学力・学習状況調査（きめ細かい調査）の結果を活用した学力に影響を与える要因分析に関する調査研究」
志水宏吉，2014『「つながり格差」が学力格差を生む』亜紀書房
志水宏吉，2009『「力のある学校」の探究』大阪大学出版会
志水宏吉，2005『学力を育てる』岩波新書
志水宏吉・伊佐夏実・知念渉・芝野淳一，2014『「調査報告「学力格差」の実態』岩波ブックレット
志水宏吉・髙田一宏，2012『学力政策の比較社会学　国内編』明石書店
志水宏吉・山田哲也，2015『学力格差是正策の国際比較』岩波書店

第2章

家族の教育戦略と子どもの学力
―― 投資と期待のジェンダー差 ――

伊佐夏実

1. はじめに

　学力が、個人の能力や努力によって純粋に決定付けられるものではないこと、そこには、どのような家庭で育つのかという家庭環境要因、特に、親の収入や学歴といった社会経済的要因の影響力が働いているという事実が、徐々に認知されるようになってきている。特に、戦後の豊かさが実現されていくなかで不可視化されてきた貧困問題が、「子どもの貧困」というキーワードによって再び社会的関心を集めるようになった21世紀に入ってほどなくしたころからは、学力の階層間格差への注目がより鮮明になったと言えるだろう。

　教育社会学には、教育達成の階層間格差をテーマとする研究が、固有の関心として確立されてきた歴史があるが、学力そのものに焦点が当てられるようになったのは、ここ10年ほどのことである（苅谷・志水 2004、耳塚 2013 など）。そうしたなかで、PISA や TIMSS といった国際学力調査や、2007年から実施されるようになった全国学力・学習状況調査などにおいても、格差に焦点をあてた分析が行われている。

　なぜ、家庭背景によって学力格差が生まれるのかについての説明は、先天的能力の差異に原因を求める知能遺伝説、家庭の経済力や文化的環境、親の子どもへの期待や教育に対する価値づけの違いなどに原因を求める家庭環境説、カリキュラムや教授様式など、学校における教育過程に注目する学校教

育過程説、学校文化と家庭文化の不連続性に原因を求める文化的不連続説、社会的・教育的トラッキングの社会化機能に着目した機会構造説の5つに大別して考えることができる（藤田 1987）。そして、これらのほとんどが、家庭における子育てのあり方が社会階層によって異なることを前提としている。

社会階層による子育て実践の差異に関する欧米の研究（Kohn & Schooler 1983, Lareau 1989, 2002, 2003 など）にならい、日本においても、親の教育に対する意識や子育て実践が社会階層によって異なっているという知見は数多く提出されている（本田 1998、神原・髙田 2000 など）。しかしながら、そのことと子どもの学力との関係については、十分に検討されているとは言えない。そのため、学力の階層間格差が生じるメカニズムのひとつとして、各家庭の教育戦略に着目する必要がある。ここで言う教育戦略とは、「親の意識的で目的的な教育行為だけでなく、無意図的・無意識的に行っているしつけや日常的慣習行動などを含む幅広い概念」（片岡 2008：2）を指している。メリトクラシーからペアレントクラシーの時代への移行と表現される現代において、親の経済力や学歴の差のみでなく、それらを起点とし、家庭内資源の分配という形で展開される教育戦略は、子どもの学力にどのような影響を与えているのだろうか。出身階層と学力の関連を媒介する家庭内での実践について検討することが本章の目的である。

こうした目的に迫る上で、最終学歴に焦点をあてた教育達成と家庭内プロセスの関係については、これまでいくつかの知見が提示されているので、整理しておく。まずは、家族構造に焦点をあてたものの代表として、きょうだい数の影響が挙げられる。家庭の資源には限りがあるため、何をどれだけ子どもに投資できるのかは、きょうだい数によって異なるものであり、一人あたりの投資を最大限にするための少子化戦略には、階層差があるとの指摘もされている。そして、きょうだい数が多いほど、子どもひとりに費やされる資金や時間、注意が少なくなるため、教育達成は低くなる傾向にある（近藤 1996，平沢 2004 など）。ただし、一人当たりに配分される資源は数に応じて一様ではなく、子どもの特性によって選択的になされるものであり、その

際考慮されるのが、性別や出生順位である。特に性別については、労働市場での優位性など費用対効果の観点からみて、男子により多く投資される傾向にあり、平尾（2006）では、特に女子において、きょうだい数が教育達成上負の効果をもつことが明らかにされている。しかし、男女による効果の違いについては様々な知見が提示されており、見解が分かれているところでもある（平沢 2011）。

こうした少子化戦略のほかに、文化資本の相続や学校外教育投資が教育達成に与える効果についても明らかにされている。片岡（2001）は、教育戦略の階層差と教育達成への影響力を検討した結果、女子の場合、文化投資が高い成績に変換されるというハビトゥス的文化的再生産のメカニズムが存在しているとする。

以上のような、社会階層と教育達成を媒介する家族の影響として、特に親から子への投資という観点から検討してみてわかることは、投資にジェンダー差があること、さらには、投資が教育達成に与える影響そのものにもジェンダーによる差異が存在しているということである。また、子どもの教育達成を規定する重要なファクターとされている親の教育アスピレーションについても、依然としてジェンダー差が確認されている（高橋・荒牧 2014）。そこで本章では、親の子どもに対する投資行動および教育期待について、ジェンダーによる差異を踏まえた上で、学力にどのような影響を与えるのかを検討していく。

投資行動としては、従来から指摘されている学校外教育費に代表される経済投資と、家庭における文化的経験を示す文化投資の二つに加えて、直接的に地位達成に結びついた教育的働きかけではないが、学力に影響を与えるような家族の戦略として、愛情投資（中西 2004）に着目する。中西は、子どもの成長過程に対する親の関心や関与、子どもの世話をどの程度しているのかを愛情投資として定義づけ、「愛情家族」言説が支配的な中で、教育投資だけでなく愛情投資にも地位達成に向けた戦略的効果があるのではないかとする。

ここで言う愛情投資とは、感情資本として概念づけられているものとも重

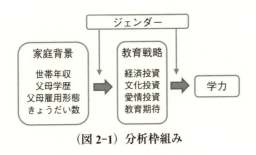

(図 2-1) 分析枠組み

なる。感情資本は、「感情的に価値づけられた資産、スキル、愛や優しい思い、そして、時間の消費、注意、ケアや関心」(Alatt 1993：143) といった、家族の中に時間をかけて構築された情緒的資源のことを指している。天童 (2007：71) は、「少ない子どもに最大限の投資」をする少子化時代の再生産戦略は、子どもへの経済投資の増加に留まらず、子ども一人ひとりへの配慮や関心、健康と衛生の管理、文化的コードの伝達を含む時間と感情の投機の増強戦略を要請するとし、感情資本を現代社会における子育て格差のひとつのキーワードとしてみている。本章でも、子どもの地位達成に直接的に関わる投資としてはあまりみなされてこなかった家庭における情緒的資源に焦点をあて、学力に対する効果を検討していくことにする。

まず2節で、使用するデータの概要を述べた上で、具体的には下記3つの課題を設定し、順に検討していく。①家族構造や社会経済的要因など、家庭背景による学力差はジェンダーで異なるのか (3節)。②投資と期待にジェンダー差はあるのか、またそれは、家庭背景によって異なるのか (4節)。③投資と期待が学力に与える影響にジェンダー差はあるのか (5節)。

使用するデータの詳細については次節に譲るが、対象とするのは小学校5年生の子どもとその保護者のデータである。小学生を対象とするのは、子育てによる影響は中学校よりも小学校のほうが大きい (垂見 2014) という先行研究の結果に従うからである。また、学力については、教科によるジェンダー差に配慮し、算数と国語それぞれを対象としてみていくことにする。

2. データの概要

　本章で使用する保護者調査のサンプル数は、合計で793[1]（男児の保護者：400、女児の保護者：393）、さらにその中でも、年齢や職業、年収、学歴といったすべての質問に回答があったのは、376サンプルである。これら保護者調査の回答結果については、子どもを対象にした学力および生活アンケート調査のデータと個人を特定した上で接合しているため、保護者の回答と子どもの回答や学力との関連をみることができる。

　はじめに、回答者の属性について確認しておくと（表2-1）、母親が約9割、年齢区分では父母ともに35歳から44歳までで6～7割を占めている。夫婦形態では、ふたり親家庭がおよそ8割、きょうだい数では2人きょうだいが

（表2-1）保護者調査回答者のプロフィール（％）

子どもとの続柄	父	母	祖父	祖母						合計	(N)
	4.0	94.5	.4	1.1						100.0	(793)
年齢	25-29歳	30-34歳	35-39歳	40-44歳	45-49歳	50-59歳	60歳以上			合計	(N)
父	.0	8.2	22.0	40.3	20.1	8.5	.9			100.0	(437)
母	0.8	8.3	32.5	40.8	14.4	2.3	.8			100.0	(480)
夫婦形態	父子家庭	母子家庭	ふたり親家庭							合計	(N)
	1.3	16.7	82.0							100.0	(765)
きょうだい数	1人っ子	2人きょうだい	3人きょうだい	4人きょうだい以上						合計	(N)
	12.1	50.3	30.4	7.2						100.0	(792)
雇用形態	常勤職員	非常勤職員	自営業・家業手伝い	パート・アルバイト	無職	その他				合計	(N)
父	76.1	.9	16.8	3.2	.9	2.0				100.0	(440)
母	15.6	2.5	6.2	47.2	26.1	2.5				100.0	(487)
世帯年収	200万未満	200-300万未満	300-400万未満	400-500万未満	500-600万未満	600-700万未満	700-800万未満	800-900万未満	900-1000万未満	1000-1200万未満	合計	(N)
	9.7	13.2	14.8	15.9	15.7	8.8	10.2	4.4	3.0	1.6	100.0	(433)
学歴	小学校・中学校	高等学校	専門・各種学校	短大・高専	大学	大学院	その他	合計		合計	(N)
父	11.3	42.3	13.9	2.8	27.5	2.1	.2			100.0	(433)
母	5.9	42.4	14.1	27.0	10.1	.4	0.0			100.0	(474)

約 5 割であるが、3 人きょうだいも 3 割と比較的多くなっている。父親の雇用形態は、常勤職員がおよそ 8 割、自営業が 2 割弱となっており、母親については、パートアルバイトが 5 割程度で、専業主婦を含む無職層よりも多い。また、世帯年収は 600 万円未満が 69.3%、父母の学歴では、小学校・中学校・高校・専門学校卒業者の合計、すなわち非大卒者の割合が父親で 67.5%、母親で 62.4% となっている。

すでに一章で確認したとおり、本調査の保護者の社会経済的背景は、全国調査と比較するとやや厳しい層に偏っているが、本調査における保護者調査回答者層と非回答者層の子どもの学力平均値を比較してみると、男女ともに回答者層のほうが 4 ポイント程度高いという結果（t 検定で 0.5% で有意）である。加えて、そもそも学校通しの調査とはいえ、この種のアンケートに協力してくれるということは、ある程度子どもの教育への関与が高い層として想定される。そのため、今回使用する保護者調査データは、社会経済的背景はやや低いものの、子どもの教育には比較的熱心な層に限られているというサンプル特性があることをあらかじめ付言しておく。

3. 家庭背景からみる学力のジェンダー差

家庭背景が学力に影響を与えることはすでに度々指摘されてきたが、それらが、ジェンダーによって異なるのかどうかについてはほとんど明らかにされていない。そのため本節では、世帯年収や父母の学歴、夫婦形態（ひとり親かふたり親か）、きょうだい数、父母雇用形態それぞれについて、ジェンダーによって学力差が生じる要因が異なるのかどうか、さらには、教科によって傾向が異なるのかをみていく。その前に、国語と算数それぞれの平均値を男女別に確認しておくと、国語では女子：74.9、男子 70.0、t 検定の結果 0.1% 水準で女子の得点が高く、算数では、女子：66.6、男子 66.3 とほぼ同程度である。国語における女子の優位は、他の調査結果からも導き出されており、本調査においても同様の傾向が見出される。

それでは、家庭背景と学力の関連をジェンダー別にみていこう（表 2-2）。

(表 2-2) 家庭背景別学力平均値

		国語						算数					
		男子			女子			男子			女子		
		平均	(N)	標準偏差	平均	(N)	標準偏差	平均	(N)	標準偏差	平均	(N)	標準偏差
夫婦形態	ひとり親	66.3	(77)	20.2**	72.0	(61)	17.7+	63.4	(76)	22.9**	62.9	(60)	22.7
	ふたり親	73.2	(308)	16.3	76.2	(319)	14.0	71.2	(308)	19.3	67.9	(317)	19.3
きょうだい数	1人っ子	68.8	(52)	16.7	77.4	(44)	14.0	64.4	(51)	20.6	69.5	(43)	20.9
	2人きょうだい	72.7	(196)	17.4	75.9	(202)	15.0	71.5	(195)	19.5	67.0	(201)	20.0
	3人きょうだい	71.5	(120)	18.1	75.8	(121)	14.6	67.7	(120)	20.6	68.5	(120)	17.8
	4人きょうだい以上	66.9	(31)	17.2	69.8	(26)	15.2	66.1	(31)	23.6	58.6	(26)	24.7
年収	300万未満	63.8	(54)	19.9***	69.7	(45)	18.3**	61.4	(54)	21.5*	58.8	(44)	21.7**
	600万未満	70.4	(100)	15.2*	74.9	(101)	14.4*	69.5	(100)	20.7	66.5	(101)	19.3*
	600万以上	76.7	(71)	14.7	80.3	(62)	10.1	73.0	(71)	17.9	73.1	(62)	15.4
父学歴	小・中	65.7	(24)	15.7**	72.5	(25)	13.0*	59.3	(24)	18.1***	64.3	(25)	19.3+
	高・専門	69.4	(126)	17.0***	74.9	(117)	15.5*	66.6	(126)	20.9***	66.0	(116)	19.6*
	短・大・院	78.7	(76)	14.4	80.7	(64)	9.4	78.1	(76)	17.4	74.0	(64)	15.0
母学歴	小・中	64.7	(13)	14.5*	57.4	(15)	13.0***	59.5	(13)	19.6**	40.3	(14)	14.7***
	高・専門	68.1	(141)	18.3***	74.1	(127)	15.7**	65.8	(141)	21.9***	65.0	(127)	19.3**
	短・大・院	76.9	(92)	14.4	81.0	(86)	9.2	77.1	(92)	16.6	74.3	(86)	15.3
父雇用形態	常勤職員	72.7	(171)	1.2	76.5	(159)	1.1	70.8	(171)	1.5	67.7	(159)	1.5
	非常勤・パート	72.3	(10)	5.8	69.5	(8)	5.5	67.3	(10)	8.0	67.1	(8)	5.2
	自営業・家業手伝い	70.0	(37)	3.3	76.9	(36)	2.1	66.7	(37)	3.6	69.1	(35)	2.8
母雇用形態	常勤職員	70.9	(44)	3.5	78.4	(31)	2.7	69.2	(44)	3.5	70.1	(31)	3.8
	非常勤・パート	70.3	(123)	1.4	74.9	(115)	1.4	68.4	(123)	1.8	66.1	(115)	1.7
	自営業・家業手伝い	72.2	(12)	5.2	74.5	(17)	3.2	67.1	(12)	5.7	68.7	(17)	4.8
	無職	73.3	(64)	1.9	75.8	(59)	1.9	73.2	(64)	2.5	66.4	(59)	2.6

※一元配置分散分析　太字が比較対象
 +: p < 0.10,　*: p < 0.05,　**: p < 0.01,　***: p < 0.001

　まず、きょうだい数については教育達成への影響が指摘されているが、学力そのものへの影響は確認できなかった（ただし、平均値をみると、男子の算数を除いて4人きょうだい以上の得点が他と比べて低くなる傾向にあるため、サンプル数を増やすと有意差が確認できる可能性がある。特に女子では、一人っ子と4人きょうだい以上で国語・算数ともに8ポイント程度の差がある）。そして、父母雇用形態についても有意な学力差は確認できない。
　有意差が確認できた夫婦形態、世帯年収、父母学歴の各カテゴリーについて順にみていくと、ひとり親とふたり親の学力差は女子の算数以外においてみられ、特に男子でその差が大きくなっている。

第2章　家族の教育戦略と子どもの学力

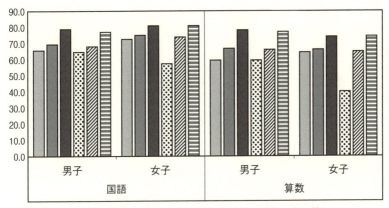

（図 2-2）父母学歴×ジェンダー別にみた学力平均値

　世帯年収別では、年収 600 万円以上のカテゴリーの得点が男女ともにもっとも高くなっており、特に女子の算数では、300 万円未満層と 600 万円以上層の得点差が 14.3 ポイントと、とりわけ大きな格差が存在している。
　父母学歴別ではどうだろうか。父学歴別にみると、大卒層が軒並み高得点であることは男女ともに共通しているが、大卒と高卒、大卒と中卒との間の差は、女子よりも男子においてより明確である。一方の母学歴では、父学歴以上に明確な得点差が確認できるが、特に女子においてその傾向が強く、母の学歴が中学校までの層と大学までの層の差がきわめて大きい。中卒層のサンプル数はかなり少ないものの、国語で 23.6 ポイント、算数では 34 ポイント、0.1% 水準で有意な差が測定されている。グラフ化して確認してみると（図 2-2）、父学歴による差異は特に男子で、母学歴による差異は特に女子で、それぞれより大きいことがわかる。
　学力差が確認できる家庭背景要因には、男女や教科によってそれほど大きな違いはなく、世帯年収、父母の学歴、夫婦形態による格差が存在している。しかしながら、男子には父学歴が、女子には母学歴がそれぞれより強く学力格差と結びついており、ひとり親であるかどうかによる差は、女子よりも男

子で大きいというジェンダー差が存在することもわかった。後者については、表2-1に示されているように、今回調査のひとり親家庭のほとんどが母子世帯であることを考えると、父親の不在が男子の学力に影響を与えている可能性も考えられる。すなわち、子どもの学力に対する家庭背景の影響力をジェンダーごとに見てみると、同じ性別の親によってより強く影響を受けるという傾向が浮かび上がってきたのである。

4. 投資と期待

1) ジェンダーによる差異

　前節で確認したように、家庭背景と学力には一定の関連が見られ、また、ジェンダーによって父／母どちらの影響をより受ける傾向にあるのかという点において違いが見出せた。それでは、親が子どもに対して行う投資や期待には、ジェンダー差はあるのだろうか。先行研究では、男女どちらにより多くの投資がなされるのかについては様々な知見が提示されてきたが、期待については一貫して、男の子どもに高い教育期待が向けられることが指摘されている。ここでは、家庭における社会的資源の配分について、ジェンダーおよび家庭背景によって格差が生じているのかどうかを検討していく。

　投資行動については先に述べたように、経済投資、文化投資、愛情投資の3つに分類する。それぞれの指標についての説明は表2-3に示しているが、経済投資には学校外教育費の値を用いる。文化投資は、親の子に対する関わりのなかでも、読書活動や異文化体験、自然体験といった文化的活動に焦点を絞る。愛情投資は、「親の子どもに対する配慮や関心、時間や感情の投機」と定義した上で、親子の会話に関する項目のうち、勉強や将来の進路等に関する項目を除いた3項目と、子どもと触れ合う時間の量、褒める／叱るといった情緒的投資を取り上げる。期待は、子どもに対する教育期待年数を用いる。

　経済投資の平均値を男女で比較すると、男子：10,567円、女子：13,218円で、t検定の結果1%水準で有意である。つまり、塾や習い事といった学校

(表 2-3) 教育投資・教育期待指標の説明

経済投資	「学校以外の教育（学習塾や習い事）にかける 1 ヶ月の平均支出」を数値化（支出はまったくない = 0、5 千円未満 = 2500、5 千円以上〜1 万円未満 = 7500、1 万円以上〜1 万 5 千円未満 = 12,500、1 万 5 千円以上〜2 万円未満 = 17,500、2 万円以上 2 万 5 千円未満 = 22,500、2 万 5 千円以上 3 万円未満 = 27,500、3 万円以上 5 万円未満 = 40,000、5 万円以上 = 50,000）した変数
文化投資	英語や外国の文化にふれるよう意識している、小さい頃、絵本の読み聞かせをした、本や新聞を読むようにすすめている、読んだ本の感想を話し合ったりする、自然にふれる機会をつくっている、の計 5 項目を主成分分析した結果の第一主成分得点[2]
愛情投資	親子の会話に関する項目のうち、勉強や進路に関するものを除いた 3 項目（学校での出来事について話す、友だちのことについて話す、心配事や悩み事の相談に乗る）および、「平日：子どもとふれあう時間」、「休日：子どもとふれあう時間」、「ほめるなどして自信をもたせるようにしている」、「悪いことをしたらきちんと叱る」の全 6 項目について主成分分析を行った結果の第一主成分得点[3]
教育期待	「子どもへの進路希望」を数値化（中卒 = 9、高卒 = 12、専門卒 = 14、短大・高専卒 = 14、大卒 = 16、院卒 = 18）した変数

　外教育費は、男子よりも女子のほうにより多く投資されていることがわかる。子どもの習い事についての回答をみてみると、通塾率は男女でそれほど差がないものの、男子はスポーツ、女子は音楽を習っている場合が多い。一般的に、前者よりも後者のほうが教育費はかさむ傾向にあるため、そのことが、経済投資のジェンダー差として現れていると考えられる。ただし、文化投資についても 1% 水準で、愛情投資については 0.1% 水準で、それぞれ女子のほうが高いという結果が出ており、今回調査のサンプルにおいて、小学校 5 年生時点での親の投資は、経済だけでなく文化も愛情も、男子よりも女子に注がれているということがわかる。

　経済投資の多寡については、先に述べたように子どもにどのような習い事をさせるのかということそのものが、ジェンダー化されていることによるものだが、文化投資も愛情投資も女子のほうで多いことの理由はどのように考えればいいのか。そのヒントは、前節で確認した同性の親による影響力という点にある。すなわちどちらも、親の子に対する日常的な関わりという側面を含んだ投資形態であるため、その多くが母親である今回調査の回答者にとって、同性の子どもへの関与は、異性のそれに比べて必然的に多くなるこ

第Ⅰ部　学力格差の構造

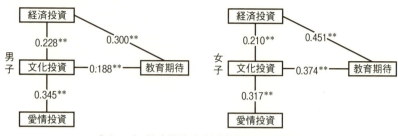

(図2-3) 教育投資と教育期待の相関関係

とを示す結果として考えられるのではないか。

　それでは次に、期待についても確認しておこう。教育期待年数の平均値は、男子で15.0年、女子で14.6年（t検定で0.1%水準で有意）と、男子のほうが長い。クロス表で確認してみると、男子児童の60.3%の保護者が大学までを希望しており、女子児童の場合は38.6%とおよそ20%程度の差がある。また、進学期待の理由を尋ねた項目の結果では、「保護者の希望」や「一般的だから」という理由が男子の場合およそ7割を占めており、社会通念も鑑みながら、男子児童の保護者が「男の子には大学まで進学してほしい」と考えていることがわかる。他方女子では、「子どもの希望」とこたえる割合が7%程度男子に比べて高く、女子児童に対しては、子どもの希望を尊重するという名目でのアスピレーションの冷却が確認できる。以上のように、投資の面では男子よりも女子のほうがより多くの資源を投入されていると言えるが、教育期待においてはやはり、男子により高い教育達成を望むという従来からの指摘と同様の傾向が見られた。

　最後に、3つの投資と教育期待の相関関係を確認しておく。図2-3をみると、男女ともに係数が高いのは、経済投資と教育期待の間の相関であり、教育期待が高いほど、学校外教育費に多く投資する関係性があることがわかる。また、愛情投資と文化投資の間の相関関係も比較的強い。どちらも、親による子どもへの関わりという側面を含んでいるため、日常的な関与を通して成される文化的コードの伝達という観点から言えば、ここでの文化投資と愛情投資は、それぞれ相互に重なり合う一面を持っているとも言える。男女

で係数の値に若干の差が見られるのが、文化投資と教育期待の関係であり、男子よりも女子において両者の結びつきが強い。女子の場合は男子以上に、教育期待の高い親による文化的活動を通した子どもへのコミットメントが成立しているとみてよいだろう。そして、愛情投資と経済投資、教育期待の間には男女ともに相関関係はなく、愛情投資は文化投資とはやや重なりあうものの、比較的独立した要素をもつ投資形態として考えられる。以上から、女子の場合は男子以上に、投資と期待の関連がより密接であることがわかり、裏を返せば男子には、投資とはある程度独立した形で、教育アスピレーションのみが強調される傾向にあるとみることもできるだろう。

2）家庭背景による差異

　家庭背景によって学力格差が生じていることはすでに確認したとおりだが、家族の再生産戦略としての資源の分配についても、同様に、違いが見出されることが予想される。そのため、世帯年収や父母学歴、雇用形態、夫婦形態やきょうだい数、それぞれについて、投資や期待にどのような違いが認められるのかを確認していく[4]。

　ひとり親か否かによって差が見られたのは、男女ともに経済投資のみであった（図2-4）。このことはおそらく、世帯年収の差（t検定を行った結果、0.1％水準で有意にふたり親世帯のほうが高く、およそ200万程度の格差がある）に関連しているものとして捉えられ、経済的資源の多寡がダイレクトに影響していると考えられる。その他の投資や期待には、夫婦形態による差は見られない。

　次にきょうだい数をみていこう（図2-5）。男子では、文化投資と愛情投資、教育期待において差が見られ、きょうだい数の多さが、投資や期待を低くする傾向にあることがわかる。女子をみると、経済投資や文化投資、教育期待における1人っ子の優位性が確認できるが、愛情投資については男子のような差異は確認できない。きょうだいが与える影響については、きょうだい構成、すなわち、男きょうだいがいるのか、女きょうだいがいるのかによってももちろん異なってくることが予想されるわけだが、単純な数の問題

第Ⅰ部　学力格差の構造

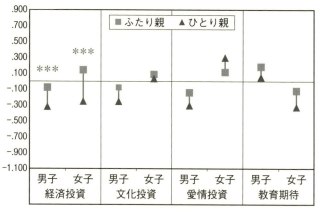

（図2-4）夫婦形態による差異

図中のアステリスクは分散分析の検定結果（以下、図2-10まで同じ）
（＋：p＜0.10, ＊：p＜0.05, ＊＊：p＜0.01, ＊＊＊：p＜0.001）

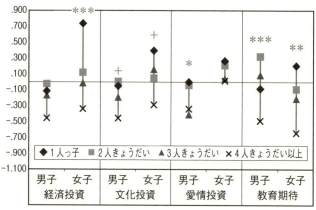

（図2-5）きょうだい数による差異

からみても、投資や期待の多寡は異なっているのであり、特に女子の場合、1人っ子であることが、手厚い資源の分配を受ける条件になっている。

世帯年収では、男女ともに経済投資と教育期待に違いが見られた（図2-6）。どちらも、経済的資源の多寡に左右されるものであるため、ある意味では妥当な結果と言えるだろうが、男子に比べると特に女子において、世帯

第2章　家族の教育戦略と子どもの学力

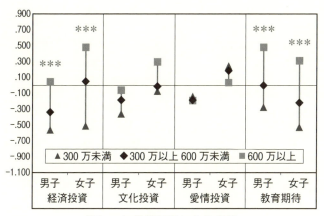

（図 2-6）世帯年収による差異

年収による差が大きいことがわかる。文化投資や愛情投資については明確な有意差は確認できなかった。

次に父母学歴をみていこう。父学歴（図 2-7）では、世帯年収と同様、男女ともに経済投資と教育期待のみにおいて有意差がみられる。経済投資では、父大卒層がその他の層に比べてより多く子どもに投資を行っていることがわかり、大卒層とそれ以外の層の差は、男子においてより明確である。教育期待でも同じく、男女ともに父大卒層とそれ以外で差があるものの、男子

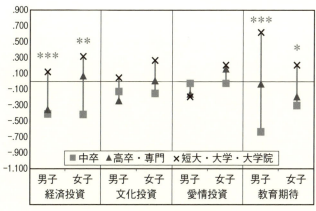

（図 2-7）父学歴による差異

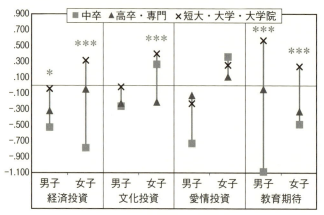

（図 2-8）母学歴による差異

のほうがよりその違いは顕著である。

　母学歴をみると（図2-8）、経済投資と教育期待に加えて、女子の文化投資にも違いが出ている。また、経済投資においては、男子よりも女子のほうが母学歴による差が顕著に現れていることもわかる。以上から、男子に対する投資は父学歴の影響をより強く受けており、女子の場合には、母学歴との関連が強いと言えるだろう。そして、女子への文化投資には、母の学歴が影響しており、母親の文化資本が、女の子どもに対する文化的投資として体現されているとみることができる（片岡 2001）。

　最後に、父母の雇用形態別の結果を確認しておく（図2-9、図2-10）。父の雇用形態に関しては、経済投資や文化投資には違いがみられないものの、愛情投資と女子の教育期待においては有意差がある。愛情投資については、男子では父親が非常勤層である場合、他の層に比べて愛情投資が少ない。ただし、父非常勤層はサンプル数がかなり少ないため、有意差そのものは10%水準とかなり低い。女子の場合は、自営業層が他の層に比べて愛情投資の量が多く、教育期待については、女子の場合、常勤層に比べて非常勤層でかなり低くなっている。

　母雇用形態の結果を見てみると、男子については経済投資のみにおいて関連がみられるのに対して、女子では、経済投資を除くすべてについて何かし

第 2 章　家族の教育戦略と子どもの学力

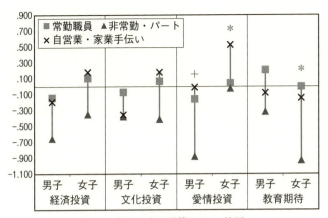

（図 2-9）父雇用形態による差異

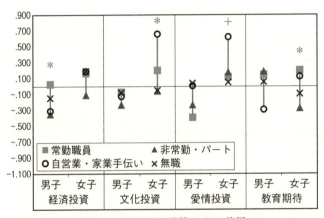

（図 2-10）母雇用形態による差異

らの差異が生じていることがわかる。まずは、文化投資についてみると、自営業層は、非常勤・パートおよび無職層に比べて文化投資を多く行っている。愛情投資においても、自営業層は無職層に比べて投資の量が多い。母無職層は、専業主婦を含んでおり、子どもと接する時間そのものは他の層に比べて多いことが予想されるが、必ずしも文化投資や愛情投資を多く行っているわけではないという結果は興味深い。また、自営業層において愛情投資が多いことは、父親が自営業層の場合の結果とも整合的である。

以上の結果からわかることは、世帯年収や父母の学歴といった要因は、子どもに対する経済投資や教育期待の差異には関連しているものの、文化投資や愛情投資にはそれほど明確には関連していないということである。そして、文化投資や愛情投資に関連しているのはむしろ、きょうだい数や雇用形態のほうである。すなわち、愛情投資や文化投資は、社会経済的要因の影響を直接的に受けるものというよりは、限られた資源の投資先の数や、投資をするだけの時間的余裕などによって左右されるものであると解釈することができるだろう。

　また、父親の学歴は男子に対する経済投資や教育期待により強く関連していること、母親の学歴や雇用形態は、女子に対する投資や期待に関連していることも明らかとなった。つまり、男親と女親、それぞれの社会経済的背景が子どもの投資や期待に与える影響は、子どもの性別によって異なるのであり、このことは、家庭背景による学力差を検討した前節と同様の結果を示している。経済投資や教育期待と異なり、文化投資や愛情投資は、家庭の社会経済的背景とはそれほど強く結びついていないということが明らかになったわけだが、次節では、これらの投資や期待と学力の関係について検討していく。

5. 投資と期待が学力に与える影響はジェンダーによって異なるのか

　親の子どもに対する投資や期待は、ジェンダーや家庭背景によって異なっていることが明らかとなった。本節では、そうした投資や期待が、学力とどのような関係にあるのか、国語と算数では傾向に違いがみられるのか、そして、ジェンダーによって影響力が異なるのかを、交互作用項を含む重回帰分析を用いて検討していく。使用する変数については、表2-4に示している。また、交互作用項を用いることによる共線性の問題を回避するために、教育期待と経済投資、文化投資、愛情投資については標準化した値を使用する。

　まずは国語の結果について、女子ダミーと教育期待、3つの投資を投入した「モデル1」の結果からみていこう（表2-5）。女子ダミーと教育期待にそ

（表 2-4）学力の規定要因 変数の記述統計量

	度数	最小値	最大値	平均値	標準偏差
国語	793	0.00	100.00	71.56	16.90
算数	793	0.00	100.00	65.63	20.74
女子ダミー	793	0.00	1.00	0.49	0.50
年収（標準化）	442	-1.34	3.69	0.00	1.00
母大卒ダミー	485	0.00	1.00	0.37	0.48
教育期待（標準化）	745	-3.51	1.94	0.00	1.00
経済投資（標準化）	790	-1.00	3.22	0.00	1.00
文化投資（標準化）	746	-2.76	2.13	0.00	1.00
愛情投資（標準化）	748	-3.78	1.76	0.00	1.00

（表 2-5）国語の規定要因分析

	国語					
	モデル 1		モデル 2		モデル 3	
	回帰係数	標準化係数	回帰係数	標準化係数	回帰係数	標準化係数
年収			2.626	0.173**	2.958	.194**
母大卒ダミー			4.381	0.137*	4.047	.127*
女子ダミー	4.716	.153**	4.946	0.160**	4.883	.158**
教育期待	5.225	.317***	4.085	.248***	5.750	.349***
経済投資	1.901	.104+	.376	0.021	-.971	-.053
文化投資	1.530	.100+	.991	0.065	1.210	.079
愛情投資	-.343	-.022	-.062	-0.004	-1.735	-.111
教育期待×女子					-4.299	-.176*
経済×女子					2.761	.118
文化×女子					-.081	-.004
愛情×女子					3.778	.166*
（定数）	71.458	***	69.379	***	68.717	***
N	322		322		322	
$R2$	0.176		0.224		0.255	
調整済み $R2$	0.163		0.207		0.228	
$R2$ 変化量	0.176***		0.048***		0.031*	

+: $p < 0.10$, *: $p < 0.05$, **: $p < 0.01$, ***: $p < 0.001$

れぞれ強い正の効果があり、経済投資と文化投資についても10%水準ではあるが有意な効果がみられる。すなわち、女子であること、教育期待年数が長いこと、経済・文化投資を多く受けていることが、国語学力の高さと結びついている。一方で、愛情投資については国語学力に影響をもっていないことがわかる。

それではこうした結果は、階層変数としての年収や母学歴[5]を統制した場合にはどうなるのだろうか。モデル1に世帯年収および母学歴を投入した「モデル2」をみると、女子ダミーおよび教育期待についてはモデル1同様に有意だが、年収と母学歴の効果が現れることによって、経済投資と文化投資の効果が消えている。すなわち、経済・文化投資については、家庭の経済資本や文化資本の学力に対する効果が擬似的に現れていたのであり、投資そのものの学力に対する効果は見出せない。

それでは、交互作用項を投入した「モデル3」をみてみよう。教育期待と女子ダミーの交互作用が有意な値を示しており、教育期待の主効果が5.750、交互作用効果が−4.299であることから、男子の場合は女子以上に、教育期待年数が国語学力に影響をもっているということである。そして、これまで効果がみられなかった愛情投資についても、女子ダミーとの交互作用が正の値を示している。これはすなわち、女子にとっては、愛情投資が国語学力にプラスに働くということを意味している。また、決定係数の変化を見てみると、モデル1からモデル2の0.048に比べると小さいものの、モデル2からモデル3でも0.031の有意な変化量が測定されており、投資と期待のジェンダーによる差異は、国語学力に対する一定の説明力を有していると言える。

算数についても見ておこう（表2-6）。「モデル1」では教育期待のみが影響力をもっており、女子ダミーの効果はないことから、算数学力には男女差はなく、投資ではなく期待のみが影響力をもっていることがわかる。年収および母学歴を統制した「モデル2」では、年収が高く、母親の学歴が大卒であることが算数学力にプラスの効果を持っており、教育期待についてもモデル1同様に強い効果を保持している。そして、3つの投資についてはどれも算数学力には関連していないことがわかる。交互作用項を投入した「モデル

(表 2-6) 算数の規定要因分析

	算数					
	モデル 1		モデル 2		モデル 3	
	回帰係数	標準化係数	回帰係数	標準化係数	回帰係数	標準化係数
年収			2.105	.108$^+$	2.364	.122*
母大卒ダミー			6.939	.170**	6.686	.164**
女子ダミー	-.167	-.004	.033	.001	.184	.005
教育期待	7.097	.338***	5.774	.275***	6.959	.331***
経済投資	1.760	.075	.183	.008	-1.850	-.079
文化投資	1.593	.082	.879	.045	.648	.033
愛情投資	-1.279	-.064	-.991	-.050	-2.049	-.103
教育期待×女子					-3.193	-.102
経済×女子					3.636	.121
文化×女子					.889	.031
愛情×女子					2.464	.084
(定数)	68.320	***	65.329	***	64.532	***
N	321		321		321	
R^2	0.156		0.040		0.209	
調整済み R^2	0.142		0.178		0.013	
R^2 変化量	0.156***		0.196***		0.180	

$^+$: $p < 0.10$, *: $p < 0.05$, **: $p < 0.01$, ***: $p < 0.001$

3」をみてもモデル 2 とほぼ同様であり、3 つの投資は男女ともに算数学力には効果をもっていないことがわかる。

　以上の結果からわかることは、教育期待は男女、そして国語・算数ともに、期待の高さが学力の高さにもつながっているが、投資については、経済投資および文化投資は学力に対して独自の効果をもたず、愛情投資は、女子の国語のみにおいて学力の高さと関連しているということである。また、愛情投資については有意ではないものの、男子の場合、愛情投資の多さが国語や算数の得点をやや低くする傾向も出ており、男子と女子では投資の効果が異なっている。このことが意味することはなんであろうか。親の子どもに対する関わりの多さは、男子児童にとっては学力を低くすることを意味しているのであろうか。

(表 2-7) 父親の教育参加と子どもの学力

		国語			算数		
		平均値	(N)	標準偏差	平均値	(N)	標準偏差
男子	父参加	73.2	(170)	16.9	72.0	(170)	20.6
	父不参加	70.1	(230)	17.9 $^+$	66.8	(228)	20.2 *
女子	父参加	75.7	(163)	14.5	67.0	(162)	19.5
	父不参加	75.5	(229)	15.1	67.2	(227)	20.1

※ t 検定　$^+: p < 0.10$,　$^*: p < 0.05$

　前節までの分析において、女子の学力や投資・期待には母親の属性が、男子のそれには父親の属性との関連がそれぞれより強くみられることを確認した。保護者調査の回答層のおよそ9割は母親であり、ここでの分析に用いた愛情投資は、とりわけ母親の子どもに対する関わりを示すものである。感情資本はジェンダー化された資本とされており（Rray 2004）、主に母親による子どもに対する働きかけのなかに蓄積されているものと考えうるが、父親の子どもに対する関わりのなかで蓄積されうる資本の可能性という観点からみると、異なる結果が出てくるのではないだろうか。

　残念ながら今回の分析において、父親の子どもに対する関わりを詳しく尋ねた項目がないため、この点について十分な検討を加えることはできないのだが、父親の教育への参加と学力の関連をみた表 2-7 からは、興味深い結果が得られている。家庭教育に父親が積極的に参加するか否かによる学力平均値の差をジェンダー別に見てみると、男子においてのみ、積極的参加層のほうが不参加層に比べて国語・算数ともに学力が高くなっている。もちろん、父親の教育への参加が何を意味しているのかまではわからないものの、女子には見られない差異が男子においてのみ現れているということは、日常的な次元での子どもに対する父親の関与にみられる愛情投資が、男子児童にとっては学力にプラスに作用する可能性を、この結果は示唆しているのではないだろうか。

6. おわりに

　本章では、社会階層が学力に影響を与えるプロセスのひとつとして、家族の教育戦略に着目し、親が子どもにかける投資や期待のジェンダー差について検討した。はじめに設定した三つの課題に対する結果を簡単にまとめておこう。まず、家庭背景による学力差をジェンダー別に検討した3節の分析からは、男女ともに、世帯年収や父母学歴の高さ、ふたり親であることが学力の高さとつながっており、この点については従来から指摘されてきたことである。ただし、ひとり親であることの学力差は男子のほうで大きく、男子は父親の学歴によって、女子は母親の学歴によって、それぞれ学力格差が存在していることから、同性の親子の影響力は、異性のそれに比べて大きいことが示唆された。

　4節では、投資と期待のジェンダーおよび家庭背景による差異を検討した。投資については経済も文化も愛情も、男子よりも女子に多く費やされているが、期待については先行研究で指摘されている通り、男子のほうで高い。また、家庭背景との関連で言えば、経済投資と教育期待が世帯年収や父母学歴に関連しているのに対して、文化投資と愛情投資については、きょうだい数や父母の雇用形態によって差が生じている。すなわち、前者に比べて後者は、社会階層要因と直接的に結びつく資源ではないと考えられる。さらに、3節同様にここでも、同性の親子の影響力が強く現れており、父親の学歴は男子児童の経済投資や教育期待に、母親の学歴や雇用形態は、女子に対する投資や期待に関連していることも明らかとなった。

　最後に、投資と期待が学力に与える影響およびそのジェンダー差について分析した5節の結果からは、階層変数で統制した場合においても教育期待は強い効果をもっており、親の富と願望の影響力が増すペアレントクラシーの時代の到来を裏付ける結果となった。他方で、経済投資および文化投資は、国語も算数も、そして男子にも女子にも、それ単独の効果は有していなかった。片岡（2001）の分析では、男性では学校外教育投資が、女性では文化資

本がそれぞれ中学3年時成績を規定していることが示されているが、小学校5年生を対象とした客観的な学力データの分析からは、どちらも影響力をもたないという結果であった。

一方、愛情投資についてはジェンダーおよび教科によって異なる傾向が見出され、女子の場合は、愛情投資を多く受けている方が国語学力が高く、親、とりわけ母親が、どれだけ子どもの生活に関与するのかによって学力格差が生じていると言える。しかしながら男子では、愛情投資の多さは国語にも算数にも効果をもたない。

ただし、4節までの知見を踏まえた上で、父親の教育的関わりの観点から若干の検討を加えた結果、男子の場合、父親の教育参加の程度による学力差が生じていることがわかった。すなわち、主に母親による子どもへの関わりとして測定されている愛情投資ではなく、父親による愛情投資は、男子児童の学力を規定する要因として浮かび上がってくる可能性が示唆される。以上から、愛情投資が学歴や年収といった社会経済的要因とはある程度独立した投資形態であることから、親が子どもにどれだけ関われるのか、教育に直接的に関わるような側面だけでなく、日常的な配慮や関心、時間の消費というこれまでの学力研究ではあまり注目されてこなかった側面によって、子どもの学力格差が生じていることが明らかとなった。

そして、本章の分析から一貫して提示されたことは、子どもの学力や、資源の配分における同性の親による影響力の強さという視点である。なぜこのようなことが生じているのかについては、例えば、子どもにとってのロールモデルが同性の親になる傾向があることや、親にとっての同性の子どもと異性の子どもに対する心理的距離の問題、チョドロウ（Chodorow, 訳書 1981）が、母親との関係において女子には同一性が、男子には分離が、それぞれ経験されることによって社会化のパターンが異なっていることを明らかにしたような、家庭内部における様々な要因が想起される。

以上を踏まえた上で最後に、残された課題について述べておく。まずは、愛情投資が女子の国語においてのみ効果が見出された要因について探求することが求められ、日常生活において伝達される言語的／非言語的メッセージ

や資源のありようを明らかにするための調査研究が必要とされる。また、算数についての効果が男女ともに見られなかった原因のひとつとして考えられるのは、サンプル数の問題である。算数の規定要因分析においても、愛情投資の効果は有意ではないものの、男子ではマイナス、女子ではプラスと国語同様の傾向が出ていた。そのため、次章で用いられている多重代入法などの統計手法を用いることについても検討する必要がある。

　その上で強調しておくべきことは、本章で提示した「愛情投資が学力格差につながっている」という知見は、「子どもの学力を伸ばす上で、親の愛情が必要である」といった単純なメッセージを送るものではなく、あくまでもそれによって格差が生じている社会的事実を切り取ったのみ、ということである。そして恐らくその背後には、「愛情家族言説」や、子育てをめぐる言説と、こうした言説に敏感に反応する層が繰り広げる戦略の存在があるだろう。ただし、父あるいは母が、子どもに十分関わることができる金銭的、時間的、感情的ゆとりを保障することは、格差を縮小する上では有効と言えるのかもしれない。またそれは、必ずしも親から子への愛情投資という形のみでなく、子どもに関わる大人からのものであれば、十分に機能しうるものだと考えられる。

　さらに、今後の学力研究における課題として、調査データのバイアスについて検討する必要性を挙げておく。家庭背景と学力の関連を扱ったこれまでの学力調査とその分析は、質問紙調査によって家庭内プロセスを把握してきたが、いずれの調査においても、回答者のほとんどは母親である。従って、親から子への影響力を見る上で、学歴や年収といった回答者の属性に左右されない項目を除くと、主に母親の影響力をはかっていたに過ぎない。そのことは、男子の学力を規定する家庭要因を十分に捉えきれていない可能性をもっており、父母両方の影響力を測定できるような調査設計が求められる。今後、学力や教育達成における家庭内プロセスを明らかにしていく上では、同性の親子による影響力を多様な角度からみていく必要があり、そのことは、親子の日常的なやりとりをつぶさに観察できるような、質的研究の重要性を物語っているとも言えるだろう。

(注)
(1) 保護者調査のサンプルは合計で806あるが、子ども調査において性別への回答がなかったケースについては今回の分析からは除いている。
(2) 文化投資指標の主成分分析結果

	成分1
英語や外国の文化にふれるよう意識している	.608
小さい頃、絵本の読み聞かせをした	.602
本や新聞を読むようにすすめている	.774
読んだ本の感想を話し合ったりする	.771
自然にふれる機会をつくっている	.537
固有値	2.215

(3) 愛情投資指標の主成分分析結果

	成分	
	1	2
学校での出来事について話す	.762	-.287
友だちのことについて話す	.746	-.208
心配事や悩み事の相談に乗る	.761	-.226
ほめるなどして自信をもたせるようにしている	.607	-.142
悪いことをしたらきちんと叱る	.511	-.222
平日：子どもとふれあう時間	.504	.746
休日：子どもとふれあう時間	.482	.767
固有値	2.831	1.391

(4) 以降の分析において、経済投資および教育期待には標準化得点を用いる。
(5) 学歴指標を父学歴とすると、ひとり親家庭が除外されサンプル数の減少が大きいため。

(参考文献)

Allatt, P., 1993 "Becoming privileged: the role of family processes", Bates, I., and Riseborough, G., *Youth and Inequality,* Buckingham, Open University Press, pp. 139-159

天野正子編著，1986『女子高等教育の座標』垣内出版

Chodorow, N., 1978 *The reproduction of mothering: psychoanalysis and the sociology of gender,* University of California Press（大塚光子・大内菅子共訳，1981『母親業の再生産：性差別の心理・社会的基盤』新曜社）

藤田英典，1987「『階層と教育』研究の今日的課題」日本教育社会学会編『教

育社会学研究』第42集,pp. 5-23
Gillies, V., 2006 "Working class mothers and school life: exploring the role of emotional capital", *Gender and Education*, Vol. 18,(3), pp. 281-293
平尾桂子,2006「教育達成ときょうだい構成—性別間格差を中心に」日本家族社会学会全国家族調査委員会編,『第2回家族についての全国調査(NFRJ 03) 第2次報告書 No. 2:親子,きょうだい,サポートネットワーク』,pp. 17-28
平沢和司,2004「家族と教育達成:きょうだい数と出生順位を中心に」渡辺秀樹,稲葉昭英,嶋崎尚子(編)『現代家族の構造と変容:全国家族調査(NFRJ 98) による計量分析』東京大学出版会,pp. 327-346
―――,2011「きょうだい構成が教育達成に与える影響について—NFRJ 08本人データときょうだいデータを用いて」『第3回家族についての全国調査(NFRJ 08) 第2次報告書』日本家族社会学会全国家族調査委員会(4),pp. 21-42
本田由紀,2008『「家庭教育」の隘路—子育てに強迫される母親たち』勁草書房
神原文子,1999「家族の階層類型にみる子育てと親子関係:同和地区と一般地区との比較」『奈良女子大学社会学論集』第6号,pp. 108-118
神原文子・高田洋子,2000『教育期の子育てと親子関係—親と子の関わりを新たな観点から実証する』ミネルヴァ書房
苅谷剛彦・志水宏吉,2004『学力の社会学』岩波書店
片岡栄美,2001「教育達成過程における家族の教育戦略—文化資本効果と学校外教育投資効果のジェンダー差を中心に」『教育学研究』第68巻第3号,pp. 259-273
―――,2008『子どものしつけ・教育戦略の社会学的研究:階層性・公共性・プライヴァタイゼーション:平成17年度〜平成19年度科学研究費補助金基盤研究(B) 研究成果報告書』駒沢大学
Kohn, M. L., and Schooler, C. 1983 *Work and personality: an inquiry into the impact of social stratification*, Norwood, NJ, Ablex
近藤博之,1996「地位達成と家族—きょうだいの教育達成を中心に」『家族社会学研究』第8巻,pp. 19-31
Lareau, A., 1989 *Home advantage: social class and parental intervention in elementary education*, Falmer Press
―――, 2002 "Invisible Inequality: Social Class and Childrearing in Black Families and White Families", *American Sociological Review*, vol. 67, No. 5., pp. 747-776

―――――, 2003 *Unequal childhoods: class, race, and family life,* University of California Press

耳塚寛明編,2013『学力格差に挑む』金子書房

中西祐子,2004「『愛情』家族の教育戦略―教育投資,愛情投資に対する性・出生順位の影響について」『年報社会学論集』第 17 号,pp. 60-71

Reay, D., 2000 "A useful extension of Bourdieu's conceptual framework?: emotional capital as a way of understanding mothers' involvement in their children's education?", *The Sociological Review,* Vol. 48(4), pp. 568-585

―――――, 2004 "Gendering Bourdieu's concepts of capitals? Emotional capital, women and social class", *The Sociological Review,* Vol. 52 (Supplement s2), pp. 57-74

高橋幸一・荒牧央,2014「日本人の意識・40 年の軌跡(1):第 9 回『日本人の意識』調査から」『放送研究と調査』第 64 巻第 7 号,pp. 2-39

垂見裕子,2014「保護者の関与・家庭の社会経済的背景・子どもの学力」国立大学法人お茶の水女子大学『平成 25 年度全国学力・学習状況調査(きめ細かい調査)の結果を活用した学力に影響を与える要因分析に関する調査研究』pp. 45-56

天童睦子,2007「家族格差と子育て支援:育児戦略とジェンダーの視点から」『教育社会学研究』第 80 集,pp. 61-83

第3章

社会関係資本と学力の関係
―― 地域背景の観点より ――

芝野淳一

1. はじめに

1）社会関係資本への着目

 2000年代以降、学力の階層間格差の問題が取りざたされるようになり、教育社会学の領域を中心に多くの研究が蓄積されるようになった（須藤 2009）。これらの研究では、親の収入（経済資本）や学歴・文化的活動（文化資本）が学力格差を生み出す主な要因であると指摘されてきた。しかし、近年、これらに加え、学校・家庭・地域における人と人とのつながり（社会関係資本）が教育に大きな効果をもたらすことが主張されている（平塚 2006、高田 2008、露口 2011、志水・中村・知念 2012、志水 2014 など）。「つながり格差」（志水 2014）などと呼ばれるこの現象は、学力格差を論じる際の新たなフェーズであると言える。

 学力問題を社会関係資本との関係から読み解くことの魅力は、それがもつ両義性にある。すなわち、社会関係資本は学力格差を生み出す要因となっている一方で（平塚 2006）、経済資本や文化資本に恵まれない子どもの学力を下支えする可能性を秘めているのである（高田 2008）。人と人とのつながりはひとつの資本形態であり、持てるものと持たざるものの間に何がしかの格差を生じさせる。しかし、それは収入や学歴といった変え難いものではなく、極めて可変的であり、誰しもが「つくり出す」ことができ、なおかつ「つくりかえる」ことができるものである。社会関係資本は格差を生み出し、格

差を埋めるのである。

　学力の階層間格差に関する研究が蓄積されてきた今、我々が遂行しなければならないのは、「社会関係資本が格差を埋める」という立場にたち、乗り越え難い学力の階層間格差をできる限り縮めるための方途を実証的に探ることであろう。しかし、社会関係資本と学力の関係は、欧米諸国以外で実証的な検討がなされることは少なく（Bassani 2006）、日本でも着手され始めたばかりであり、研究の蓄積は急務である。本稿は、社会関係と学力の関係を明らかにするものである。これを通じて、社会関係資本が家庭背景に恵まれない子どもの学力を下支えする方途を探りたい。

2）地域背景への着目

　社会関係資本の概念は、欧米を中心に、教育、政治、経済をはじめとする様々な領域において検討されてきた（例えば、Bourdieu 1986、Coleman 1988、パットナム［訳書］2001、リン［訳書］2008 など）[1]。当概念が境域横断的であるがゆえに、社会関係資本の捉え方や定義も多岐にわたっている。バッサーニ（2006）は、広範な先行研究を整理し、社会関係資本の定義の根底に次の２つの共通理解が存在していることを述べている。①社会関係資本は、人々の社会的なつながり（social ties）から生み出され、②人々の福利（well-being）に影響を与えるものである（Bassani 2006：382）。本稿の社会関係資本の理解もこの２つに依拠している。

　海外では、コールマンの社会関係資本と高校中退率との関係を明らかにした研究を皮切りに（Coleman 1988）、学力（数学の点数）との関係（Bassani 2006 2008）、移民の教育達成との関係（Portes & Rumbaut 2001、Ream 2003）といった研究が蓄積されている。これらの研究では、社会関係資本が学業達成にポジティブな影響を与えることが明らかにされている。特に移民研究では、社会経済的地位の低い移民の子どもが様々な障壁を乗り越え成功する際にエスニック・コミュニティ内部の社会関係資本が非常に重要な役割を果たすことが報告されている。

　しかし、「つながりがあれば、どこの誰でも成績がよくなる」というわけ

第3章 社会関係資本と学力の関係

ではない。海外の研究では、子どもが住む地域の社会経済的背景によって、社会関係資本の教育効果が異なることが実証されている。教育分野における社会関係資本の研究でほとんどのものが参照しているコールマンの調査では、子どもが住む学校区の社会経済的背景によって社会関係資本の醸成や効果が異なると述べられている（Coleman 1988）。同様に、移民の子どもを対象とした研究でも、インナー・シティに住んでいるかどうか、教育達成に価値を置くエスニック・コミュニティに埋め込まれているかどうかで、社会関係資本が学業達成に与える効果が変わり、場合によっては学力に負の効果をもたらすことが明らかにされている（Portes & Rumbaut 2001、Ream 2003）。さらに、社会関係資本を当該地域の文化に埋め込まれたものであるとして捉え、欧米以外の地域においてその教育効果を検討する必要があるという指摘もある（Bassani 2006）。このように、地域背景は、社会関係と学力の関係を検討する上で重要なものとして位置づけられている。

しかし、日本では、複数の地域（特に校区といった小地域レベル）における子どもや保護者のネットワーク・信頼と学業達成の関係を明らかにした研究は皆無である（露口 2011：188）。露口は、このような状況を受け、①社会関係資本の地域レベルでの分散の確認、②地域レベルでの社会関係資本のアクセス可能性、③社会関係資本の醸成方法やアクセス困難なものへの支援、の3点を重視しながら社会関係資本と教育効果の検証を行うことが今後の課題であると主張している（露口 2011：188）。筆者なりに解釈すると、①と②を実証したうえで、③を考察していくことが求められていると言える。③を考察することは、冒頭で述べた本稿の目的である「乗り越え難い格差を縮小する方途を探ること」と関連している。

以上を踏まえ、本稿では、社会経済的背景の異なる3つの地域を対象に、社会関係資本が学力に与える影響を検討する。その際、社会関係資本にアクセスできているのは誰か、どの地域にどのような社会関係資本が醸成されているのか、そうしてアクセスされた諸々の社会関係資本は誰の学力にどのような影響を与えているのか、という3つの問いを設定し分析を行う。

2. データの概要

具体的な分析に入る前に、本稿で用いるデータや変数について説明する。本分析は、主に小学校を対象とした「子ども調査」と「保護者調査」の2つのデータセットを用いている。この2つは個票ごとにつながっており、両者の関連性を分析できるようになっている。

子ども調査は、対象となった全ての学校において実施されたものであるが、保護者調査に関しては地域の事情や学校の方針等により、全てに実施することはできなかった。保護者調査に協力していただいた学校は16校で、806人の調査票を回収することができた（回収率55.8%）。しかし、世帯年収と学歴を抜いた質問紙票を配布するという形で保護者調査を実施する学校が7校あり、本稿で重要な指標のひとつである親の社会経済的背景に関するデータの多くが欠損していた（年収・父・母学歴をすべて回答した保護者は380人）。第2章ではこのデータセットを分析しているが、地域背景ごとに細分化して分析することが目的である本稿の場合、各地域のサンプルサイズが極端に小さくなり、精緻な分析結果を提出することができない。こうしたサンプルの制約を考慮し、SPSS 22.0のオプションである「欠損値分析」の多重代入法を用いて、世帯年収、父学歴、母学歴の欠損値を補った[2]。本稿は、こうしてセットされた806人のデータを分析対象としている。

1）分析に用いる変数

次に、本分析で用いる変数について説明する。変数名とそれらの具体的な作成方法については、表3-1の一覧表を参照されたい[3]。

（1）学力

本稿では、国語と算数の平均得点を「学力」として分析している。いずれの教科も、教科の基礎学力を測定する「A問題」と、子どもたちの思考力・判断力・表現力を図る「B問題」を合わせたものを得点としている。

第3章 社会関係資本と学力の関係

（表3-1）分析に使用する変数一覧

変数	作成方法
家庭背景	
SES	手順1：世帯年収を数値化（200万未満＝150、200万以上〜300万未満＝250、…） 父学歴・母学歴を数値化（最終学歴が中学校の場合9点、高校の場合12点、…） 手順2：数値化した世帯年収と学歴をそれぞれ標準化し、平均値を合成変数とする。 手順3：合成変数を標準化し、平均値が0になるように設定。
家族構成 （ひとり親・ふたり親）	父親と母親の両方と同居している子どもを0（ふたり親）、どちらか一方とのみ同居している／どちらとも同居していない子どもを1（ひとり親）に数値化した変数。
社会関係資本	
親社会関係資本	子どもとのつながり：「子どもと学校での出来事について話す」「平日、夕食を子どもと一緒に食べる」 学校とのつながり：「授業参観や運動会などの学校行事への参加」「ボランティアでの学校支援」 地域とのつながり：「地域の行事に子どもと一緒に参加する」「子育てや教育についての悩みを相談できる友人・知人がいる」 それぞれ、尺度項目（あてはまる＝4、どちらかといえばあてはまる＝3、どちらかといえばあてはまらない＝2、あてはまらない＝1）を平均し、標準化した変数。
子ども社会関係資本	親とのつながり：「家の人と学校であったことを話す」「家の人と夕食を食べる」 学校とのつながり：「いろいろな先生とよく話をする」「友だちがたくさんいる」 地域とのつながり：「困った時に助けてくれる親戚（祖父母を含む）がいる」「子ども会活動や地域の祭り・行事に参加する」 それぞれ、尺度項目（あてはまる＝4、どちらかといえばあてはまる＝3、どちらかといえばあてはまらない＝2、あてはまらない＝1）を平均し、標準化した変数。
その他（統制変数）	
性別（男子・女子）	子どもの性別を、男子＝0、女子＝1に数値化した変数。
家庭の学習時間	子どもに対する質問項目の「学校のある日に家でどのくらい勉強しますか」を数値化（ほとんどしない＝0、15分まで＝7.5、…）した変数。
教育期待年数	「子どもへの進路希望」を数値化（中卒＝9、高卒＝12、専門卒＝14、短大・高専卒＝14、大卒＝16、院卒＝18）した変数。

(2) 家庭背景（SES と家族構成）

子どもの学力に最も大きな影響を与えていると思われる「家庭の社会経済的背景（Social Economic Status）」（以下、SES と表記）と「家族構成（ひとり親・ふたり親）」の2つを、家庭背景を測る指標として作成し分析項目に加えた。なぜなら、SES をはじめとする子どもの家庭背景は、社会関係資本と学業達成の関係を決定したり調整したりする効果があるとされているからである（露口 2011）[4]。SES は、保護者調査において回答された世帯年収および父・母学歴を合成したものである。家族構成は、ダミー変数（ふたり親＝ 0、ひとり親＝ 1）を作成し指標とした。これを家庭背景の変数とした理由は、父親と母親どちらかの不在が子どもの教育達成や地位達成に大きな影響（負の効果）を及ぼすことが実証されているからである（白川 2010、余田 2012 など）[5]。

(3) 社会関係資本（親と子）

「社会関係資本」については、子どもと保護者が家庭・学校・地域の3つの領域に有するネットワークを測る尺度を作成した[6]。本稿では、保護者が有する社会関係資本の総体を「親社会関係資本」と名付けた。これは、「子どもとのつながり」、「学校とのつながり」、「地域のつながり」を示す項目を保護者調査票からそれぞれ2つずつ選定し、合成変数化したものから構成されている。これら3つの「つながり」の合計（総量）を「親社会関係資本」としている。他方、子ども自身が持つつながりをあらわす変数として、「子ども社会関係資本」という指標を作成した。これも、親・学校・地域とのつながりを示す指標を子ども調査からそれぞれ2つずつ選定し合成変数化したものであり、これら3つの「つながり」の合計（総量）が「子ども社会関係資本」となっている[7]。

(4) その他（統制変数）

その他、学力に対する影響力が強いと予測される「性別（男子・女子）」、「家庭の学習時間」、「親の教育期待年数」を作成し、重回帰分析の際に統制変数として投入した。

2）地域背景の分類

親の階層的地位や親子双方が有する社会関係資本が学力に与える影響を地域背景との関連から検討するために、学校調査で収集された「要生活保護率」「準要生活保護率」「ひとり親家庭率」「外国人児童在籍率」の4つの数字を組み合わせ、尺度を作成した。この尺度と学校訪問調査における管理職への聞き取りに基づき、小学校25校のうち保護者調査に参加した16校を「地域背景ふつう（7校・318人）」「地域背景ややしんどい（6校・356人）」「地域背景しんどい（3校・132人）」の3つに分類した。

なお、この分類名は、本分析で用いるサンプルが、「全国平均と比べると、社会経済的にややきびしい層に偏っている」（志水・伊佐・知念・芝野 2014：7）ことを考慮したうえであてがわれたものである。また、「しんどい」という言葉であるが、これは「きびしい」という言葉に相当するものであり、関西圏の学校現場では馴染みのあるポピュラーな表現である。

表3-2は、3つの地域の特徴として、世帯年収、学歴（父・母）、ひとり親家庭率の状況をまとめたものである。SESをみると、「地域背景ふつう」と「地域背景しんどい」の世帯年収の平均の差が約160万円あり、比較的大きな経済格差が生じている。学歴に関しても、地域背景が安定しているほど父母ともに教育年数が多くなっていることがわかる。さらに、ひとり親家庭率をみてみると、やはり地域背景が厳しくなるほど多くなり、しんどい地域は26.2%と高い割合でひとり親家庭の子どもがいることがわかる。ちなみに、表には記載していないが、しんどい地域の父不在家庭の平均年収は約200万円あり、どのグループよりも低い。

（表3-2）各地域の特徴

	ふつう	(N)	ややしんどい	(N)	しんどい	(N)
世帯年収（万円）	581.0	318	526.5	356	417.9	131
父学歴（教育年数）	13.6	316	13.2	351	12.6	131
母学歴（教育年数）	13.4	318	12.9	356	12.5	131
ひとり親家庭率（%）	16.7	318	22.9	354	26.2	130

3) 地域背景別にみた学力格差の実態

次に、学力格差の実態を確認する。表3-3はSES、家族構成、社会関係資本（親・子）の違いによって学力がいかに異なるのかを、地域背景別に明らかにしたものである。

まず地域内格差を見ていこう。最も注目すべきは、しんどい地域において「持てる者」と「持たざる者」の格差が最も大きくなっていることである。特に、家族構成と子ども社会関係資本における学力格差は非常に大きいものとなっている。これは、地域背景が不安定になるほど、「持てる者」と「持たざる者」の間にある学力格差が深刻なものとなっていると言える。次に地域間格差を見ると、すべての指標において、低層間の学力格差が最も大きくなっている。同じ「持たざる者」であっても、地域背景によって学力格差が生じていると言い換えることができる。

ここで、社会関係資本に焦点を当てて表3-3の結果を見てみよう。地域背景「ふつう」と「ややしんどい」では、親と子いずれの社会関係資本におい

（表3-3）学力格差の実態（地域背景別）

		ふつう	(N)	ややしんどい	(N)	しんどい	(N)	地域間格差
SES	高	79.6	128	80.7	109	74.0	27	5.7
	中	73.5	111	73.6	116	68.2	34	5.3
	低	69.5	129	66.0	112	60.9	67	8.5
	地域内格差	10.2	—	14.6	—	13.0	—	
家族構成	ふたり親	75.4	263	74.3	269	69.2	95	6.2
	ひとり親	73.0	53	69.4	72	53.8	32	19.2
	地域内格差	2.4	—	4.9	—	15.4	—	—
親 社会関係資本	高	75.2	92	74.6	115	70.9	19	4.3
	中	76.1	121	72.8	115	66.5	59	9.6
	低	73.6	99	72.0	108	61.9	45	11.7
	地域内格差	2.4	—	2.7	—	9.0	—	
子ども 社会関係資本	高	74.7	101	72.5	83	69.0	52	5.7
	中	77.6	109	73.1	133	72.7	39	4.9
	低	72.6	96	74.1	111	53.7	32	18.9
	地域内格差	2.1	—	-1.5	—	19.1	—	

ても SES や家族構成と比べて学力格差が小さくなっており、社会関係資本の有無が学力にほとんど影響していないことがわかる。一方で、しんどい地域では、親と子いずれの社会関係資本も比較的大きな学力格差を生じさせており、特に「子ども社会関係資本」に関しては、SES や家族構成よりも大きな学力格差が見られる。これは、しんどい地域において社会関係資本（特に子ども社会関係資本）が子どもの学力保障の鍵を握っていることを示唆している。以上より、社会関係資本と学力の関係は地域背景によって異なる傾向にあると言える。

これらの結果を念頭に、次節では、社会関係資本と学力の関係について、より深く掘り下げて検討していくことにする。

3. 社会関係資本のアクセス可能性と分布

本節では、1節2節で設定した3つの問いのうち、①社会関係資本にアクセスできているのはだれか、②どの地域にどのような社会関係資本が醸成されているのか、の2つを明らかにする。

1）社会関係資本のアクセス可能性

まず、どんな子が社会関係資本を多く持っているのかについて、学力、SES、家族構成を軸に検討する。図3-1は、縦軸に親社会関係資本の総量を、横軸に子ども社会関係資の総量を据えた空間をつくり、そこに学力層（高・中・低）、SES層（高・中・低）、家族構成（ひとり親・ふたり親）のそれぞれの社会関係資本の平均値を配置させたものである。

図から明らかなのは次の4点である。①基本的に、学力が高く家庭背景に恵まれている子ほど、社会関係資本（親・子）を多くもっている。② SES が高い子ほど親社会関係資本を多くもっている。子ども社会関係資本については、SES による違いはほとんどみられない。③ふたり親家庭は、ひとり親家庭と比べて非常に多くの親社会関係資本を有している。しかし、子ども社会関係資本の量に関しては、ひとり親家庭とふたり親家庭とではほとんど違

第Ⅰ部　学力格差の構造

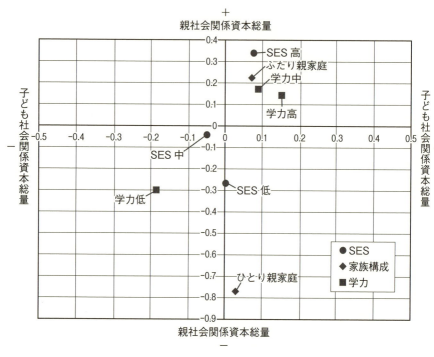

（図 3-1）社会関係資本と学力・SES・家族構成の関係

いはない。やはり一方の親の不在は、親から伝達される社会関係資本の量に影響していると思われる。しかし、ひとり親家庭だからといって子ども社会関係資本が減ずるということはない。④学力が高い子は社会関係資本（親・子）を多く有しているが、特に、子ども社会関係資本の量が多くなっている。一方で、学力が低い子どもは、子ども社会関係資本の量が相対的に少なくなっている。

　以上より、家庭背景が恵まれているほど、また学力が高いほど社会関係資本（親・子）の量は多くなっていることがわかる。しかし、子ども社会関係資本に関してはSESや家族構成といった家庭背景によってアクセスが制限されているとは言えない。また、学力もSESや家族構成と関連のある親社会関係資本ではなく、子ども社会関係資本の多寡によって違いが生じている。

64

2）社会関係資本の分布

次に、社会関係資本の分布を地域背景別に見てみよう。図3-2と図3-3は、親子・学校・地域とのつながりの量を地域背景別に見たものである。

親社会関係資本の分布から見てみよう（図3-2）。ふつう地域とややしんどい地域では、親子・学校・地域とのつながりがほぼ同じ量であることがわかる。興味深いのが、しんどい地域である。他の地域と比べて親社会関係資本の総量が非常に少ないにもかかわらず、親子のつながりに関しては他のつながりと比べて極端に多くなっていることが特徴的である。一方で、学校とのつながりは他の地域と比べてかなり希薄であり、地域とのつながりも他の地域より低い数値となっている。

子ども社会関係資本はどうだろうか。図3-3を見ると、親社会関係資本とは全く違った結果が出ている。すなわち、しんどい地域ほど子ども社会関係の総量が多くなっているのである。このような結果になった要因は、しんどい地域で学校でのつながりが突出して高くなっているからである。これを「大阪の学校文化」と単純に解釈するのは慎重になるべきだが、同和教育の伝統が何がしかの影響を与えている可能性はぬぐえないだろう。一方で、注目したいのは、親側から親子のつながりを見たときはしんどい地域において

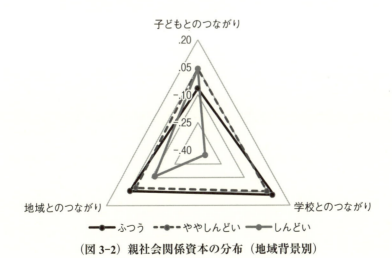

（図3-2）親社会関係資本の分布（地域背景別）

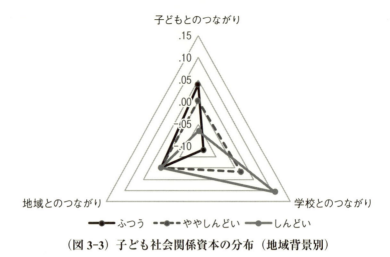

（図 3-3）子ども社会関係資本の分布（地域背景別）

その量が最も多くなっていたにもかかわらず、子ども側から見るとその量がかなり少なくなっているということである（子どもにも親にも同じ質問をしている）。この親子の認識のズレは、しんどい地域における家族関係の不安定さを表していると考えられる。一方で、ふつう地域は子ども社会関係資本の総量が最も少なくなっているが、相対的にどの地域よりも親子のつながりが突出して高くなっている。しかし、数値的には親社会関係資本における親子のつながりとほとんど変わらない。すなわち、親子の「つながり」に対する認識がある程度一致していると言える。

以上、地域背景によって諸々の社会関係資本の分布が異なり、その量も地域によって異なる傾向が見られた。これらを踏まえ、次項では、重回帰分析を用いて社会関係資本が学力に与える影響を地域別に検討する。

4. 地域背景別にみた社会関係資本が学力に与える影響

表 3-4 は、家庭背景に関する変数やその他学力に影響を与えていると思われる変数を統制した上で、社会関係資本（親・子）が学力に与える影響を分析したものである。なお、投入した変数の詳細は、表 3-1 を参照いただきたい。

第 3 章　社会関係資本と学力の関係

（表 3-4）家庭背景と社会関係資本が学力に与える影響（重回帰分析・強制投入法）

	全体			地域背景ふつう			地域背景ややしんどい			地域背景しんどい		
	B	SE	p	B	SE	p	B	SE	p	B	SE	p
家庭背景												
SES	2.671	.718	***	2.509	1.005	***	2.251	1.016	**	2.548	2.381	
家族構成（ひとり親ダミー）	-3.921	1.336	***	-.975	2.148		-3.907	1.999	**	-9.764	3.582	***
親社会関係資本												
子どもとのつながり	-.792	.574		-.765	.810		-.821	.885		-1.033	1.540	
学校とのつながり	1.262	.589	**	-.062	.860		1.104	.882		3.953	1.929	**
地域とのつながり	-.012	.576		1.737	.908	*	-.249	.847		-3.643	1.608	**
子ども社会関係資本												
親とのつながり	1.232	.641	*	1.948	.953	**	.471	.959		3.188	1.775	*
学校とのつながり	-.505	.584		-1.390	.855		-.190	.901		2.965	1.723	*
地域とのつながり	-.288	.587		-1.328	.921		-.152	.847		.965	1.570	
その他（統制変数）												
性別（女子ダミー）	1.738	1.072		2.535	1.563		1.467	1.628		1.140	3.102	
家庭の学習時間	.066	.012	***	.061	.017	***	.082	.018	***	.038	.033	
親の教育期待年数	2.488	.383	***	.946	.583		3.524	.574	***	2.042	1.148	*
（定数）	28.451	6.194	***	56.340	9.559	***	13.560	8.954		27.732	17.819	
調整済み R2	.246			.177			.292			.290		
回帰の F 検定	***			***			***			***		
N	737			299			320			116		

* = p＜.10,　** = p＜.05,　*** = p＜.01

　まず、地域を分けずに分析した結果を見てみると、SESと家族構成といった子どもの家庭背景が学力に最も影響を与えていることがわかる。社会経済的地位が高いほど、また、ふたり親家庭であれば、学力が高くなっている。一方で、社会関係資本はというと、親社会関係資本に関しては学校とのつながりが多いほど学力にプラスの影響を与えていることがわかる。子ども社会関係資本を見ると、親とのつながりが多いほど学力が高くなることが明らかになっている。しかし、いずれも学力に与える影響は家庭背景（SESと家族構成）よりも大きいというわけではない。

　次に、地域背景別に結果を見ていこう。「地域背景ふつう」では、全体で見たときと同じく、SESが学力に大きな影響を与えている。しかし、家族構成が学力に有意な影響力を与えていない。これは、この地域のひとり親家庭率が低いことと関係していると思われる。社会関係資本を見ると、親社会関

係資本は地域とのつながりが、子ども社会関係資本は親とのつながりが、子どもの学力に強い影響を与えている。地域背景が安定している場所では、親が地域にどれだけネットワークをもっているか、また子どもがどれだけ親と会話しているかが学力向上の鍵を握るということである。一方で、「地域背景ややしんどい」は、家庭背景の変数のみが影響を与えており、社会関係資本は親側も子ども側も学力に有意な影響をあたえていない。

　注目すべきは、「地域背景しんどい」の結果である。まず、これまで全体でもふつう・ややしんどい地域においても学力に影響を与えてきたSESが有意ではなくなっているが、係数自体は全体や他の地域とほぼ同じ値である。これは、サンプル数が小さいため誤差が大きくないためであると考えられる（係数2.548に対し誤差2.381）。家族構成を見ると、他の変数の影響を一定であると考えた場合、ひとり親家庭の子どもの学力はふたり親家庭の子どもよりも約10点低くなる（全体や、ややしんどい地域は約4点）。次に社会関係資本の影響を見ると、親側と子ども側を合わせた全6項目中4項目が有意となっており、「つながり」がしんどい地域の子どもの学力に対して重要な役割を果たしていることがわかる。親社会関係資本は学校とのつながりと地域とのつながり、子ども社会関係資本は親とのつながりと学校とのつながりが学力に有意な影響を与えている。そのうち、親がもつ地域とのつながり以外は、学力にプラスの効果を与えている。また、それらの影響は全体や他の地域よりも大きくなっている。親が学校の行事に参加したり学校でボランティアを行っていたりすること、子どもが親と学校での出来事を話したり夕食を一緒に食べていること、子どもが学校によく話せる先生がいることや友だちがたくさんいること。しんどい地域の子どもは、家庭背景の違いに関係なく、これらの家庭・学校とのつながりが豊かであるほど一定程度の学力が保障されるのである。

　一方で、興味深いのが、親がもつ地域とのつながりが子どもの学力にマイナスの影響を与えているということである。結果をそのまま読み取ると、親が地域の行事や祭りに参加しているほど、あるいは地域において子育てや教育を相談できる人が多いほど、子どもの学力が下がっていることがわかる

第 3 章　社会関係資本と学力の関係

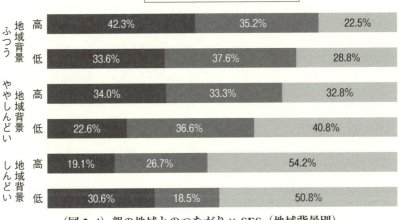

（図 3-4）親の地域とのつながり × SES（地域背景別）

（つながりの程度が上がると学力が約 4 点下がる）。逆に、「地域背景ふつう」では、親が地域とつながりを有しているほど子どもの学力が上がるという結果が出ている。

　なぜ、このような違いが生じているのかを考察するために、追加の分析を行った。図 3-4 は、親の地域つながりの量（高・低）と SES をクロス集計したものである。

　結果を見ると、「地域背景ふつう」では親と地域とのつながりが多いグループの約 8 割を SES が高いあるいは真ん中くらいの層が占めている。一方で、「地域背景しんどい」を見ると親と地域とのつながりが多いグループの半分以上が、SES が低い層で占められていることがわかる。SES が学力と正の相関を持つことを踏まえると、しんどい地域の地域つながりは、SES が低い親を中心としたつながりであるがゆえに学力が低くなっていると言える（学力が低い子の親が集まっているがゆえに、地域つながりと学力が負の関係になっている）[8]。逆に、「地域背景ふつう」では SES が比較的安定している親の地域つながりが多くなっているため、学力が高くなっている。

　あくまで推測の範囲を越えるものではないが、しんどい地域では、家庭背景が厳しく学力が低い子どもの親たちが強いつながりを形成しており、一方

69

で安定している地域では、子どもの学業達成に熱心な親たちの教育的な地域ネットワークが形成されている可能性が考えられる。たとえば、子育て相談や地域の行事への参加が、自分たちの社会経済的な「しんどさ」を共有する居場所的な機能を果たしているのか、それとも学業達成のために必要な情報を得る格好の機会となっているのかでは、つながりのもつ意味はまったく違うことになる。また、学業達成にそこまで価値を置いていない親同士が地域で築く強い紐帯と、メリトクラシーに焚き付けられた親同士が、地域に張り巡らす弱い紐帯とでは、学力に対する効果は当然変わってくるだろう。

5. おわりに

　ここまで、社会関係資本と学力の関係を地域背景に着目しながら検討してきた。本稿で得られた知見をまとめると、次の3点になる。

①親社会関係資本は、SESや家族構成の違いによってアクセス可能性が制約されているが、子ども社会関係資本は制約されていない。
②地域背景によって社会関係資本の分布が異なる。親社会関係資本は地域背景が安定するほど多くなり、子ども社会関係資本は地域背景がしんどくなるほど多くなる。また、より詳細に社会関係資本の分布を検討すると、社会経済的背景が安定している地域は「親と学校とのつながり」、「親と地域とのつながり」が多く、しんどい地域は「子どもと学校とのつながり」が多くなっている。
③地域背景によって社会関係資本が学力にもたらす効果とその影響力が変わる。特にしんどい地域では、他の地域よりも親や子がもつ諸々の社会関係資本が学力に強い効果と影響を与える傾向にあった。地域背景別に見ると、「地域背景ふつう」では「親と地域とのつながり」と「子どもの親とのつながり」が、「地域背景しんどい」では「親と学校とのつながり」「子どもと親とのつながり」「子どもと学校とのつながり」が学力にポジティブな影響を与えていた。「地域背景ややしんどい」では、どの社会関係資

本も学力に効果をもたらしていなかった。また、「地域背景しんどい」では、学力にネガティブな影響を与える社会関係資本が存在していた（「親と地域とのつながり」）。

最後に、地域や家庭の社会経済的背景による乗り越え難い学力格差をいかに縮小できるか、あるいはどのように「社会関係資本の醸成方法やアクセス困難なものへの支援」（露口 2011：188）を行うべきなのかを、本稿のしんどい地域の結果に基づいて2点述べる。

第1に、社会関係資本がSESや家族構成、さらには性別、家庭の学習時間、親の教育期待年数といった変数を調整しても学力にプラスの影響を与えていたことに注目したい。この結果から、確かにそれが学力格差を生み出す新たな要因となっているのではないかという見方もできる（平塚 2006）。一方で、SESや家族構成などの効果を統制してもなお社会関係資本が学力にポジティブに働くということ、そして子ども自身がもつ社会関係資本が親のもつ社会関係資本と比べてSESや家族構成とは関連をもっていないことを考えると、社会的不利層の子どもに開かれた教育的資源としての可能性を有していると捉えることもできる（高田 2008）。特に、しんどい地域では、親も子どもも学校において豊富なつながりを持っている場合、学力が高くなっていた。これは、「家庭の力」に恵まれていない子どもでも、「学校の力」で学力を一定程度引き上げることができる可能性を示唆している。社会経済的背景に恵まれていないからこそ、「最後の砦」として人と人とのつながりが子どもの学力に対してプラスに働くと考えるほうがよいのかもしれない。人と人とのつながりというセーフティーネットすらもたない、しんどい地域の子どもたちを、いかに学校を中心としたつながりに埋め込んでいくかが、学力格差を克服する手立てとなるだろう。その際、考慮すべきは、しんどい地域では他の地域と比べて、親と学校とのつながりが極端に少なかったことである（図3-2参照）。これを踏まえると、学校側が親を学校に巻き込んでいく取り組みによって親と学校とのつながりを醸成させることが必要であり、さらにそうした取り組みを行政側が支援していく必要があるだろう。

第2に、地域背景によっては、必ずしも社会関係資本が学力にポジティブな効果をもたらすわけではないことを念頭に置くことの重要性である。地域背景別にサンプルをコントロールして分析を試みた結果、しんどい地域の親と地域とのつながりが学力に負の影響を与えていた。また、地域とつながっている親のほとんどが SES の低い層であることも明らかになった。このような状況において求められるのが、かれらのつながりが何のために形成・アクセスされているのかという「つながりの文脈」を理解したうえで、子どもの学力に結びつくようなつながりに「方向転換」（Portes & Rumbaut 2001）することである。そのためには、学校や行政が、しんどい地域における親同士のつながりと積極的につながりをつくること、そうしたつながりを積極的にバックアップしていくことが必要である。

（注）
(1) 日本でも、『ソーシャル・キャピタルの潜在力』（稲葉編 2008）、『ソーシャル・キャピタルのフロンティア』（稲葉・大守・近藤・宮田・矢野・吉野編 2011）や『ソーシャル・キャピタル』（稲葉・大守・金光・近藤・辻中・露口・山内・吉野 2014）において、健康、教育、経営、経済、政治といった様々な領域で起こる現象を、「社会関係資本」という共通の概念で読み解く試みがなされている。
(2) 多重代入法とは、欠損値を補定（imputation）したデータセットをいくつか作成し、それぞれのデータセットにおける統計分析の結果を統合することによって、補定値の不確実性に対処しつつ、欠損データの推定値を算出する方法である（高橋・伊藤 2014：43-45）。欠損値の補定は回帰法を用いた。具体的には、世帯年収、父学歴（教育年数）、母学歴（教育年数）をそれぞれ従属変数とし、それらと比較的相関の高い家庭の学習時間、教育期待年数、学校外教育支出の3つを独立変数とした線形回帰モデルを作成し、欠損のある個票に対してそのモデルの予測値を欠損値に代入した。さらに、欠損値を補定したデータセットを5つ作成し、それぞれのデータセットに対して回帰分析などのプロシージャーを実行した後、算出された5つの推定値と標準誤差をひとつに統合したものが、本稿の「分析結果」である。なお、多重代入法に関する理論や方法、そしてその評価については、高橋・伊藤（2013、2014）に詳しい（図3-5）。

第 3 章　社会関係資本と学力の関係

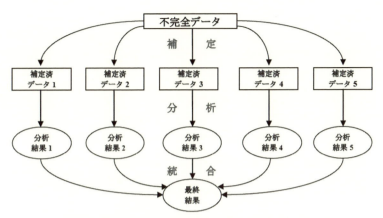

（図 3-5）多重代入法の模式図（高橋・伊藤 2014：43）

(3) 各変数の記述統計量は以下の表 3-5 のとおり。

（表 3-5）分析に使用する記述統計量

	N	最小値	最大値	平均値	標準偏差
学力	788	10.6	99.0	72.7	16.4
家庭背景					
SES	380	-2.54	3.15	0.02	0.99
家族構成	802	0.00	1.00	0.79	0.41
親社会関係資本					
子どもとのつながり	803	1.00	4.00	1.39	0.48
学校とのつながり	795	1.00	4.00	2.03	0.55
地域とのつながり	800	1.00	4.00	2.23	0.61
子ども社会関係資本					
親とのつながり	780	1.00	4.00	1.53	0.58
学校とのつながり	773	1.00	4.00	2.03	0.71
地域とのつながり	770	1.00	4.00	1.90	0.76
その他（統制変数）					
性別	793	0.00	1.00	0.50	0.50
家庭の学習時間（分）	774	0.00	210.00	51.65	49.43
教育期待年数	731	9.00	18.00	14.80	1.66

73

(4) 垂水（2014）は、こうした背景を踏まえ、収入と学歴を合わせた SES 指標を使うことの利点と妥当性を次の4つにまとめている。①グループ間比較と結果の解釈の容易さ、②複合効果を検討することが可能、③モデルの簡略化と共線性の回避、④そもそも収入と学歴は相関しており、PISA 等の国際調査でも両者の合成変数が用いられている。本稿も、氏の主張を妥当であると考え、世帯年収と学歴を分けて分析するのではなく、両者を合成し SES として分析する。なお、SES 尺度の作成方法も、垂水（2014）のものを踏襲した。本調査における世帯収入と学歴（父・母）の相関は以下の表3-6のとおり。

（表3-6）世帯年収・父学歴・母学歴の相関関係

	世帯年収	父学歴	母学歴
世帯年収	1	.260***	.302***
父学歴	.260***	1	.283***
母学歴	.302***	.283***	1

*** = $p < .01$

(5) 家族構成は、社会関係資本の議論において「家庭内社会関係資本」の一部として解釈される場合も多い（露口 2011）。コールマンが、アメリカにおいて、ひとり親家庭であることが子どもの教育達成に負の影響を与えていると主張したことはよく知られている（Coleman 1988）。近年では、その効果をアメリカの文脈だけでなく、PISA データを用いて国際比較しようとする動きもある（Bassani 2006）。しかし一方で、アメリカの移民第二世代研究などでは、学業達成と社会関係資本の関係を探る際、家族構成はその範疇ではなく別ものとして分析・解釈されており、社会関係資本はエスニック・コミュニティとのつながり（同国出身の友人数など）として捉えられている（Portes & Rumbaut 2001）。また、先にあげた日本のひとり親家庭の研究も、家族構成を社会関係資本として解釈しているわけではない。このように、「何を、どこまで社会関係資本と捉えるのか」は常に論争的であるが、本稿ではひとまず、SES と同じく、子どもや親社会関係が学力に与える影響を左右するものとして考えることにする。

(6) この3つの領域に絞った理由は、次の2つである。①「効果のある学校論」などで、低学力の子どもに対する家庭・学校・地域におけるつながりの重要性が論じられてきたこと（高田 2008）、②国内外の社会関係資本と学力の関係を検討する先行研究においても、子どもや保護者の社会関係資本が、「家庭内社会関係資本」、「学校・クラス社会関係資本」、「地域社会関

係資本」といった形で分類されてきたこと（露口 2011）。
(7) 親子の教育的コミュニケーション（親子で勉強のことを話す、読んだ本の感想を話す、時事問題を話すなど）を社会関係資本とすることが多い。確かにそれらは人間関係のなかに埋め込まれた資源として捉えることができるかもしれないが、明らかに学力と相関が高く、なおかつミドルクラスの教育戦略と類似しており、家庭の文化的活動とも捉えることができるものである。実際、このような項目を分析した海外の研究では、社会経済的地位が上昇するほど社会関係資本が教育達成に効果をもたらすことが報告されている（Bassani 2008）。これらを考慮し、項目を設定した時点で社会関係資本の効果やアクセス可能性の違いが決定される問題を回避するために、各項目を選定する際、できるだけ教育的活動や文化的活動と結びつく要素が含まれていない項目を選定した。ただし、必然的に教育的なつながりが想定される「学校とのつながり」に関しては、これに相当しない。
(8) SESが高い層の割合が他の地域と比べて少なくなっていることを見ると、しんどい地域では地域とつながりたがらない高階層の親が多く、「ブライト・フライト」（苅谷 2001）のような状況が生じている可能性が考えられる。

（参考文献）

Bassani, C., 2006 "A Test of Social Capital Theory Outside of the American Context: Family and School Social Capital and Youth's Math Scores in Canada, Japan, and the United States", *International Journal of Educational Research* 45, pp. 380-403

Bassani, C., 2008 "Social Capital and disparities in Canadian Youth's Mathematics Achievement", *Canadian Journal of Education* 31（3）, pp. 727-760

Bourdieu, P., 1986 "The Forms of Capital" in J. G. Richardson（ed.）*Handbook of Theory and Research for the Sociology of Education*, New York: Greenwood, pp. 241-258

Coleman, J.S., 1988 "Social Capital in the Creation of Human Capital", *American Journal of Sociology* 94, pp. 95-12

平塚眞樹，2006「移行システム分解過程における能力観の転換と社会関係資本―「質の高い教育」の平等な保障をどう構想するか？」『教育学研究』第73巻4号，pp. 391-402

稲葉陽二・大守隆・近藤克則・宮田加久子・矢野聡・吉野諒三編，2011『ソーシャル・キャピタルのフロンティア―その到達点と可能性』ミネルヴァ書房

稲葉陽二・大守隆・金光淳・近藤克則・辻中豊・露口健司・山内直人・吉野

諒三編，2014『ソーシャル・キャピタル―「きずな」の科学とは何か』ミネルヴァ書房

稲葉陽二編，2008『ソーシャル・キャピタルの潜在力』日本評論社

苅谷剛彦，2001『階層化日本と教育危機―不平等再生産から意欲格差社会（インセンティブ・ディバイド）へ』有信堂高文社

リン，N.・筒井淳也・石田光規・桜井政成・三輪哲・土岐智賀子訳，2008『ソーシャル・キャピタル―社会構造と行為の理論』ミネルヴァ書房

Portes. A, and Rumbaut. G., 2001 *Legacies: The Story of the Immigrant Second Generation.* Barkley: University of California Press

パットナム，R.（河田潤一訳）2001『哲学する民主主義―伝統と改革の市民的構造』NTT 出版

Ream, R., 2003 "Counterfeit of Social Capital and Mexican-American Underachievement", *Educational Evaluations & Policy Analysis* 25 (3), pp. 237-262

志水宏吉・中村瑛仁・知念渉，2012「学力と社会関係資本―「つながり格差」について」志水宏吉・高田一宏編『学力の比較社会学国内編　全国学力テストは都道府県に何をもたらしたか』明石書店，pp. 52-89

志水宏吉，2014『「つながり格差」が学力格差を生む』亜紀書房

志水宏吉・伊佐夏実・知念渉・芝野淳一，2014『調査報告「学力格差」の実態（岩波ブックレット　No. 900）』岩波書店

白川俊之，2010「家族構成と子どもの読解力形成―ひとり親家族の影響に関する日米比較」『理論と方法』第 25 集 2 号，pp. 249-265

須藤康介，2009「学力の階層差に関する実証研究の動向―日本とアメリカの比較を通して」『東京大学大学院教育学研究科紀要』第 49 巻，pp. 53-61

高田一宏，2008「同和地区における低学力問題　―教育をめぐる社会的不平等の現実」『教育学研究』第 75 巻第 2 号，pp. 36-46

高橋将宜・伊藤孝之，2013「経済調査における売上高の欠測値補定方法について―多重代入法による精度の評価」『統計研究彙報』70，pp. 19-86

高橋将宜・伊藤孝之，2014「様々な多重代入法アルゴリズムの比較―大規模経済系データを用いた分析」『統計研究彙報』71，pp. 39-82

垂水裕子，2014「家庭の社会経済的背景（SES）の尺度構成」国立大学法人お茶の水女子大学「平成 25 年度　全国学力・学習状況調査（きめ細かい調査）の結果を活用した学力に影響を与える要因分析に関する調査研究」，pp. 13-15

露口健司，2011「教育」稲葉陽二・大守隆・近藤克則・宮田加久子・矢野聡・吉野諒三編『ソーシャル・キャピタルのフロンティア―その到達点と可

能性』ミネルヴァ書房, pp. 173-196
余田翔平, 2012「子ども期の家族構造と教育達成格差——二人親世帯／母子世帯／父子世帯の比較」『家族社会学研究』24 (1), pp. 60-71

第Ⅱ部

教育実践と学力格差

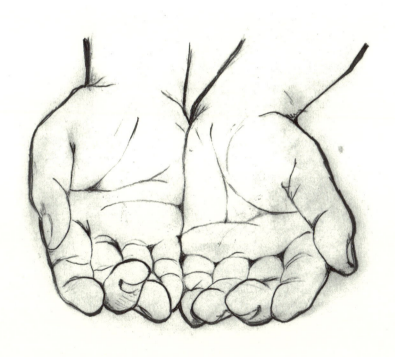

第4章

授業改革は学力格差を縮小したか

前馬優策

1. はじめに

　学力をめぐる「激動期」。第2回調査が行われた2001年から今回の第3回調査が行われた2013年にかけての12年間を、そう呼んでみることにしよう。

　「学力低下論争」を経て、確かな学力向上のための2002アピール「学びのすすめ」が出されたのち、2002年の4月に授業時数や教育内容が削減された新たな学習指導要領が全面実施された。また、2001年に発表されたPISAの結果（実施は2000年）では、「面目を保った」ものの、2003年・2006年のPISAの結果は、日本の教育関係者に大きな衝撃を与えることになった。ただ、2009年・2012年の結果に関しては、なんとか持ち直したように見える結果が出ている。

　この間、2007年に全国学力・学習状況調査が導入され、結果ももちろんであるが、結果の公表をめぐって激しい議論が繰り広げられてきた。「学力調査の時代」（苅谷・志水 2004）によってもたらされた学力の「可視化」は、責任を可視化・明確化しようとする動きをも生み出したのである。こうした流れの中で、子どもの学力に対する学校の責任やプレッシャーは、一般的に言ってかなり強まったと言わざるを得ない。各校における「学力向上」はターゲットとしての性格をより強め、子どもの学力をどうやって向上させるかといったことにますます重きが置かれるようになっている。

また、授業時数の増加、言語活動の充実等を盛り込んだ新しい学習指導要領が、小学校は2011年、中学校は2012年から実施されたことも記憶に新しい。日本の教育は、「ゆとり教育」から明確に舵を切り、新たな道を模索し始めたと言うことができる。2001年から2013年はそういう時期であった。
　このような状況下で、教師たちは授業改善に迫られている。しかもそれは、単なる学力向上というよりも、多種多様な方向性を含んだ形での授業改善である。PISA型学力や、B問題型学力、思考力・表現力・判断力といった「力」の育成も強く求められるようになり、「従来までの授業のあり方ではいけない」という声が学校内外で非常に強まってきている。1章で志水が述べているように、今回調査のデータでも、「自分で考えたり、調べたりする授業」「考えを発表したり、意見を言い合う授業」が「よくある」と回答する子どもの割合が2001年に比して増加しているのも、そうしたことを少なからず反映しているであろう。
　上記をふまえ本章では、学力をめぐる「激動期」において、授業の様子がどう変わったか、そして授業のあり方が子どもの学力に与える影響について検討してみたい。
　とは言うものの、学力の獲得における授業の効果を測ることは容易ではない。授業スタイルと学力のあいだにある関連が見出されたとしても、因果の向きは双方向に想定できるからである。より正確な効果を測るためには、実験的および継時的に学力データを収集したりしなければならないが、本章ではさまざまな条件を統制したうえで学力と授業の関連について検討し、授業の効果について考察してみたい。
　これまでのところ、学力「水準」および「格差」と授業の関係について、次のようなことがわかっている。まず、苅谷・志水・清水・諸田（2002）は、2001年の関西調査を用いて、中学生の学力（国語と数学の正答率）が小学生時に受けた授業の影響を受けると指摘している。具体的には、「伝統的授業」の多さがプラスに、「新学力観型の授業」がマイナスに影響しているということである。また、特に通塾の影響が大きい中学の数学では、新学力観型の授業や、何の特徴も持たない「あいまい型」の授業では、通塾者と非通

塾者の学力格差を拡大させる可能性があることも同時に指摘されている。当時の苅谷らの問題意識は明確で、新学力観型の授業の拡大が学力低下および学力格差の拡大を招いている、というものであった。

一方、山田（2004）は、「関東調査」の小学校データを用い、①新学力観志向・個別学習志向の授業実践は、水準の高さと関連している、②伝統的学力観にもとづく授業実践は、階層間格差の縮小につながる、③高い水準を保ちつつ、階層間格差の小さい学級経営を行うためには教職経験の蓄積が欠かせない、という結論を「可能性」として提示している[1]。苅谷ら（2002）と異なるのは新学力観型の授業に対する評価であるが、伝統的授業が格差拡大を押しとどめるのではという点において見解が一致している。

さらに、須藤（2013）は TIMSS 2003 の中学生データの理科の結果を用いて、授業スタイルと学力の関連を調べている。先の山田（2004）について、授業方法類型に関する批判、相乗効果を無視していることへの批判、学級規模や宿題の有無が統制されていないことへの批判を展開したうえで分析を進め、①「聴講演習型の授業」は学力向上につながるが、「宿題試験型の授業」は学力低下をもたらしてしまう、②学んだ内容を社会や日常と結びつけようとする「社会日常型の授業」は階層差を拡大させる可能性があるが、学力低下をもたらすわけではない、③「社会日常型の授業」と「聴講演習型の授業」の組み合わせは学力向上に大いに資する、と結論付けている。須藤が新たに明らかにしたのは、伝統的な学力観に基づくと考えられる授業が学力へ与える影響は一様ではないこと、伝統型授業と新学力観型授業の相乗効果についてである。

2000 年代序盤の実態を捉えようとしたこれらの研究は、細かい違いはあるものの、伝統型授業と新学力観型授業が混在する中で、新学力観型の授業が格差を拡大し、伝統的授業が格差を縮小するという「結論」へと集約できる。苅谷（2001）が指摘したように、「教師による統制の弱い、子どもの主体的な学習を求める教授法ほど、新中産階級の文化と親和的であるとするイギリスの研究（バーンスティン・1975＝1980）があるが、日本でも同様のことが予想される」（苅谷 2001：219）という事態が生じていた可能性が高かっ

たのである。ただし、新学力観型授業も、やりよう次第で学力形成に資する可能性も看過できない。時間が経過する中で、新学力観型授業と呼ばれるものの内実も変わってきたということが十分にありうるだろう。そのなかで、学力と授業スタイルの関係が変わってきたことも考えられる。

なお、本章では、小学校のデータを対象として分析を進める。小学校を対象とする理由の一つは、中学校に比べて学級担任の授業スタイルが学級に色濃く反映され、結果的に学級の「個性」が表れやすいと考えられることである。もう一つの理由は、中学校では定期テストがあり、それに合わせた補習や特別な指導などがなされていることが十分に考えられるからである。その点も含めて分析に組み込めば良いのであるが、今回の調査データでそこまで加味することは難しい。その点、小学校の方が日々の授業スタイルが学力に与える影響を見るうえでより適していると考えられる。

具体的には、以下のような課題を設定し、分析を進めていく。

① 2001 年と 2013 年で、授業スタイルに変化はあったのか

2001 年から 2013 年にかけて、「表現力」や「思考力」および「学び合い」を標榜する授業が急速に普及したと予想される。しかしその一方で、ゆとり教育批判を受ける形で、「確かな学力」のもとに基礎基本の定着に向けた取り組みが活性化した時期でもある。そう考えると、基礎基本の定着に不可欠だとされる反復学習やドリル学習などが広がっていったとも考えられる。

②授業スタイルは学力に影響を与えるのか

授業スタイルが個人の学力に与える影響の強さについて検討する。その際、2001 年と 2013 年の比較を行い、授業スタイルが学力に与える影響力に変化があったのかどうかを検討する。

③特定の授業スタイルによって、メリットを受けるグループはいるのか

ある授業スタイルが採られた時に、その授業スタイルに親和的な子どもがいる一方で、非親和的な子どもがいることも十分に考えられる。そうしたことが生じているのかどうかについても検討したい。

これらの課題の検討を通じて、学力をめぐる「激動期」において、教室の

なかで生じた変化の一端を批判的に捉えるための材料を提示できるのではないかと、筆者は考える。次節では、本章で用いる主な指標について説明し、3節で授業スタイルの変化について算数・国語のそれぞれに確認する。続く4節では授業スタイルと学力の関係について簡単に触れた後、5節でさらに細かく授業スタイルと学力の関係性を明らかにする。最後に6節では、授業と学力の関係性が変化した背景について考察を行い結びとしたい。

2. 使用データおよび指標について

　ここで、本章で用いるデータについて説明しておきたい。調査の概要などは別箇所で示したとおりであるが、得られたデータのすべてを使用するわけではない。分析には、2001年と2013年の小学校データのうち、二時点で調査を行うことができた16の学校のデータを用いる。サンプル数は2001年が936、2013年が907であり、この間、総クラス数は33から30へと減少している。分析では、個人レベルのデータに加えて、集団＝クラスレベルのデータも併せて用いることにしたい。
　また、本章で扱う「授業スタイル」は、あくまでも子どもの回答から得られたものであるため、子どもの主観的判断に依存することは否めない。そのため、クラスレベルのデータを用いる際には学級ごとに授業スタイル得点の平均値を求め、ある授業を「受けている」と感じている子どもが多いほど、その種の授業が数多く展開されているという捉え方をしたい。

3. 授業スタイルにもたらされた変化

　第1章の表1-8で述べられているように、授業の様子はこの12年間のあいだに「活性化」する方向へと向かってきた。詳しい表は省略するが、それぞれの授業が「よくある」と「ときどきある」と肯定的に回答した割合を比較すると、算数では、「自分で考えたり、調べたりする授業」で15.7ポイント（58.9% → 74.6%）、「自分たちの考えを発表したり、意見を言い合う授業」

で 10.5 ポイント (75.3% → 85.8%) の増加が見られた。その他ではあまり大きな変化が見られない。一方の国語でも「自分で考えたり、調べたりする授業」「自分たちの考えを発表したり、意見を言い合う授業」でそれぞれ 5.5 ポイント (74.5% → 80.0%)、7.1 ポイント (80.9% → 88.0%) の増加が見られるが、算数ほどの変化ではなかった。算数に比べて国語の授業では早くからそういったタイプの授業が取り入れられていたために、変化が少なかったと考えることができるだろう。さらに、国語では「ドリルや小テストをする授業」も 70.7% から 79.2% へと増加している。この背景には、思考力や表現力を伸ばそうとする授業が浸透する一方で、「漢字検定」がブームとなったり、「基礎的な読み書きをきちんとやらねば」といった考えが広まったりしたことがあるようにも思われる。

　個々の授業スタイルについては上述の通りであるが、実際の授業場面においては、これらを組み合わせた授業展開がなされることが一般的であろう。そこで、本章では、これらの要素を総合的に把握する指標を作る作業を行った。手順は次の通りである。まず、2001・2013 年の算数・国語ごとに分けて、授業スタイルの 5 つの要素について主成分分析を行った。その際、それぞれの質問に対する回答に対して「よくある」= 4、「ときどきある」= 3、「あまりない」= 2、「ほとんどない」= 1 と点数を割り振っている。次に、その結果得られた 2 つの主成分に対する主成分負荷量を 2 軸上の平面に布置した。2001 年の算数の結果が図 4-1 である。このマップ上で近くにあれば、それぞれの授業が同じクラスで行われやすいことを示している。図 4-1 では、「自分で考えたり、調べたりする授業」と「自分たちの考えを発表したり、意見を言い合う授業」が右下にある一方で、「ドリルや小テストをする授業」と「宿題が出る授業」が中央の上方に位置している。「教科書や黒板を使って先生が教えてくれる授業」は少し離れているものの、「ドリル・小テスト」「宿題」に近い位置にある。「教科書・黒板」を使った授業は、「ドリル・小テスト」「宿題」と似ていることが言える。

　なお、横軸は、すべての項目がプラスになっていて、授業のバリエーションの総合得点を示す軸であると解釈できる。また、縦軸は、上側（プラス）

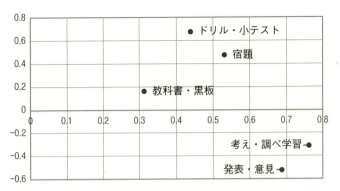

（図4-1）算数の授業スタイルの関係（2001）

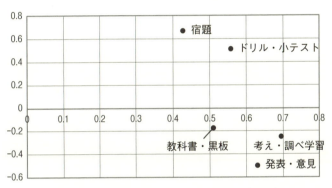

（図4-2）算数の授業スタイルの関係（2013）

に「ドリル・小テスト」「宿題」、下側（マイナス）に「発表・意見」「考え・調べ学習」の授業が来ていることから、課題やテストを行うタイプの授業か、考えたり発表したりするタイプの授業かを判断する軸であると解釈できる。

一方、2013年の算数の結果が図4-2である。この2時点で決定的に異なるのは「教科書・黒板」の位置である。「考え・調べ学習」「発表・意見」の方へ寄せられている。つまり、「考え・調べ学習」や「発表・意見」を取り入れた授業が浸透してきた中で、教科書や黒板がそうした授業とともに使われるようになってきたと考えることができる。

同様に、国語についてはどうだろうか。図4-3・図4-4が2001・2013年

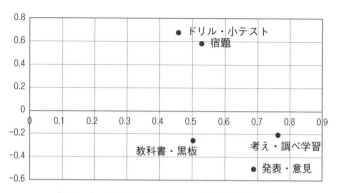

（図4-3）国語の授業スタイルの関係（2001）

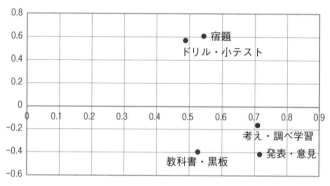

（図4-4）国語の授業スタイルの関係（2013）

の授業スタイルの関係を示したものである。2つの図を比較すると、いずれも「ドリル・小テスト」「宿題」が他の3つよりも離れる形で布置されており、授業スタイルの関係にはあまり大きな変化はないように見える。国語においては、授業の中での大きな構造変化が起きていないと考えることができるだろう。

逆に言えば、この12年で、算数の授業が国語の授業らしくなってきたとも言える。残念ながら、いかなるタイミングでこのような変化が生じたのかを2時点比較で明らかにすることはできないが、算数の授業の様子が黒板や教科書の使い方をめぐって変化してきたことは確かなようである。

（表 4-1）主成分分析の結果

	算数		国語	
	第1成分	第2成分	第1成分	第2成分
	授業充実度	ドリル偏重度	授業充実度	ドリル偏重度
自分で考えたり、調べたりする授業	0.77	−0.30	0.78	−0.34
自分たちの考えを発表したり、意見を言い合う授業	0.67	−0.55	0.68	−0.54
宿題が出る授業	0.55	0.51	0.60	0.51
ドリルや小テストをする授業	0.50	0.62	0.51	0.64
負荷量平方和	1.59	1.03	1.67	1.08
分散%	39.8%	25.8%	41.9%	27.0%

　上記の結果は、個人の回答をベースに見たものである。しかしながら、当然、ドリルなどを中心に授業を進めるクラスもあれば、発表する時間をふんだんに確保する授業もあるだろう。その頻度はクラスによって異なることは容易に想像できる。

　そこで次に、クラスごとに授業の様子を把握してみることにしよう。ここではその作業の前に、算数で異なる傾向を見せた「教科書・黒板」を除いた4項目について改めて主成分分析を行った。その際、年度ごとに主成分得点を比較するために、両年度のデータを合わせている。この結果、算数・国語ともに、2つの主成分が得られた（表4-1）。第1主成分は4項目ともに主成分負荷量が高いため、4つの授業がどれだけ多く行われているかを示す「授業充実度」と名付けた。この得点が高いクラスでは、子どもたちを中心とした学習活動を展開しつつ、宿題を出したりドリルに取り組んだりする授業が行われていると考えることができる。一方、第2主成分は「宿題が出る」「ドリルや小テストをする」の負荷量がプラスになっていて、自分たちの活動に関する負荷量がマイナスになっているので、「ドリル偏重度」と名付けた。この得点がプラスに大きいほどドリル・小テスト・宿題を用いた授業に偏っていることを示し、マイナスになるほどドリル学習の比重が小さい授業、すなわち子どもの活動に偏った授業であることを示している。

　この授業スタイル得点の年度ごとの平均値を表4-2に示した。2001年か

（表 4-2）主成分得点の比較

	授業充実度		ドリル偏重度	
	2001	2013	2001	2013
算数	-0.17	0.18	0.11	-0.12
国語	-0.10	0.10	0.05	-0.05

ら2013年にかけて授業充実度が増えており、「量の拡大」が起きたと言えるだろう。また、ドリル偏重度は、それに伴ってプラスからマイナスに転じており、全体的にドリル・小テスト・宿題だけでなく、子どもの活動を取り入れた授業が増えてきたことを示している。また、その「振れ幅」は、国語よりも算数の方で大きく、先にも触れたように算数の授業でより大きな変化が生じたと言うことができるだろう。

次に、クラスごとに「授業充実度」「ドリル偏重度」のそれぞれの平均値を求め、縦軸に「授業充実度」を、横軸に「ドリル偏重度」を配したグラフに布置してみよう。それぞれの点が1つのクラスを示しており、上側にあるクラスほど「授業充実度」が高く、4つの授業を活発に行っているクラスであることを意味する。また、右側にあるクラスほどドリル型の授業の比重が高く、左側にあるクラスほどドリル型の比重が低いことを示している。

図4-5は、2001年の算数の授業スタイルの分布を見たものだが、クラスによって授業スタイルにかなりバラつきがあることがわかる。ただし、図4-6と比較してみると、その傾向に違いがあるのは一目瞭然である。2001年では授業充実度がマイナスのクラスも多いが、2013年になると分布が大幅に上側へ移動していることがわかる。また、それだけでなく、それぞれの点と点の距離が近くなっているように見える。いわば、クラスごとの授業スタイルのバリエーションが小さくなったのである。学力向上の一つの手段として「教師の授業力向上」が図られる中で、授業の均質化が進んだと考えることはできないだろうか。かつて見られたかもしれない、宿題の答え合わせやドリル・小テストを中心にして進んでいく授業は、今や少数派になりつつある。

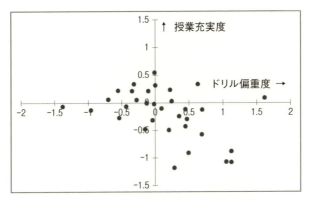

（図 4-5）算数（2001）のクラスの分布

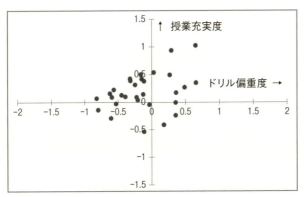

（図 4-6）算数（2013）のクラスの分布

　国語についてはどうだろう。図 4-7 を見てみると、2001 年の算数と同様に国語の授業スタイルにバラつきがあることが見て取れる。今回は中学校との比較を行っていないが、時に「学級王国」と揶揄される小学校の教室のあり方が、このような形をとって現れていたのかもしれない。これが 2013 年になると、また違った分布が確認できる。図 4-8 では、分布が真ん中に寄っていることがわかる。やはり、算数の授業スタイルと同じように、均質性が高まったと言うことができるだろう[2]。

第Ⅱ部　教育実践と学力格差

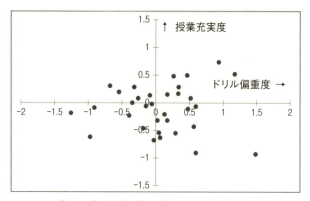

（図 4-7）国語（2001）のクラスの分布

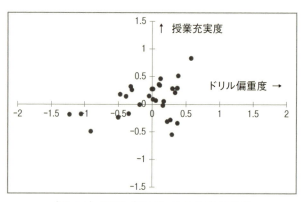

（図 4-8）国語（2013）のクラスの分布

4. 授業スタイルと学力の関係

　このように授業スタイルの構造が変わってきたわけであるが、授業スタイルと学力にはどのような関連があるのだろうか。クラスが分析の単位となっていることに留意しつつ、表 4-3 を見てみよう。まず、正答率と授業スタイルの関係においては、統計的に有意な相関関係は見られない。ただし、全体の傾向を眺めてみると、2001・2013 年ともに授業充実度は正の弱い相関を、

92

第4章 授業改革は学力格差を縮小したか

(表4-3) 学力指標と授業スタイルの相関係数
【N＝33（2001）、N＝30（2013）】

		授業充実度		ドリル偏重度	
		2001	2013	2001	2013
正答率	算数	0.20	0.30	-0.09	-0.20
	国語	0.20	0.16	-0.16	-0.27
標準偏差	算数	-0.03	-0.42*	-0.10	0.01
	国語	-0.06	-0.05	0.08	0.38*

*$p<.05$

ドリル偏重度は負の弱い相関を持っていると言えそうである。また、その相関の程度は、2001年よりも2013年の方が強まっている。ただし、あくまでも統計的に有意ではない。一方、学力のバラツキを示す標準偏差と授業スタイルの相関を見てみると、2013年の算数で授業充実度との負の相関が、国語でドリル偏重度との正の相関が確認できる。つまり、2013年においては、算数の授業充実度の高いクラスで学力のバラツキが小さく、ドリル偏重度の高い国語の授業をしているクラスの学力のバラツキは大きい傾向にあるというわけである。

しかしながら、これらの関係をもって、授業充実度の高い授業は学力に好影響を与えたり、ドリル偏重度の高い授業が負の影響を与えたりしていると即座に言うことはできない。因果関係の方向性が逆で、教師たちが子どもたちの学力状況などを総合的に判断して授業スタイルを選択するということは十二分にありえるからである。そう考えると、算数の授業においては学力のバラツキが小さいクラスでこそいろんな種類の授業が行われやすいといったことや、国語の授業においては学力のバラツキが大きいクラスでドリル偏重型の授業が行われやすいといったことも想定される。とは言え、総じて言えば、学力実態と授業スタイルのあり方が関係を強めているということは間違いなさそうである。

本章のこれまでを通じて明らかにしてきたことは、以下のようなものである。まず、算数においては、自分で考えたり意見を発表したりするタイプの

授業が浸透した過程で、授業スタイルの関係構造に変化がもたらされたことを指摘した。また、国語において構造的変化は起きてはいないが、やはり新しいタイプの授業が拡大したことを指摘した。そして、その中で、授業スタイルと学力の結びつきが強まったことについても言及した。

なお、ここまでの分析では、子どもの家庭背景や通塾状況などを考慮していない。次節ではそういった子どもの属性やクラスの人数、通塾率などを考慮したうえでの授業スタイルと学力の関係について検討していくことにしたい。

5. 授業で子どもの水準・格差は変わるのか

授業スタイルは子どもの学力に影響を与えるのか。ここで、算数・国語の正答率を従属変数として、マルチレベル分析を行ってみることにしよう。

マルチレベル分析とは、今回のように、学校やクラスごとにデータが集められているデータセットに対して有効な分析である。一般的な重回帰分析では、「個人」のデータを独立変数として投入して従属変数について説明しようとするが、マルチレベル分析では、個人のデータ（たとえば、塾に通っているかどうか）だけではなく、「集団」のデータ（たとえば、所属するクラスの通塾率）も用いて、従属変数について説明しようとするものである。本分析のように、「そのクラスでどんな授業が行われているか」を問題にしたい場合は、「集団」レベルの変数として扱うことが適切である。仮に、「個人」レベルの変数として「そのクラスでどんな授業が行われているか」を扱った場合、本来は「授業と学力には関係がない」という結果であるにもかかわらず、「関係がある」とする結果が出やすくなってしまうという問題点がある。マルチレベル分析はこうした問題点を回避するためにより良い手法であるとされる。

本章での分析を行う際に、学力に影響を与える個人レベルの変数として、家庭環境を測る指標、および学校外での学習状況を想定する。そして、集団レベルの変数として、個々人が所属するクラスの授業充実度、ドリル偏重度

を用いる。さらに、各クラスの諸条件を統制するために、クラスの人数と通塾率も用いる。

また、そうした授業スタイルによって誰にどのような利益／不利益が生じているかを確認したい。そのために本章では塾に通っているかそうでないかに着目し、通塾ダミーと授業充実度・ドリル偏重度との交互作用項を投入する。これによって、塾に通っている場合と通っていない場合の授業の効果を分けて推定することができる。

なお、これらの分析は 2001・2013 年の両方で行う。これにより、規定力の強さや規定構造の違いを比較し、授業スタイルの変化が子どもたちの学力にもたらしたものについて考察できるはずである。

使用する変数は以下の通りである。

- 従属変数
  ①算数・国語の正答率
- 独立変数（①〜⑤は個人レベル、⑥〜⑨はクラスレベルの変数）
  ①女子ダミー：女子＝1、男子＝0としたダミー変数
  ②高階層ダミー：4件法で尋ねた「あなたの家では、テレビのニュース番組をよくみる」「家で勉強をみてもらうことがある」「家で手作りのおかしをつくってもらう」「小さいとき、家で絵本を読んでもらった」「家から博物館や美術館にいったことがある」の5項目について 2001・2013 年のデータを合わせて主成分分析を行うと、一つの主成分得点が得られた。それらを家庭の文化的環境の高・中・低の3グループへと分割したうえで、高階層＝1、それ以外＝0としたダミー変数である。
  ③低階層ダミー：上と同じ手続きを行い、低階層＝1、それ以外＝0としたダミー変数
  ④通塾ダミー：塾に通っている＝1、塾に通っていない＝0としたダミー変数
  ⑤学習時間（分）：平日の学習時間について、「ほとんどしない」＝0分、「15分まで」＝7.5分、「30分まで」＝22.5分、「1時間まで」＝45分、「2時間まで」＝90分、「3時間まで」＝150分、「3時間以上」＝210

分と置き換えたもの。
⑥クラス人数：各クラスの人数
⑦通塾率：各クラスの通塾者の割合（％）
⑧授業充実度：各クラスの平均値。交互作用項を作るために全体の平均値を引いて中心化している。
⑨ドリル偏重度：各クラスの平均値。⑧と同じく全体中心化をしている。

　それでは、分析結果を見ていこう[3]。表4-4は、算数についての規定要因を分析したものである。2001・2013年ともに、左側には交互作用項を含めないモデルを、右側には交互作用項を含めたモデルを載せている。交互作用項とは、説明変数どうしをかけ合わせたもののことで、この分析の場合は、「通塾ダミー×授業充実度」「通塾ダミー×ドリル偏重度」が交互作用項である。これにより、通塾している子どもと通塾していない子どもにとって「授業充実度」や「ドリル偏重度」の影響が異なるかどうかを把握できる。なお、各クラスによって切片のみが異なる（ランダムな係数を仮定しない）ランダム切片モデルを採用している。

　まず、授業充実度の規定力を見てみると、2001年では有意な値が得られていないが、2013年では有意な値が得られたことがわかる。つまり、2013年では授業充実度の高さが学力に正の影響を与えていると考えられる。

　次に、交互作用項を見てみよう。10％水準ではあるが、2001年で「通塾×授業充実度」が負の推定値（−7.33）を示している。これは、塾に通っている子どもにとっては、「授業充実度」の効果がマイナスであることを示している。裏返せば、塾に通っていない子どもにとっては、「授業充実度」の高い授業が学力に正の影響を及ぼしているというわけである。もちろん、通塾が学力に与える影響は大きいものがあるので、簡単に通塾／非通塾の学力差が埋まるわけではないが、2001年においては、特に塾に通っていない子どもにメリットをもたらしていたと考えることができるだろう。その一方、2013年の交互作用項を見てみると、有意な影響力は見られない。本分析で想定した交互作用は確認されなかったのである。これらの結果から言えば、

第4章 授業改革は学力格差を縮小したか

(表4-4) 授業スタイルが学力に与える影響についてのマルチレベル分析
(算数)

	2001				2013			
	推定値	標準誤差	推定値	標準誤差	推定値	標準誤差	推定値	標準誤差
【個人レベル】								
切片	55.71	10.78**	66.75	1.54**	59.83	7.24**	73.92	1.06**
女子ダミー	2.61	1.41+	2.65	1.43+	-0.94	1.36	-0.81	1.36
高階層ダミー	1.50	1.91	1.69	1.89	-1.38	1.27	-1.47	1.26
低階層ダミー	-0.50	1.90	-0.32	1.90	1.21	1.21	1.21	1.23
通塾ダミー	5.53	1.72**	5.37	1.63**	5.74	1.30**	5.72	1.19**
学習時間(分)	0.05	0.02**	0.05	0.02**	0.08	0.01**	0.08	0.01**
【クラスレベル】								
クラス人数	0.24	0.34	0.25	0.34	0.21	0.15	0.22	0.15
通塾率	6.07	10.07	7.28	10.25	4.10	9.52	6.03	9.63
授業充実度	2.26	4.35	1.14	4.55	8.68	2.49**	8.03	2.46**
ドリル偏重度	0.28	3.35	0.39	3.45	-6.73	4.05	-5.85	3.82
【交互作用項】								
通塾×授業充実度			-7.33	4.37+			-3.07	3.86
通塾×ドリル偏重度			-0.03	2.78			6.39	3.23*
AIC	6993.8		6993.2		6445.2		6445.8	
逸脱度	6969.8		6965.2		6421.2		6417.8	
個人間分散	350.1		347.7		282.5		281.7	
クラス間分散	66.9		69.1		24.7		23.2	
クラス間分散%	16.0%		16.6%		8.0%		7.6%	

**p<.01、*p<.05、+p<.10

2001年の方が「授業充実度」が学力格差の縮小に寄与していたと考えられるだろう。

また、「通塾×ドリル偏重度」を見てみると、2013年で6.39とプラスの推定値を示している。通塾している子どもにとってのみドリル偏重度の高い授業が学力にプラスになっていて、非通塾の子どもにとってはまったくメリットになっていない可能性があると言える。

さらに、成績の分散に対してクラスの分散の占める割合を示した「クラス間分散%」を見てみると、2001年の16%程度から2013年の8%程度へと小さくなっていることもわかる。つまり、2001年の方が「どのクラスに所属しているか」によって成績が左右される割合が高かったのである。上述した

ように、授業のあり方の均質化が進んでおり、その影響を受けた結果であると考えることができるだろう。

最後に、諸条件を統制したうえでなお残る、通塾者と非通塾者ごとに見た授業スタイルの単純効果について図示しておこう。それぞれのグラフは、横軸が授業充実度、もしくはドリル偏重度の得点を表し、縦軸が正答率（推定値）を表している。たとえば、図 4-9 では、授業充実度の高い場合（授業充実度の平均値＋1SD：標準偏差）の正答率と、授業充実度の低い場合（授業充実度の平均値－1SD：標準偏差）の正答率を直線で結び、その効果を単純に示したものである。点線は塾に通っていない子どもの数値を示し、実線は塾に通っている子どもの数値を示している。授業充実度が高いと非通塾者の学力は上がるが、通塾者の学力はそうでもなく、むしろ授業充実度の低い方が高学力であったと捉えることができるだろう。一方、2013 年の結果を示した図 4-10 では、通塾者も非通塾者も授業充実度の高い授業であるほど学力が高くなるということがわかる。加えて、通塾／非通塾の格差もやや小さくなっているように見える。

これらを見る限り、授業充実度を高めていくことは、通塾者と非通塾者の学力格差を縮ませはすれど、拡大させはしないと言える。一方、ドリル偏重度の単純効果を見た図 4-11 と図 4-12 では、その傾向に顕著な違いが見られる。極端に言えば、2001 年ではどちらに偏った授業を行っても子どもの学力にはほとんど影響がなかったが、2013 年ではドリル偏重度が低いほど学力にプラスになるだけでなく、通塾者と非通塾者の格差が縮小されていることがわかる。

それでは、国語の結果はどうであろうか。表 4-5 を確認してみよう。2001 年の交互作用項を含まないモデルでは、授業スタイルは学力に有意な影響を与えていないことがわかる。しかし、交互作用項を投入すると、「通塾×授業充実度」が負の推定値となっている。すなわち、塾に通う子どもにとって、授業充実度の高い授業はプラスとなっておらず、むしろ授業充実度の低い場合に通塾者の学力が高かったのである。

通塾していることそのものの影響もあるので、通塾／非通塾のあいだの学

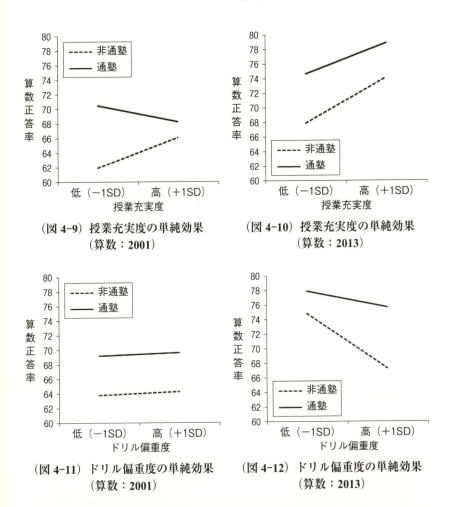

（図 4-9）授業充実度の単純効果（算数：2001）

（図 4-10）授業充実度の単純効果（算数：2013）

（図 4-11）ドリル偏重度の単純効果（算数：2001）

（図 4-12）ドリル偏重度の単純効果（算数：2013）

力格差を克服したとは言えないが、それでもやはり多面的に力を入れる授業充実度の高さに学力格差を縮小する力があったのではないかと思われる。この傾向は、2001年の算数とも似ており、大変興味深い結果である。

他方、2013年を見てみると、授業充実度の高さそのものに正の影響力が見られ、ドリル偏重度に負の影響力が見られる。また、交互作用項は有意とはなっていないが、「通塾×授業充実度」が正の影響を持ちそうである。つまり、通塾者にとって、授業充実度の効果がより大きくなる可能性があるの

(表 4-5) 授業スタイルが学力に与える影響についてのマルチレベル分析
（国語）

	2001				2013			
	推定値	標準誤差	推定値	標準誤差	推定値	標準誤差	推定値	標準誤差
【個人レベル】								
切片	46.84	5.12**	69.08	1.10**	74.69	5.64**	73.62	0.99**
女子ダミー	8.43	1.50**	8.39	1.49**	5.62	1.27**	5.60	1.27**
高階層ダミー	-0.21	1.38	-0.30	1.40	0.38	1.38	0.42	1.36
低階層ダミー	-1.60	1.56	-1.48	1.58	-0.79	1.29	-0.87	1.27
通塾ダミー	3.88	1.51*	3.88	1.45**	5.60	1.22**	5.49	1.21**
学習時間（分）	0.03	0.02*	0.03	0.02*	0.06	0.01**	0.06	0.01**
【クラスレベル】								
クラス人数	0.62	0.16**	0.62	0.16**	-0.05	0.14	-0.06	-0.06
通塾率	8.89	6.77	8.58	6.65	-9.40	8.90	-10.12	-10.12
授業充実度	2.49	2.60	1.46	2.85	6.49	3.08*	7.66	7.66*
ドリル偏重度	-0.13	1.79	0.43	1.90	-5.36	2.54*	-5.87	-5.87*
【交互作用項】								
通塾×授業充実度			-7.43	3.50*			7.40	4.84
通塾×ドリル偏重度			2.52	2.46			-3.43	3.40
AIC	6695.3		6693.2		6263.1		6264.1	
逸脱度	6671.3		6665.2		6239.1		6236.1	
個人間分散	281.0		278.8		212.3		211.5	
クラス間分散	22.3		22.0		18.7		18.7	
クラス間分散%	7.3%		7.3%		8.1%		8.1%	

**p＜.01、*p＜.05、+p＜.10

である。

　最後に、国語についても授業スタイルの単純効果を確認しておこう。上記のマルチレベル分析で使用した変数をすべて統制したうえで残る、授業の効果を図4-13〜図4-16に示している。図4-13と図4-14を見ると、授業充実度の高さが2001年では格差を縮小しているのに対し、2013年では通塾者の方にややプラスに影響しているように見える。これは、授業充実度によって学力は高まるが格差が縮まるわけではないことを示している。また図4-15からは、塾に通っていない子どもは、ドリル偏重度の低い授業の方で学力が高くなるが、通塾者にとっては学力を高めることにつながらず、結果的にドリル偏重度の低い授業で格差が小さくなっていることが見て取れた。さらに

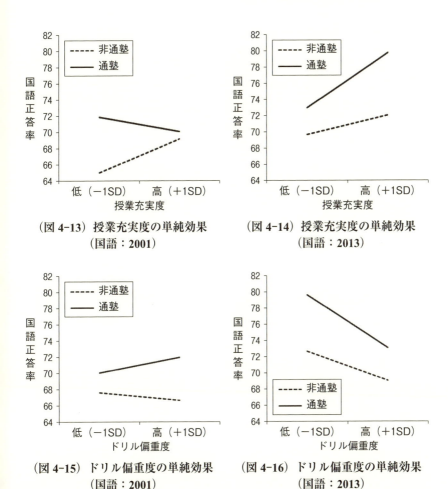

（図4-13）授業充実度の単純効果（国語：2001）

（図4-14）授業充実度の単純効果（国語：2013）

（図4-15）ドリル偏重度の単純効果（国語：2001）

（図4-16）ドリル偏重度の単純効果（国語：2013）

図4-16から、ドリル偏重度の低い授業では明らかに学力が高くなるが、その影響は塾に通っている子どもにとってより大きいということもわかる。

以上のことをまとめると、次のようになるだろう。まず、算数の2001年においては、授業充実度やドリル偏重度が学力に与える影響はきわめて小さかった。つまり、どのような授業を行っているかはあまり大きな問題ではなかったと言える。ただし、塾に通っていない子どもにとっては、授業での多面的な取り組みを示す授業充実度がプラスの影響をもたらしていた。その

後、2013年においては、授業充実度が全体にプラスの影響を与えるとともに、ドリル偏重度の低い授業ほど学力にプラスの影響を与え、それらの授業には通塾／非通塾の学力格差を縮小する可能性があることが明らかになった。

次に、国語であるが、2001年の子どもたち全体には、授業充実度やドリル偏重度の影響はほとんど見られないが、塾に通っていない子どもにとっては授業充実度が高い授業がプラスに働いていた。その後、2013年には、授業充実度が高いほど、およびドリル偏重度が低いほど、学力が高くなっていた。ただし、いずれも通塾／非通塾の学力格差をやや開けてしまっているかもしれないこともうかがえた。

さらに総じて言えば、以下の3点に集約できる。まず、2001年は授業充実度の高い授業が通塾者／非通塾者間の学力格差を縮小していたこと。次に、2013年には授業充実度の高いクラス、ドリル偏重度の低いクラスの授業が学力水準の上昇をもたらしていること。そして、それらの授業によって算数では格差を縮小できているが、国語では格差が拡大しているかもしれない可能性があることである。

6. おわりに

本章を締めくくるにあたり、はじめに設定した課題に応える形で結論を述べておく。

① 2001年と2013年で、授業スタイルに変化はあったのか

授業スタイルには明確な変化が見られた。その変化とは、ドリル・小テスト・宿題で進める授業の比重が相対的に小さくなり、多方面な授業展開が見られるようになったことである。加えて、2001年に比べて、授業スタイルが均質化してきたことも大きな変化として挙げられる。2001年はクラスによって授業スタイルがまちまちであったが、2013年になるとそのバラつきが小さくなっていた。

②授業スタイルは学力に影響を与えるのか
　授業スタイルが学力に与える影響は「ある」と言える。山田（2004）の指摘同様に、新学力観に近しい「ドリル偏重度」の低い授業は、2013年でも学力にプラスに影響を与えていた。ただ、今回の分析で2001年においてはそのような影響が見られなかったことを考えると、先行研究ではそうした授業の効果を過大に評価していた可能性もある。
③特定の授業スタイルによって、メリットを受けるグループはいるのか
　2001年の時点では、授業充実度は塾に通っていない子どもにとって大きなメリットがあったが、2013年の時点では、そのメリットがなくなってしまったと言えるだろう。算数では学力の高さと通塾／非通塾の学力格差の小ささを両立させているが、国語においては、授業充実度の高さとドリル偏重度の低さが学力を高めるが、その効果は通塾者にとってより大きく、格差が拡大してしまっている可能性が示唆された。

　これらより、さらに疑問が生まれる。それは、12年間でどうして授業の効果のあり方がこんなに変わってしまうのかということである。考えられる解答の一つは、授業の総合化やドリル偏重からの脱却が進む中で授業研究が進んだという可能性である。もしくは、「新学力観型」にもとづく授業でどのように学力を向上させるかという「ノウハウ」が蓄積された結果であると言えるかもしれない。学力を向上させるという明確な目標のもとで行われるそうした授業は、着地点がはっきりしているだけに学力水準の上昇に寄与するのかもしれない。
　もう一つ考えられるのは、授業の内実が変化したというよりも子どもたちが変化したというものである。図4-9から図4-16までのグラフの縦軸を見ると、たいてい右側の2013年のグラフの方が上方にあることがわかるだろう。つまり、どんな授業を受けていようとも、2001年に比べ、すでにある程度の高い学力水準を有しているのが2013年なのである。ある程度の学力水準を前提として、授業充実度が高く、ドリル偏重度が低い授業を行うことが、学力向上には必要だったのかもしれない。

その中で、授業充実度が高くドリル偏重度の低い国語の授業において、格差が開いてしまっていることについても疑問が残る。たとえば、算数の方が「こたえ」がはっきりしている分、学びの道筋が見えやすく、塾に通っていない子どもにとっては楽しく学べたり深く考えたりするきっかけとなるのだろうか。逆に、国語では「こたえ」が見えにくい分、塾で補充できない子どもは、学んだ内容を消化しきれていないのだろうか。この問いについては、また別の機会に明らかにしたいと考える。

さらに、2001年に非通塾層が受けていた授業からのメリットは、どうして失われてしまったのだろうか、という点についても考える必要があるだろう。学習指導要領が「最低基準化」されたことが関係しているのか、「ひとりひとりのニーズに合わせてすべての子どもの力を最大限に伸ばす」という理念が浸透した結果か、それとも授業の中で中心となる子どもが変わってきたのか…。

いずれにせよ、学力水準を高めることと格差を縮小することは両立させるべき重要な課題である。今回の分析には含めることができていないが、そうした実践を行うには、やはり教職経験の蓄積が欠かせないという可能性もある（山田 2004）。そう考えると、教職経験の浅い教師が多くを占めるようになってきている現状において、「両立」に取り組むことは、今後重要な課題となってくるだろう。

今回の調査への協力を各校に依頼した時に、管理職や主任の教師に学校の様子や12年前と比較して変わったことなどについて話を聞く機会を作ってもらった。その際、多くの学校で語られたのが、教員の年齢構成の変化であった。大阪では、全国に先駆けて教員の「若返り」が進行し、20代の教員が占める割合が大幅に増えている。また、それに伴い、講師の数も増加している。「若手教員が多くなっている。2001年時点であれば、40代前半であった私たちがまだまだ学校で若い方だった。しかし、今は若手が増えており、全然違う状況になっている」。こうした声が、多くの学校で聞かれたのである。「若手」を育てることが「課題」であると捉えている学校も少なくない。

もちろん、これは「若手」だけの問題ではない。たとえば、今回の協力校の中に次のように語る管理職もいた。「チャイムがなったらすぐに授業が始まることを徹底したいが、若い先生はそれが十分にできていない。去年、厳しく言っていた年配の先生がやめてしまったのでこのような状況になっているが、若手育成に関して一人の先生に頼っていたのもおかしい状況。その意味では年配の先生にも課題がある」というわけである。

それだけでなく、「学校が変わった…20年前の僕らの意識で言えば、もちろん学力テストがどうのもなかったし、担任裁量は時間的にとてもあって余裕がありましたのでね、子ども達にあれしよかこれしよかみたいな感じで学級担任としてはすごく自由度がありましたね。今の若い先生たちを見ると僕らが縛っとんのかもしれんけど、どんどんどんどん結果を出さなあかんみたいなね」という状況もある。学力向上をめぐるプレッシャーを受けながら、どのように力量を形成していくかを考えていかねばならないだろう。

今回、2時点の比較を通して見えてきたのは、一口に「授業の効果」と言っても、その内実は異なるということであった。全体的に、授業充実度が高まり、ドリル偏重度が低くなるなかで、基本的にそうした授業は高学力と結びついていた。その意味では、学力をめぐる「激動期」における授業改革は、ある程度はうまくいったと評価することができる。ただし、国語で見られた格差拡大の可能性を見過ごしてはならないだろう。

授業のあり方が、いかに学力水準の向上に結びつき、また学力格差に影響しているのか。そうした教室のリアリティを量的・質的にさらに捉えることが、今後の課題である。

（注）
(1) ただし、ここで捉えられている授業実践は、担任教師の「どのような授業方法を心がけていますか」という質問に対する回答であるため、実態と志向性の違いを見落としてしまう可能性もある。
(2) もちろん、ここで扱った授業スタイルについての4項目によって、授業のすべての側面を切り取れるわけではない。現に、2013年から取り入れた質問項目として「パソコンを活用する授業」「ペアやグループで活動する授

業」といったものがあるが、今回の分析にそれは反映されていない。この点は今後の課題である。
(3) 分析にはHADというフリーソフトウェア（清水・村山・大坊 2006）を用いた。HADについては清水（2014）に詳しい。

（参考文献）

バーンスティン，B., 1975＝1980「階級と教育方法」（佐藤智美訳）『教育と社会変動　上』カラベル、ハルゼー編 1977＝1980 訳本 pp. 227-260
苅谷剛彦，2001『階層化日本と教育危機：不平等再生産から意欲格差社会へ』有信堂
苅谷剛彦・志水宏吉・清水睦美・諸田裕子，2002『調査報告「学力低下」の実態』岩波書店
苅谷剛彦・志水宏吉，2004『学力の社会学』岩波書店
清水裕士，2014『個人と集団のマルチレベル分析』ナカニシヤ出版
清水裕士・村山綾・大坊郁夫，2006「集団コミュニケーションにおける相互依存性分析（1）―コミュニケーションデータへの階層的データ分析の適用」『電子情報通信学会技術研究報告』106（146）pp. 1-6
須藤康介，2013『学校の教育効果と階層』東洋館出版社
山田哲也，2004「教室の授業場面と学業達成」苅谷剛彦・志水宏吉編『学力の社会学』岩波書店 pp. 99-126

第5章

「学びあい」や「人間関係づくり」は学力格差を縮小するか

若槻 健・伊佐夏実

1. 問題設定

　本章では、「学びあい」や「人間関係づくり」が、学力格差の克服に寄与しているのかを検討する。学びあい・教えあいと人間関係づくり・集団づくりは、大阪の同和教育・人権教育において長く大切にされてきた取り組みである（志水編 2011）。両者はそれ自体で価値があるものとみなされている。仲間の考えにヒントを得たり、教えてもらったり、勉強がわからない仲間の思いを受け止めて共に学習に取り組むといったかたちで集団の中で育まれる学力こそが、「真」の学力であるという「思い」がそこには込められている。また、人間関係づくり・集団づくりは、子どもたちの自尊感情を高め、多様な仲間を認め合う人権意識を涵養するものとして重視されてきた。

　同時に、学びあいや人間関係づくりは、学力格差を縮小するはずであるという学校現場の声もしばしば聞かれる。特に、一斉授業の形態では学習が困難な児童生徒にとっては、学ぶ手がかりとなる仲間の存在が大きいのであり、仲間に教えたり、教えてもらったりする関係が重要ではないかということである。例えば、「一人も見捨てへん」を教育目標に掲げ、学力の下支えに成果を上げている大阪の茨木市教育委員会が作成している「授業スタンダード」には、「つながり力的活動」として仲間との学びが組み込まれている（志水編・茨木市教育委員会 2014：122）。そこでは、一人ひとりの意見や考えを受け止める学習集団づくり、発表に自信のない子どもが安心して発

言できるグループ学習が推奨されている。

　しかし、学びあいや教えあいの効用については、これまで狭義の学力に対するものとして論じられることは少なく、むしろ、つながりのなかから育まれるオルタナティブな学力として、個人主義的な学力観に対する批判として語られてきた（岩川ほか 2007）。すなわち、テストの点で測られる学力と学びあい・教えあいは相いれないものであるという主張である。私たちは、こうした主張を、学習をテストの点を取るための反復学習に矮小化する動きに対する警鐘として受け止めなければならないが、一方でテストの点で測られる学力にも注目しなければいけないと考えている。なぜならば、テストの点という比較可能な指標があってはじめて、どのような取り組みに効果があるのかを知ることができるからであり、集団間の差異や学校、学級の置かれた条件を問題にすることができるからである。また、低学力が子どもたちの進路を著しく狭めるものであり、学力保障は人権教育の根幹をなすものだからである。

　また人間関係についても、それ自体で価値があるものとして追求されてはきたが、学力に関連づけて論じられることは少なかった。そこで本章では、学びあいや人間関係づくりが、学力格差の克服に寄与しているのか、特に、厳しい家庭背景の子どもたちが多い学級の生徒たちの学力形成を支えているのかについて検討していきたい。

　以下、2節では学びあいと学力、集団づくり・人間関係づくりと学力に関する先行研究を検討し、分析の視点を設定する。3節では、学びあいや人間関係づくりが学力格差の縮小に寄与しているかを、学力データを用いて分析する。4節では、学びあいに積極的に取り組み、人間関係が豊かなのは、どのような学級かを検討する。最後に5節で分析結果の意味づけを行いたい。

2. 先行研究と分析の視点

1）先行研究の検討

　まず、学びあいと学力に関する研究を見ていこう。実践レベルでは、「学びの共同体」論に学びながら、独自の班学習に取り組むことで学力の下支えをしている中学校の分析（棚田 2009）など、個別のエピソードとして学びあいと学力との肯定的な関係を示すものを見いだすことができる。一方、統計的に両者の関係を示すものはあまりなく、あえて挙げるならば、ジョンソンら（2010）が、実践報告のレビューにより、協同的な学習が個別学習や競争的な場面設定による学習よりも有意に子どもたちの学力を高めることを示している。さらに、ベネッセの『教育格差の発生・解消に関する調査研究報告書』（2008）では、マルチレベルを用いた分析により、階層間格差を縮小する可能性を持つ学級の特徴の一つとして、「グループ学習を取り入れた授業」があげられている（p. 100）。その一方で、伝統的学力観に基づく教授法が学力の階層差を小さくすることが指摘されており（山田 2004）、教師主導の一斉授業を安易に手放すことへの危惧も示されている。

　次に、学級の人間関係が学力に与える影響を検討した研究をみていく。西本（2003）は、「規律遵守的な学級」では、家庭背景が学力に与える影響が小さいことを示している。須藤（2013）は、生徒の自己申告による「学力」をもとにした分析ではあるが、「学級文化は階層上位の生徒の学力に明確な効果を与えない」ことを示すとともに「安心できる学習環境は、学校外の学習機会が限られている階層下位の生徒にとって、特に重要である」（p. 179）と指摘している。いずれも、特に「階層下位」の子どもたちにとって、学級の人間関係が良好であることが学力を高めることに重要であることを示唆しており、注目に値する。

　また学力との関係ではないが、大阪府人権教育研究協議会（2011）が行った調査によると、「望ましいキャリア観」や「キャリア形成力」、「自尊感情」は、「授業中間違っても笑われない」「いじめを許さない雰囲気がある」など

の項目からなる「クラスの人間関係」が良好な時に高くなる傾向があり、それは文化階層を統制しても変わらないことが示唆されている[1]。

ここまでみてきたように、学びあいや人間関係づくりが学力の下支えにどれだけ効果があるのか、これまでそれほど多くの研究が蓄積されてきたわけではなく、結果も一様ではない。はたして、大阪の同和教育・人権教育で大切にされてきた学びあいや人間関係づくりは、学力格差の縮小にどれほどの効果があるのだろうか。

2）分析の視点

本調査が対象としている学校は、社会経済的背景が比較的不利な学校に偏っており、中学校についてはすべて、旧同和教育推進校であるというサンプル特性をもっている。このことはそもそも、1989年に実施された第1回目の調査の関心が、同和地区の子どもたちの低学力問題に由来するためである。以下では、そうした背景の学校において、学びあいや人間関係づくりが、学力と関連づいているかを明らかにしていきたい。

「学びあい」変数は、「ペアやグループで話しあう授業がある（数学）」や「ペアやグループで話しあう授業がある（国語）」といった授業内での活動に加えて、「友だちと勉強を教えあう」といった授業外での学びあい状況を問う設問を含めた3項目（各項目1〜4点）の合計点を使用する。

「人間関係」は、「何でも話せる先生がいる」、「先生から話しかけられることが多い」、「いろいろな先生とよく話をする」といった教師との関係性に関する3項目と、「何でも話せる友だちがいる」、「休み時間はいつも友だちと過ごす」、「友だちがたくさんいる」といった友人関係に関する3項目の計6項目（各項目1〜4点）を合計した変数を用いる。また、学力については、100点満点に換算した国語と数学の平均値を使用する。分析にあたり3つの仮説を設定した。

仮説①：個人レベルでの学びあいや豊かな人間関係は、学力に好影響を与える。
仮説②：学級レベルでの学びあいや豊かな人間関係は、学力に好影響を与える。

仮説③：学級の文脈によって、学びあいが学力に与える効果は異なる。

　学びあいと人間関係が学力に与える影響を検討するにあたり、本章では、個人レベルと学級レベルという2つの異なるレベルに着目する。個人レベルとは、子どもたち一人ひとりが学びあう授業があり、友だちと勉強を教えあっていると感じているかどうか、そして、人間関係が豊かであると感じているかどうかということと、学力の関係を見ることである。したがって仮説①は、学びあいが多い、もしくは人間関係が良好であると感じている子どもたちの学力は、そうでない子どもに比して高くなるのではないかということである。

　次に学級レベルとは、学びあいと人間関係、それぞれの学級別平均値を算出することによって、学級の取り組みとしての効果をみるものである。すなわち仮説②は、学びあいが多い、もしくは人間関係が良好であると感じる子どもたちが多いクラスに属することが（仮に自身がそう感じていなかったとしても）、学力を高めるのではないかということである。

　その上で仮説③では、学級文化が学力に与える効果は、生徒の階層によって異なるという先行研究の指摘を踏まえた上で、学級の文脈を踏まえた分析を行う。そして、ここでは特に学びあいに焦点を当て、厳しい家庭背景の子どもたちが多い学級とそうでない学級では、学びあいが学力に与える影響は異なるのではないか、さらにいうならば、厳しい家庭背景の子どもたちが多い学級では、学びあいが学力形成に大きな影響を持っているのではないかという仮説をたて、検討していく。

3. 学びあい・人間関係と学力

1）全体の傾向 —「学びあい」と「人間関係づくり」にどれほど力を入れているか

　まずは、「学びあい」と「人間関係」それぞれに関する設問の回答分布を確認しておく。本調査の対象校は、どれだけ学びあいや人間関係づくりに力を入れているのだろうか。

小学校では（表5-1）、授業内での「ペアやグループでの話しあい」は、算数では「よくある」と「ときどきある」を合わせると、68.1%で7割近くに、国語ではさらに高く74.8%となる。逆に「ほとんどない」という回答は算数で9.3%、国語で7.4%と1割に満たない。小学校では、かなりのクラスでペア学習やグループ学習が活用されているようである。また「友だちと勉強を教えあう」については、60.9%が肯定的な回答をしている。

人間関係に関する項目についてみると、友人関係に関する項目は、「何でも話せる友だちがいる」への回答が「とてもあてはまる」と「まああてはまる」を合わせて85.0%、その他の項目についても8〜9割が肯定的に回答している。一方、教師との関係では、「いろいろな先生とよく話をする」への肯定的回答が48.9%と、5割程度にとどまっている。

中学校では（表5-2）、数学・国語ともに、授業内での「ペアやグループでの話し合い」は、「よくある」と「ときどきある」を合わせて5割程度と、約半数で一斉授業以外の授業方法が取り入れられていることが分かる。また、「友だちと勉強を教え合う」についても、7割近くが肯定的に回答している。

（表5-1）「学びあい」と「人間関係」（小学校）　　　　単位（%）

	よくある	ときどきある	あまりない	ほとんどない	合計（N）
ペアやグループで話しあう授業（算数）	23.7	44.4	22.6	9.3	100.0 (1284)
ペアやグループで話しあう授業（国語）	33.4	41.4	17.8	7.4	100.0 (1282)

	とてもあてはまる	まああてはまる	あまりあてはまらない	あてはまらない	合計（N）
友だちと勉強を教えあう	21.6	39.3	25.5	13.6	100.0 (1291)
何でも話せる先生がいる	21.7	29.3	25.8	23.2	100.0 (1281)
先生から話しかけられることが多い	12.9	39.5	36.7	11.0	100.0 (1274)
いろいろな先生とよく話をする	20.4	28.5	32.6	18.5	100.0 (1280)
何でも話せる友だちがいる	63.2	21.8	9.0	6.1	100.0 (1284)
休み時間はいつも友だちと過ごす	67.9	21.6	7.0	3.6	100.0 (1288)
友だちがたくさんいる	59.1	28.6	8.1	4.2	100.0 (1290)

(表 5-2)「学びあい」と「人間関係」(中学校)　　　単位（%）

	よくある	ときどきある	あまりない	ほとんどない	合計 (N)
ペアやグループで話しあう授業（数学）	23.3	33.5	26.2	17.0	100.0 (1109)
ペアやグループで話しあう授業（国語）	19.8	33.1	30.6	16.5	100.0 (1106)

	とてもあてはまる	まああてはまる	あまりあてはまらない	あてはまらない	合計 (N)
友だちと勉強を教えあう	21.8	44.4	22.4	11.4	100.0 (1113)
何でも話せる先生がいる	12.0	25.5	31.9	30.6	100.0 (1114)
先生から話しかけられることが多い	9.2	35.0	42.9	12.9	100.0 (1106)
いろいろな先生とよく話をする	15.9	31.3	35.7	17.1	100.0 (1110)
何でも話せる友だちがいる	52.4	31.7	9.9	6.0	100.0 (1112)
休み時間はいつも友だちと過ごす	66.8	25.8	6.1	1.3	100.0 (1113)
友だちがたくさんいる	36.1	45.6	13.7	4.7	100.0 (1112)

(表 5-3) 勉強を教えあう　2001年との比較

友だちと勉強を教えあう (2001)	とてもあてはまる	まああてはまる	あまりあてはまらない	あてはまらない	合計 (N)
小学校	17.2	41.2	26.5	15.0	100.0 (1091)
中学校	13.4	39.8	31.1	15.8	100.0 (1438)

　人間関係については、小学校と同様に、友人関係に関する項目には8〜9割が肯定的に回答しているのに対して、教師との関係では、その割合は5割程度にとどまっている。「とてもあてはまる」に限ってみると、「何でも話せる先生がいる」は、小学生21.7%に対し中学生12.0%と、中学生の方が低くなっている。

　なお、経年比較が可能な「友だちと勉強を教えあう」について、2001年の結果を見ると、小学校で58.4%、中学校で53.2%が肯定的な回答をしている（表5-3）。2013年度調査では、小学校60.9%、中学校66.2%なので、2001年度と比べた場合、小学校での変化はないが、中学校では、勉強を教えあうようになってきているようである。

　このように、小学校の方が頻繁にペアやグループで話しあう授業を取り入

れていることがわかる。それに対して、友だちと勉強を教えあうことは、中学校で7割近くが肯定的な回答をしており、小学校の6割を上回っている。2001年と比べると中学校で以前より勉強を教えあうようになってきていることが伺える。人間関係では、対生徒に関する質問では8割から9割、対教師に関する質問では5割の生徒が肯定的な回答をしており、小学校と中学校で大きな違いはない。

　以下、学びあいと人間関係が学力とどう関わりがあるかを分析していくが、紙幅の都合上、対象を中学校に絞って検討していきたい。中学校を選んだ理由は、第1に、小学校では多くの学校がグループ学習に取り組んでいるため、グループ学習の学力への影響を見いだしにくいのに対し、中学校ではグループ学習を行う割合が約5割と、取り組みの差が分析しやすいと考えたからである。第2に、中学校の調査対象校は、全て旧同和教育推進校であるのに対し、小学校は同中学校区内の旧同和教育推進校の「隣接校」を含んでいることから、中学校の方が学校の社会経済的背景は厳しい学校に偏っている。より厳しい状況にある学校における学びあいや人間関係と学力の関係を明らかにするため、中学校を選択した。

2）個人レベル

　それでは次に、「学びあい」と「人間関係」が学力に与える効果について、個人レベルでの結果をもとにみていこう。表5-4は、「学びあい」と「人間関係」それぞれの合計点を3分割したものと、学力平均値を比べたものである。「学びあい」については、中位層の学力がもっとも高く、下位層との間に有意な差がある一方で、人間関係については、有意差がみられない。すなわち、個人として学びあいをしていることや人間関係が豊富なことは、学力とほとんど明確な関連をもたないということである。

　以上のことが、他の要因を統制した上でも同じかどうかを確かめるために、重回帰分析を行った。投入した変数の記述統計量は表5-5に示している。投入した変数は、男子を1、女子を0にした「男子ダミー」、通塾者を1、非通塾者を0とした「通塾ダミー」、大学／大学院まで進学を希望している

(表 5-4) 学びあい・人間関係×学力（個人レベル）

		平均値（N）	標準偏差
学びあい	上	62.16（243）	20.98
	中	63.98（391）	19.68*
	下	59.59（425）	20.77
人間関係	上	62.16（261）	21.94
	中	61.64（348）	20.08
	下	61.46（438）	20.38

一元配置分散分析「下」との比較　***$p < 0.001$、**$p < 0.01$、*$p < 0.05$

(表 5-5) 変数の記述統計量

	度数	最小値	最大値	平均値	標準偏差
学力	1287	.00	100.00	61.45	20.88
男子ダミー	1293	.00	1.00	.50	.50
通塾ダミー	1107	.00	1.00	.49	.50
学習習慣	1102	5.00	20.00	13.00	3.39
大学進学希望ダミー	1110	.00	1.00	.36	.48
学びあい	1102	3.00	12.00	7.96	2.06
人間関係	1090	6.00	24.00	17.09	3.38

　ものを1、それ以外を0とした「大学進学希望ダミー」に加え、「出された宿題はきちんとやる」、「授業で習ったことについて、自分でくわしく調べる」、「きらいな科目の勉強でも、がんばってやる」、「家の人から言われなくても、自分から進んで勉強する」、「テストの前になっても、ほとんど勉強しない」（反転項目）の各項目に1〜4点を与え合計点とした「学習習慣」、そして、「学びあい」と「人間関係」である。

　表5-6をみると、統制変数のうち、通塾、学習習慣、本人の大学進学希望が正の効果を、男子ダミーが負の効果を有している一方で、「学びあい」については効果がなく、「人間関係」については負の効果をもっていることが明らかとなった。

　すなわち、これらの結果からは、個人レベルで見た場合、「学びあい」と学力の間には関連性が見出せず、「人間関係」に関してはむしろ負の効果が、

第Ⅱ部　教育実践と学力格差

（表 5-6）学びあい・人間関係が学力に与える影響（個人レベル）

	回帰係数	標準化係数	有意確率
男子ダミー	-3.500	-.087	.002
通塾ダミー	6.677	.165	.000
学習習慣	2.048	.339	.000
大学進学希望ダミー	8.354	.199	.000
学びあい	.474	.048	.102
人間関係	-.543	-.090	.002
（定数）	36.181		.000
決定係数	0.248		
自由度調整済み決定係数	0.243		
回帰のF検定	p = 0.000		
有効度数	988		

つまり、人間関係が豊かではない子どものほうが学力は高いということが分かる。しかしながらこれは逆説的に言えば、学力の低い子どものほうが、友人関係や教師との関係性に恵まれていると捉えることもでき、我々の調査のサンプル特性を表した結果としてみることもできる。すなわち、学力の低い生徒ほど教師から直接的な手厚い指導を受けるとともに、仲間からも支えられている可能性を示した結果ではないか、ということである。

3）学級レベル

それでは、学級単位で見た場合にはどうだろうか。学びあいや人間関係づくりを通してみる共同的な学級文化も、やはり学力とは明確な関連をもたない、あるいは、負の効果をもつのだろうか。

学級レベルでの影響力をみるために、まずは、「学びあい」および「人間関係」変数について、学級ごとの平均値を算出した。その上で、分析可能な36クラスについて、12クラスずつ「上」「中」「下」に 3 分割し、それらと学力平均値の関係についてみたのが表 5-7 である。表 5-7 をみると、「学びあい」と「人間関係」どちらについても、上位の学級のほうが学力は高くなっており、上位と下位ではどちらについても 6 点ほどの得点差が存在していることがわかる。つまり、学びあいが密に行われる学級に所属しているほど、

(表5-7) 学びあい・人間関係×学力（学級レベル）

		平均値 (N)	標準偏差
学級の学びあい	上	64.46 (369)	20.038
	中	60.34 (378)	21.299*
	下	58.58 (352)	21.628**
学級の関係性	上	64.02 (367)	19.531
	中	60.82 (381)	21.575
	下	58.55 (351)	21.886***

一元配置分散分析「上」との比較　***$p < 0.001$、**$p < 0.01$、*$p < 0.05$

また人間関係が豊かな学級に所属しているほど学力が高くなる傾向にあるということである。

　また、図表は割愛するが、学力分布をみてみると30点未満の低学力層の割合が、「学びあい：下位」では12.1%、「上位」では約5%、「人間関係：下位」では約9%、「上位」では約5%となっている。つまり、「学びあい」、「人間関係」どちらも「上位」のほうが、低得点層は少なくなっているのである。さらに、80点以上の高得点層の割合についても、学びあい「上位」で約29%、「下位」で約16%、人間関係「上位」では約25%、「下位」では約17%と、こちらについても、「下位」の学級よりも、「上位」の学級の方が高得点層の割合が高くなっている。

　これらのことから、学級レベルでみた場合には、学びあいや人間関係が豊富な学級に在籍することは、学力に正の効果を与えていると言えそうである。このことは、人間関係や学びあいの集合的な財としての側面が、子どもの学力に関連していることを示唆している。それでは、こうした結果は、学力に影響を与える他の要因を統制した上でも導き出せるのだろうか。このことについて検討するために、「学びあい」と「人間関係」それぞれについて、カテゴリーごとに重回帰分析を行ったのが表5-8、表5-9である。

　投入する変数は、表5-5から「学びあい」と「人間関係」を除いた4項目である。まずは、表5-8の学びあいの結果からみていこう。学びあいへの取り組み方によって結果が異なるのが、男子ダミーおよび通塾の効果である。

第Ⅱ部　教育実践と学力格差

（表 5-8）学びあいが学力に与える影響（学級レベル別）

	学級の学びあい								
	上			中			下		
	回帰係数	標準化係数	有意確率	回帰係数	標準化係数	有意確率	回帰係数	標準化係数	有意確率
男子ダミー	-3.350	-.087	.081	-2.504	-.061	.181	-4.687	-.116	.021
通塾ダミー	3.565	.092	.065	7.958	.193	.000	8.234	.204	.000
学習習慣	1.756	.296	.000	2.363	.388	.000	1.735	.290	.000
大学進学希望ダミー	8.337	.207	.000	8.889	.205	.000	7.987	.193	.000
（定数）	38.818		.000	24.503		.000	32.719		.000
決定係数	0.200			0.292			0.234		
自由度調整済み決定係数	0.191			0.284			0.224		
回帰のF検定	p = 0.000			p = 0.000			p = 0.000		
有効度数	369			378			352		

$^+p < 0.10$、$^*p < 0.05$、$^{**}p < 0.01$、$^{***}p < 0.001$

（表 5-9）人間関係が学力に与える影響（学級レベル別）

	学級の人間関係								
	上			中			下		
	回帰係数	標準化係数	有意確率	回帰係数	標準化係数	有意確率	回帰係数	標準化係数	有意確率
男子ダミー	-2.374	-.063	.185	-3.928	-.094	.049	-4.658	-.115	.024
通塾ダミー	6.637	.176	.000	7.050	.168	.001	6.761	.167	.001
学習習慣	1.956	.333	.000	1.909	.300	.000	1.909	.328	.000
大学進学希望ダミー	8.559	.221	.000	7.294	.169	.001	9.113	.211	.000
（定数）	33.268		.000	32.354		.000	31.140		.000
決定係数	0.264			0.214			0.239		
自由度調整済み決定係数	0.255			0.205			0.230		
回帰のF検定	p = 0.000			p = 0.000			p = 0.000		
有効度数	369			378			352		

$^+p < 0.10$、$^*p < 0.05$、$^{**}p < 0.01$、$^{***}p < 0.001$

男子ダミーについては、学びあい「上位」「中位」に比べて「下位」では得点差が大きくなっており、男子の得点は女子よりも有意に低くなっている。また、通塾については、「下位」ではおよそ8.2点、「中位」ではおよそ8点、非通塾者よりも通塾者の得点が高くなっているのに対して、「上位」ではおよそ3.6点と、通塾による格差が小さくなっている。大学進学を希望しているか否かや、学習習慣が身についているかどうかによる格差には違いがみら

れないものの、学びあいに取り組む学級では、通塾による格差が縮小されていると言えるだろう。また、男女の間の学力差も、学びあいに取り組む学級のほうが小さくなっている。

　人間関係についてみてみると（表5-9）、学級の人間関係別で傾向の違いが見られたのは男子ダミーについてであり、学級の人間関係が「上位」の学級では、男女の間に有意な学力差がない。通塾や学習習慣、大学進学希望については、傾向の違いはみられない。以上から、学級レベルでみた学びあいや人間関係は、特に、男女の得点差を減少させる効果をもっており、学びあいについては、通塾による影響も小さくするという傾向が見出された。

4. 学びあいに積極的に取り組み、人間関係が豊かなのは、どのような学級か

　学びあいに積極的に取り組んでいる学級や、人間関係が豊かな学級は、性別や通塾による学力格差を小さくする効果があると言えそうだが、それではそうしたことに取り組んでいる学級にはどのような特徴があるのだろうか。

　まずは、学級別の学びあい得点と人間関係得点の関係をみておこう。図5-1は、それぞれの学級別平均値をプロットしたものであるが、これをみると、学びあいへの取り組みと人間関係づくりにはほとんど関連がなく、学び

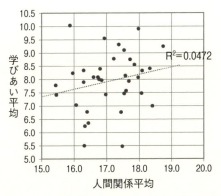

（図5-1）学級の学びあい×学級の人間関係

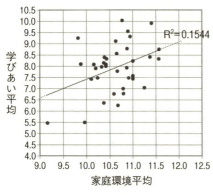
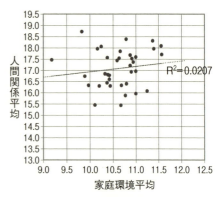

（図5-2）家庭の教育的環境（学級別平均）×学びあい（学級別平均）　（図5-3）家庭の教育的環境（学級別平均）×人間関係（学級別平均）

あいに熱心に取り組んでいる学級ほど人間関係得点が高い、というわけではないことが分かる。一般的にみて、両者の間には相補的な関係があることが想定されるが、必ずしもそうではないということである。こうした関係を生み出しているひとつの要因として考えられるのが、学級の文脈である。図5-2、図5-3をみてもらいたい。

これは、「家庭の教育的環境」[2]と学びあい、人間関係、それぞれの学級別平均値をプロットしたものである。図5-3の人間関係については、家庭の教育的環境平均値との関連がほとんどみられないのに対して、図5-2の学びあいでは、両者に相関関係がみられる。ここから分かることはすなわち、学びあいは、家庭の教育的環境に比較的恵まれている子どもが多い学級で取り組まれており、それとは逆に、「しんどい」家庭の子どもが多い学級では、人間関係づくりにはある程度取り組んでいたとしても、学びあいにはなかなか取り組まれていない現状があるということである。

こうした現状を踏まえた上で、再度検討すべきことは、「厳しい状況に置かれながらも学びあいに取り組むことは、学力にプラスの効果をもたらすのか否か」ということである。そこで、36学級を「家庭の教育的環境」の学級別平均値を用いて、「しんどい学級」（16クラス）と「ふつうの学級」（20クラス）の2タイプに分けた上で、学びあい（学級別平均値）と学力（学級

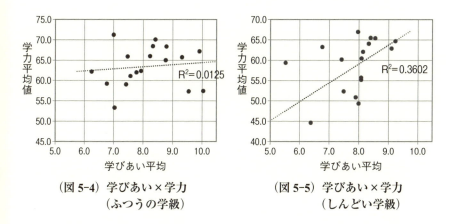

(図 5-4) 学びあい×学力
（ふつうの学級）

(図 5-5) 学びあい×学力
（しんどい学級）

別平均値）それぞれの関係を散布図で確認したのが図 5-4、図 5-5 である。

　一見してわかることは、比較的恵まれた家庭環境の子どもが多い「ふつうの学級」（図 5-4）では、学級において学びあいをしているかどうかと学力の間にほとんど関連がみられないのに対して、「しんどい学級」（図 5-5）では、両者の間に比較的明確な関係性が見出されるということである。すなわち、「しんどい学級」では、学びあいをすることが学力にプラスの影響を与えているということであり、厳しい状況の中でも学びあいに取り組むことが、全体の学力を押し上げる可能性をもっていると言えるだろう。

5. まとめと今後の展望

　ここまでの結果をまとめると次のようである。
　仮説①：「個人レベルでの学びあいや豊かな人間関係は、学力に好影響を与える」については、個人レベルでは学力に正の効果をもたらしていないことが示された。むしろ、人間関係が豊かなほど学力が低い傾向が見られた。これは、人間関係づくりが生徒の学力を下げるというよりは、学力が低い生徒ほど教師からの働きかけが強く、まわりの生徒からも支えられているのではないかということをうかがわせる結果であり、「しんどい子ほど手をかける」大阪の学級文化、学校文化が影響していることの現れかもしれない。神

奈川県の広域を対象とした調査を分析した須藤（2013）によると、教師と親しく話す生徒ほど学力が高いことが示されており、今回の結果とは異なっている。学力の低い生徒ほど、教師や友だちとの豊かな関係性をもつという今回調査の結果は、ある意味では、家庭背景の厳しい生徒が学級に位置づいていることを示すものとして解釈することもできるのではないだろうか。

　仮説②についてみると、「学びあい」をしている学級、「人間関係」が豊かな学級ほど、平均的な学力は高く、学力低位層の割合も低くなっており、学力の底上げがなされていた。学びあいが多い、もしくは人間関係が良好であると感じる子どもたちが多いクラスに属することが（仮に自身がそう感じていなかったとしても）、学力を高めることが示唆された。また、「学びあい」が多い学級では、通塾者と非通塾者の学力差や男女の学力差が小さいことが、そして、「人間関係」が豊かな学級では、男女の得点差が小さいこともうかがわれた。

　ただし、そもそも家庭環境が厳しい生徒が多い学級では、「学びあい」に取り組まれていないという状況がある。それを踏まえた上で、仮説③：「学級の文脈によって、学びあいや豊かな人間関係が学力に与える効果は異なる」について検討した結果、「ふつう」の学級では、学びあいと学力の間に関連がないのに対し、「しんどい」学級では、学力と学びあいには正の関係がみられた。つまり、「しんどい学級」では、そもそも学級レベルの「学びあい」が行われにくいが、そうした厳しい状況でも「学びあい」に取り組んでいることが、子どもの学力を高くすることにつながっているのではないかということである。

　こうした知見を学力格差の縮小にむけた教育実践につなげていくために、学びあいを成立させる条件についても今後検討が必要となってくるだろう。図5-2、図5-3の散布図に示されたように、「人間関係づくり」は、学級の文脈に関わらず取り組まれているが、「学びあい」は、家庭の教育的環境が厳しい学級では行われにくいことが見いだされた。「しんどい学級」では、「学びあい」に取り組む条件が整っていないのかもしれない。共同的な関係性を重視した学習活動をどれだけできるかが、学力向上には重要だというこ

とも言えるのではないだろうか。

(注)
(1)「クラスの雰囲気得点」は、「間違っても笑われない雰囲気がある」「がんばりを認めてくれる友達がいる」「先生は私たちのために頑張ってくれている」「いじめや差別を許さない雰囲気がある」「行事等でクラスのみんなが協力してもりあがる」「学校やクラスのルールを守る子が多い」「担任の先生は男女平等に接している」「クラスでの活動（遊び等）を自分たちで考えている」（小のみ）、「クラスで行事などについて話し合いをする時間がある」（中のみ）から構成される。また、文化階層得点は、「家の人はテレビでニュース番組を見る」、「家の人が手づくりのおかしをつくってくれる」、「小さいときに家の人に絵本を読んでもらった」、「家の人に博物館や美術館に連れて行ってもらったことがある」から構成される。文化階層得点が高いほどクラスの雰囲気得点も高く、キャリア形成力・キャリア観・自尊感情得点が高い傾向にあるが、文化階層「低」かつクラスの雰囲気「高」グループと文化階層「高」かつクラスの雰囲気「低」グループで比較すると、前者の方が、キャリア形成力・キャリア観・自尊感情が高い傾向にある（表5-10）。

（表5-10）クラスの雰囲気×キャリア形成力等

文化階層得点	クラスの雰囲気得点	キャリア形成力	キャリア観	自尊感情
低	低	18.0	30.3	29.6
	中	20.5	33.6	33.2
	高	21.2	35.0	35.0
	合計	19.6	32.5	32.1
中	低	19.8	32.1	31.9
	中	21.2	34.3	34.6
	高	22.7	36.6	36.8
	合計	21.2	34.4	34.5
高	低	21.2	33.4	33.1
	中	22.5	35.7	36.0
	高	24.4	37.9	38.5
	合計	23.0	36.0	36.3

(2)「家庭の教育的環境」指標は、「家の人はテレビでニュース番組を見る」、「家の人が手作りのおかしを作ってくれる」、「小さいとき、家の人に絵本を

読んでもらった」、「家の人に博物館や美術館に連れて行ってもらったことがある」の各項目に1〜4点を与えた上で合計した変数。ここでは、学級別の平均値を算出した上で使用している。

〔参考文献〕
ベネッセ教育総合研究所，2009『教育格差の発生・解消に関する調査研究報告書』ベネッセ
岩川直樹・伊田広行編，2007『貧困と学力』明石書店
Johnson, D. W., Johnson, R. T. & Holubec, E. W. 1993, *Circles of Learning: Cooperation in the Classroom,* Interaction Book Co（＝2010，石田裕久ほか訳『学習の輪―学び合いの協同教育入門』二瓶社）
西本裕輝，2003「学級文化と学力」原田彰編『学力問題へのアプローチ』多賀出版，pp. 85-110
志水宏吉編，2011『格差を超える学校』大阪大学出版会
志水宏吉編著，茨木市教育委員会編，2014『「一人も見捨てへん」教育』東洋館出版社
須藤康介，2013『学校の教育効果と階層』東洋館出版社
棚田洋平，2009「『荒れ』の記憶の継承と発展」志水宏吉編著『「力のある学校」の探求』大阪大学出版会，pp. 141-157
山田哲也，2004「教室の授業場面と学業達成」苅谷剛彦・志水宏吉編『学力の社会学』岩波書店，pp. 99-126

第 6 章

「集団づくり」は公正な社会観を育むか?
── 学力形成に付随する社会関係の社会化機能 ──

知念　渉

1. 問題設定

　これまでの教育社会学的な学力研究は、学力格差の実態を明らかにし、格差問題の構築に寄与してきた。本調査の2時点目の結果をまとめた『学力の社会学』において、苅谷・志水（2004：10）が「誰の学力が、なぜ、どのように低下したのかに、より関心を向けたい」と論じているが、この十数年間の学力研究は、その主張に沿ってなされてきたと言っても過言ではないだろう。家庭背景やジェンダーによる学力格差の解明や（耳塚編 2013，須藤 2013，伊佐・知念 2014）、学力格差を克服する手だての探究（志水編 2009，川口・前馬 2007 など）など、教育社会学的な学力研究は、様々な観点から学力格差の問題に取り組んできた。「教育と不平等」「教育と社会階層」の問題が教育研究の中心からも教育政策論の中心からも外れていった1990年代頃までの日本の状況を鑑みれば（苅谷 1995）、それらの問題を可視化させてきたこれらの学力研究の意義は言うまでもない。
　しかしその一方で、「学校教育は平等化だけではなく、他人との差異化の装置でもある」（中澤 2014：55）と考えれば、どれだけ学力格差が縮小されたとしても、その小さな学力差をめぐって人々は差異化され、それぞれに応じた地位に配分されていくことになる。この点を見落とすと、学力研究は、階層間格差を否認する一方で、学力によって生じた格差を正当化することになり、結果的に、その低位に位置づいた者の生をよりましなものにしていく

道を閉ざす役割を果たしてしまうだろう。新谷（2006：476）がP.ブルデューの議論をふまえて指摘するように、「ある格差（引用者注：階層間格差）が望ましくない格差として糾弾されることにより、その格差（引用者注：学力格差）の基準とされているものが、誰にとっても価値のあるものとして正当性を強化されてしまう」のである。

そうであるとするならば、学力格差の是正を唱えるだけではなく、学力格差が一定程度生じることを前提にしたうえで、「教育にできること」を探求していくことも、これからの学力研究には必要ではないだろうか。

以上の問題関心から本章では、学力を身につけることと子どもの社会観がどのように関連しているのかに焦点を当てていきたい。社会観とは、簡単にいえば、社会のことをどのように捉えているのかということである。学校教育によって生み出されてしまう不平等を克服するためには、教育システム内部の不平等を是正するように働きかけると同時に、教育システムの外部にある社会保障や再分配の政策を充実させていかなければならない（仁平2014）。そして、そうした社会保障や再分配の政策を充実させるためには、人々がそのような政策を支持する土壌をつくることが不可欠であろう。そのように考えるならば、学力格差を克服すると同時に、子どもたちに公正な社会観を育むこともまた、平等化に向けて「教育にできること」ではないだろうか。山田（2006：404）の言葉を借りるなら、「いかにして知識を確実に伝達し、その獲得を保障するかという問いを立てるだけでは不十分で、伝達行為に付随し、またそこで遂行的に形成された社会関係が有する社会化機能をどのように変えてゆくのかということまで考慮する必要がある」のである。

このような視点に立てば、学校教育において子どもたちの社会観をどのように育むかという問いは非常に重要なものである。しかしながら、これまでの研究において、そうした問いが十分に追求されてきたとは言い難い。確かに、これまで社会観に着目した研究は数多く蓄積されているが、そのほとんどが成人を対象にしたもので、子どもを対象にした研究は数少ない。また、成人を対象にした研究において、その人の受けた教育年数が権威主義的態度や貧困の自己責任志向に負の効果を有することが明らかにされているが（吉

川 2014, 川野 2012)、なぜ教育年数がそのような効果を有しているのかについては十分な検討がなされないままである。

　そのようななかで教育と社会観の関係を詳細に分析した研究として、Ito（2014）と山田（2006）を挙げることができる。Ito（2014）は、成人（20～59歳）を対象にした調査データを用いて、個々人の教育年数や収入などをコントロールしたうえで、小学校の頃にグループ学習などの「参加と協同」学習を経験したことが、成人後の利他主義やポジティブな互恵性を高めることを明らかにしている。また、山田（2006）は、知識の伝達・獲得の程度に焦点を当てる傾向にあったそれまでの学力研究を批判し、小・中高生を対象にした調査データを用いて、子どもたちの共感・互助志向に対して、勉強得意度が負の影響を与える一方、学校生活やそこでの友人関係のあり方が正の影響を与えていることを明らかにした。Itoや山田の研究は、学校教育のあり方が社会観へ与える影響を検討した数少ないものであり、貴重なものである。

　ただし、これらの研究には課題もある。第一に、客観的な学力が社会観にどのような影響を及ぼしているのかが明らかにされていない。山田（2006）では勉強得意度という代理指標を用いてその検討を行っているが、それは「勉強が得意か」という主観的なものである。社会観に対して客観的な学力が与える影響については、さらなる検討が必要だろう。第二に、学校の人間関係のあり方が社会観に影響を及ぼすとしても、どのような人間関係のあり方が社会観にどのように影響を与えているのかが十分に明らかにされていない。山田（2006）の友人関係尺度は「私の気持ちをよくわかってくれる友だちがいる」という問いに4件法で尋ねた項目のみで構成されており、どのような友人関係が社会観に影響を与えるのかを把握するには不十分である。また、Ito（2014）においては、グループ学習という具体的な項目であるが、成人した後に本人が振り返って答えたものなので、その正確性には疑問符がつく。

　そこで本章では、これらの研究の知見をふまえつつ、教育と社会観の関係についての更なる検討を行う。小・中学生の社会観はどのようになっているのか？学力形成に付随する社会関係のあり方、すなわち、勉強を「教えあう」

関係や「競いあう」関係が、公正な社会観にどのような影響を与えているのか？それらの関係が公正な社会観に影響を与えているとすれば、そのような関係はどのような学級で促進されるのか？これらの問いを明らかにしていくことで、学校教育において公正な社会観を育むことの可能性を示したい。

ところで、学力形成に付随する社会関係の重要性は、教育実践を行う教師の側からも指摘されている。とくに、同和教育に根づく「集団づくり」の伝統は、それを具体化したものと言えるだろう。同和教育の伝統をふまえつつ独自の考察を展開する小林（2008：95）は、学校の役割を「学力形成」と「社会性の育成」とし、その土台には学級・学年といった集団生活があり、「よい集団を作り上げていく過程の中に子どもを育てる機能がある」（p. 96）と指摘する。学力形成に付随する社会関係の社会化機能を明らかにしようとする本章の試みは、このように同和教育の文脈で論じられてきた「集団づくり」の効果を「社会性の育成」という側面から検証する試みとして位置づけることもできるだろう。

本章の構成は以下の通りである。まず、本章で扱う公正な社会観や学習における社会関係の基本的な分布を確認する（2節）。そのうえで、公正な社会観の規定要因分析を行い、子どもたちの「教えあう」関係や「競いあう」関係が公正な社会観の育成に影響を与えていることを示す（3節）。そして、マルチレベル回帰分析を用いて、「教えあう」関係や「競いあう」関係がグループ学習や人間関係が豊かな学級において促進されることを明らかにしていく（4節）。

2. 基本的な分布の確認

1）公正な社会観の分布

本調査では、「人が貧乏なのは、その人が悪いからだ」と「世の中の悪いことは、自分たちの努力でなくしていくことができる」という考え方に対して、「そう思う」「まあそう思う」「あまりそう思わない」「そう思わない」の4件法で尋ねている。本章では、この二つの項目を公正な社会観と捉えてお

きたい。前者の項目は、貧困であることの責任を個人に求めるか否かを尋ねている項目だと解釈できるため、それに対して否定的な意見を表明しているほど公正な社会観を身につけていると想定できる。そこでこの項目を「反自己責任志向」と呼び、「そう思わない」から「そう思う」までそれぞれに4点〜1点を与えることにする。一方、後者は、社会をよりよくしていくことができるかと思うか否かを尋ねている項目であるため、「社会変革志向」と呼び、「そう思う」から「そう思わない」まで4点〜1点を与えて分析を行っていく。前者には「そう思わない」に4点を与え、後者には「そう思う」に4点を与えるという少しややこしい処理になってしまうが、尺度の向きをそろえるためにそのようにした。

先述したように、学校教育によって生み出されてしまう不平等を是正するためには、教育システムの外部にある社会保障や再分配政策を充実させなければならない。そのためには、人々が、「貧乏」という不公正な状態を社会の問題として捉えて、そうした社会の諸問題を「自分たちの努力でなくしていくことができる」と考えることが重要になる。そのように考えるならば、「反自己責任志向」と「社会変革志向」は公正な社会観と呼ぶにふさわしい志向性であり、それらの得点が高い子どもたちほど、公正な社会観を身につけていると解釈できる[1]。

それでは、それぞれの社会観について、基本的な分布がどのようになっているのかを確認しよう。まず、反自己責任志向の分布について示した図6-1を見てみよう。図6-1をみると、小5では54.8%、中2では44.3%の子どもが、「そう思わない」と回答をしていることが分かる。「あまりそう思わない」まで含めると、いずれの学年でも8割以上の子どもが否定的に回答していることになるため、ほとんどの子どもは「人が貧乏なのは、その人が悪いからだ」と思っていないことが分かる。ただし、「そう思わない」の割合が小5と中2を比べると10%程度減っているため、学年が上がるにしたがって、反自己責任志向は弱くなる傾向があることが示唆される。

次に、社会変革志向である。その回答分布を示した図6-2をみると、肯定的に回答した割合(「そう思う」+「まあそう思う」)は、小5で64.1%、中

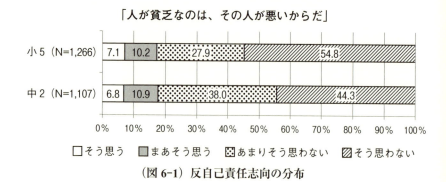

（図6-1）反自己責任志向の分布

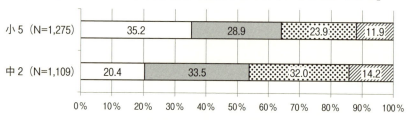

（図6-2）社会変革志向の分布

2で53.9%となっている。半数以上の子どもが「世の中の悪いことは、自分たちの努力でなくしていくことができる」と考えているということである。しかし、ここでも小5と中2を比べると肯定的な割合が10%程度減っており、社会変革志向も、学年が上がるにしたがって弱くなっていくことが示唆されている。

以上の結果をふまえると、多くの子どもたちは公正な社会観を身につけていると考えることができる。しかし、それと同時に、学年が上がるにしたがって、そうした社会観は弱まる傾向があることも分かった。

2) 学習における社会関係の分布

次に、本章において重要なもう一つの軸である社会関係の分布についてみていこう。本調査では、「あなたは、友だちと次のようなことがありますか」という問いの中に、「友だちと勉強を教えあう」と「友だちとテストの点を競争する」という項目があり、それぞれ、4件法（「とてもあてはまる」、「まああてはまる」、「あまりあてはまらない」、「あてはまらない」）で回答するようになっている。本章ではこれらの項目を、学習における社会関係を示す項目として捉え、前者を「教えあう」社会関係、後者を「競いあう」社会関係としておきたい。これらの項目の分布について、学年別に示したものが図6-3と図6-4である。

まず、図6-3を見てみよう。いずれの学年でも肯定的な回答（「とてもあてはまる」＋「まああてはまる」）が半数を超えていることが分かる。学年差に注目すると、肯定的な回答が小5で60.9%であるのに対して、中2では66.2%になっており、友だちと勉強を教えあう子どもの割合が、若干高くなっていることが分かる。

次に、図6-4に示された「競いあう」関係である。これを見ると、肯定的な割合が小学校では36.6%だったのに対して、中学校では65.3%となっており、大幅に高くなっていることが読み取れる。小学校と中学校で「テスト」の意味合いがかなり異なることが予想されるために一定の留保が必要であるが、小学校から中学校にかけて、友だちと「競いあう」なかで勉強している

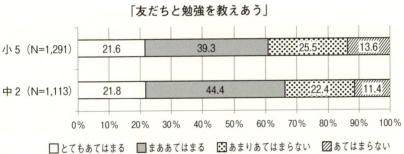

（図6-3）教えあう関係の分布

第Ⅱ部　教育実践と学力格差

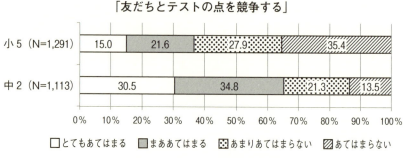

（図6-4）競いあう関係の分布

子どもが増えているのである。先の「教えあう」関係と合わせて考えると、中学校になると友だちとの間で、勉強を「教えあう」子も「競いあう」子も増えるが、どちらかといえば、「競いあう」子の方が多くなっていることが分かった。

3. 公正な社会観の規定要因分析

　ここまで、公正な社会観と社会関係の基本的な分布を確認してきた。次に、重回帰分析という手法を用いて、「反自己責任志向」と「社会変革志向」の規定要因分析を行っていきたい[2]。本章の目的は、学力形成に付随する社会関係のあり方が、社会観の形成に影響を与えているのかという問いを検討することであった。その問いに取り組むために、「教えあう」関係、「競いあう」社会関係が公正な社会観に与える影響を検討する。また、学力形成に付随するということをふまえれば、それらの社会関係の独立した効果を測定するだけでなく、学力の高低に応じて社会関係の効果が異なるのか、すなわち学力と社会関係の交互作用も考慮しなければならないだろう。また、山田（2006）が勉強得意度を学力の代理指標として用いたことの妥当性について検討するために、主観的学力（「学校の勉強には自信をもっている」）も、客観的な学力とともに分析に用いることにしたい。

　以上をふまえ、二つの志向性を従属変数にして、独立変数として、「主観

第 6 章 「集団づくり」は公正な社会観を育むか？

（表 6-1） 使用する変数の記述統計量

	小学校					中学校				
	度数	最小値	最大値	平均値	標準偏差	度数	最小値	最大値	平均値	標準偏差
反自己責任志向	1266	1	4	3.30	0.918	1107	1	4	3.20	0.886
社会変革志向	1275	1	4	2.87	1.026	1109	1	4	2.60	0.965
男子ダミー	1368	0	1	0.51	0.500	1293	0	1	0.50	0.500
通塾ダミー	1230	0	1	0.34	0.474	1107	0	1	0.49	0.500
家庭の教育的環境	1237	4	16	11.38	2.639	1088	4	16	10.63	2.499
主観的学力	1293	1	3	2.03	0.675	1113	1	3	1.69	0.649
学力	1357	2.56	99.15	68.70	17.452	1287	0.00	100.00	61.45	20.879
教えあう	1291	1	4	2.69	0.958	1113	1	4	2.77	0.919
競いあう	1290	1	4	2.16	1.071	1113	1	4	2.82	1.013

（表 6-2） 公正な社会観の規定要因分析（小学校）

	反自己責任志向		社会変革志向	
	回帰係数	標準化回帰係数	回帰係数	標準化回帰係数
定数	3.366	***	2.437	***
男子ダミー	-0.153	-0.084**	0.007	0.004
通塾ダミー	-0.143	-0.075*	-0.055	-0.025
家庭の教育的環境	0.011	0.030	0.026	0.065*
主観的学力	-0.025	-0.019	0.080	0.053
学力	0.003	0.053+	0.007	0.114***
教えあう	0.023	0.024	0.044	0.041
競いあう	-0.083	-0.098**	0.051	0.054+
教えあう×学力	-0.001	-0.020	0.003	0.056+
競いあう×学力	-0.001	-0.024	-0.003	-0.064*
調整済みR二乗値	0.019		0.031	
F値	3.475		5.05	
有意確率	0.000		0.000	
ケース数	1127		1133	

***$p < 0.001$、**$p < 0.01$、*$p < 0.05$、+$p < 0.10$

的学力」「学力」「教えあう」「競いあう」「教えあうと学力の交互作用項」「競いあうと学力の交互作用項」を投入した重回帰分析を行った。独立変数は上記のものに加えて、統制変数として、男子ダミー、通塾ダミー、家庭の教育的環境も投入した。表 6-1 は使用する変数の記述統計であり、表 6-2（小学校）と表 6-3（中学校）は重回帰分析の結果を示したものである。なお、交互作用項に用いた変数（学力、教えあう、競いあう）は全体平均で中心化し

(表 6-3) 公正な社会観の規定要因分析（中学校）

	反自己責任志向		社会変革志向	
	回帰係数	標準化回帰係数	回帰係数	標準化回帰係数
定数	3.475	***	2.123	***
男子ダミー	−0.309	−0.175***	−0.069	−0.036
通塾ダミー	0.004	0.002	−0.042	−0.022
家庭の教育的環境	0.005	0.014	0.033	0.084**
主観的学力	−0.115	−0.084*	0.109	0.073*
学力	0.005	0.122***	−0.004	−0.080*
教えあう	0.071	0.072*	0.190	0.179***
競いあう	−0.004	−0.005	−0.036	−0.037
教えあう×学力	0.006	0.126***	−0.001	−0.021
競いあう×学力	0.000	0.003	−0.001	−0.016
調整済み R 二乗値	0.071		0.045	
F 値	9.662		6.337	
有意確率	0.000		0.000	
ケース数	1022		1025	

***$p < 0.001$、**$p < 0.01$、*$p < 0.05$、+$p < 0.10$

たものを用いている。

　まず表 6-2 の小学校をみてみよう。はじめに統制変数に注目すると、反自己責任志向に対しては男子ダミーと通塾ダミーが有意に負の効果を、そして社会変革志向に対しては家庭の教育的環境が有意に正の効果を有している。つまり、反自己責任志向が高いのは、男子よりも女子、通塾している者よりも通塾していない者であり、また、社会変革志向は家庭環境が高い子どもの方が高くなるということである。

　学力と社会関係について見てみると、反自己責任志向に対して、「競いあう」関係が有意に負の効果をもっている。つまり、勉強を「競いあう」場合に反自己責任志向が低くなるということである。なお、社会変革志向については、「競いあう」が 10％ 水準で、学力と「競いあう×学力」が 5％ 水準で有意に負の効果を有している。この結果は、「競いあう」関係が高まると社会変革志向がやや高くなる傾向があるが、その効果は子どもの学力が高まるにつれて弱まることを示している。

　次に中学校の分析結果を示した表 6-3 を見てみよう。まず統制変数に注目

すると、反自己責任志向に対しては男子ダミーが有意に負の影響を、そして社会変革志向に対しては家庭の教育的環境が有意に正の影響を与えていることが分かる。これらはほぼ小学校と同様の結果である。

　主観的学力と学力の効果に着目すると、反自己責任志向・社会変革志向に対して真逆の影響を与えていることが分かる。すなわち、反自己責任志向に対しては主観的学力が負の効果を、そして学力が正の効果を持っているのに対して、社会変革志向に対しては主観的学力が正の効果をもたらし、学力が負の効果を有している。さらに興味深いことは、主観的な学力と客観的な学力とでは、社会観に与える影響が対照的なことである。山田（2006）では、学業達成の代理指標である勉強得意度を用いて、「学力」の獲得と共感・互助志向が相反する関係になっていると示唆しているが、これらの社会観に対する効果が真逆になっているこの結果をふまえれば、主観的な学力と客観的な学力は明確に区別しなければならないだろう。なぜこのような結果になるのかは解釈が難しいが、客観的な学力を身につけることで、自己責任の側面だけでは貧困問題を捉えられないという現実や社会の変わりにくさを認識できるようになる一方、「学校の勉強に自信があるかどうか」という主観的学力は所属する集団（たとえば学級や学校）での相対的位置を示しており、それが高いということが反自己責任志向や社会変革志向に影響を与えているのかもしれない。

　それでは、本章の主題である社会関係は、社会観にどのような影響を与えているのだろうか。「教えあう」と「競いあう」に着目すると、反自己責任志向・社会変革志向いずれに対しても、「教えあう」が有意に正の効果を有していることが分かる。つまり、いずれの志向性もよく「教えあう」子どもの場合に高いということである。さらに反自己責任志向においては、学力と「教えあう」ことの交互作用効果も有意であるため、「教えあう」ことの効果は、子どもの学力が高くなるほど、より強くなるのである。中学校では、公正な社会観の形成に「教えあう」関係が影響を与えており、さらに反自己責任志向に関しては、学力が高くなることと相俟ってその影響がさらに高まるのである[3]。

先に見た小学校の結果と比較すると、小学校では「競いあう」関係が社会観に影響を与える傾向にあったのに対して、中学校では「教えあう」関係が社会観に影響を与えていた。これらの結果は、公正な社会観を形成するためには、小学校では学習のなかで競いあう関係を抑制する必要がある一方で、中学校では学習のなかで教えあう関係を促進していくことが重要であることを示唆している。

本節では、学力形成に付随する社会関係が社会観を育むのかという問いを検討してきた。以上の結果から、小学校と中学校で一貫した結果が見出されたわけではないが、どのような社会関係のなかで学力を身につけるかによって、公正な社会観を身につける程度が異なってくるということをある程度支持する結果が得られた。

4. 学習における社会関係の規定要因分析

それでは、「競いあう」や「教えあう」という学習における社会関係のあり方は、どのような学級において促されるのだろうか。前節で検討した「競いあう」関係や「教えあう」関係が、学級の人間関係や授業形態と関連していることは想像に難くない。そこで本節では、学力と作用することで社会観に影響を及ぼしていた「競いあう」関係と「教えあう」関係が、学級レベルの事柄とどのように関わっているのかを検討していきたい。

本節では、マルチレベル回帰分析と呼ばれる分析手法を用いてその分析を行う[4]。通常の回帰分析では、1つのレベルの変数同士の相互連関を分析するが、マルチレベル回帰分析では、複数のレベル（ここでは「個人レベル」と「学級レベル」）を区別して分析することができる。この手法を用いて、社会観に影響を与えていた社会関係（中学校では「教えあう」関係、小学校では「競いあう」関係）の規定要因を明らかにする。

まず、小学校である。小学校では、「競いあう」という変数を従属変数にして、独立変数として、個人レベルの変数は、男子ダミー、家庭の教育的環境、学力、学級での人間関係、「競いあう」を、そして、学級レベルでは、

(表 6-4) 新たに使用する変数の記述統計

		中学校					小学校				
		度数	最小値	最大値	平均値	標準偏差	度数	最小値	最大値	平均値	標準偏差
個人レベル	人間関係	1090	6	24	17.09	3.378	1254	6	24	17.95	3.565
学級レベル	家庭の教育的環境	36	9.71	11.07	10.61	0.368	44	9.47	13.31	11.35	0.719
	人間関係	36	16.33	17.90	17.09	0.601	44	16.36	20.60	17.93	0.873
	グループ学習	36	3.42	7.10	5.17	0.865	44	4.62	7.29	5.89	0.632

家庭の教育的環境、学級での人間関係、グループ学習の学級平均を投入した[5]。その分析結果を示したものが表6-5である。はじめにモデル1の個人レベルの変数に着目すると、「男子ダミー」「教えあう」「学力」「人間関係」が正の効果をもっている。これは、女子よりも男子、学力が高い方の子ども、人間関係が豊かな方の子ども、教えあう子どもの方が、そうでない場合よりも競いあう傾向にあるということである。他方、集団レベルに着目すると、グループ学習が有意に負の効果をもっている。グループ学習をしている学級ほど、競いあう関係が抑制されることを示している。個人レベルの変数の結果をふまえると、そもそも個人の人間関係が豊かでなければ、競いあう関係を築くことは難しいが、その学級の人間関係の性質（競いあうか否か）は、学級レベルの変数（グループ学習の高低）に影響を受けているということができるだろう。

　モデル2では、学級レベルの変数として「家庭の教育的環境」を投入した。「家庭の教育的環境」の学級平均に着目すると、有意に負の効果が得られる。個人レベルの「家庭の教育的環境」は「競いあう」関係に有意な影響を与えていないが、学級レベルの「家庭の教育的環境」が高ければ、「競いあう」関係は抑制されるという結果になっている。つまり、子ども個人の家庭背景は競いあう関係を規定するものではないが、学級に通う子どもの家庭背景の平均点は競いあう関係に影響を及ぼしているということである。一方、グループ学習は、回帰係数が小さくなることはなく、有意なままである。したがって、家庭の教育的環境を統制しても、グループ学習は競いあう関係を抑制する効果があるということである。これらの結果をふまえると、学級レベ

（表 6-5）「競いあう」に対するマルチレベル回帰分析（小学生）

	変数名	モデル 0 回帰係数	モデル 0 標準誤差	モデル 1 回帰係数	モデル 1 標準誤差	モデル 2 回帰係数	モデル 2 標準誤差
個人レベル	切片	2.158	0.049***	2.167	1.108+	4.062	1.195
	男子ダミー			0.407	0.064***	0.411	0.063***
	通塾ダミー			-0.101	0.068	-0.099	0.068
	教えあう			0.209	0.039***	0.209	0.039***
	家庭の教育的環境			0.011	0.012	0.017	0.012
	学力			0.005	0.002**	0.005	0.002**
	人間関係			0.033	0.011**	0.031	0.011**
学級レベル	家庭の教育的環境（学級平均）					-0.195	0.056**
	人間関係（学級平均）			-0.012	0.055	0.023	0.052
	グループ学習（学級平均）			-0.163	0.072*	-0.198	0.062**
	逸脱度	3800.1		3207.1		3196.4	
	AIC	3806.1		3229.1		3220.4	
	児童間分散	0.069		0.079		0.055	
	学級間分散	1.075		0.980		0.979	
	学級間分散%	6.05%		7.50%		5.30%	
	ケース数（個人／集団）	1290/44		1121/44		1121/44	

***$p < 0.001$, **$p < 0.01$, *$p < 0.05$, +$p < 0.10$

ルでグループ学習を行うことは、学級レベルの家庭の教育的環境の影響を加味しても、競いあう関係を抑制する効果が十分にあると考えてよいだろう。

次に、中学校についてみてみよう。中学校では「教えあう」関係が社会観を規定していたので、「教えあう」を従属変数にして分析を行った。その分析の結果を示したものが表6-6である。まず、個人レベルに注目すると、どのモデルにおいても、「男子ダミー」「競いあう」「家庭の教育的環境」「学力」「人間関係」が有意に影響を及ぼしている。つまり、「教えあう」関係は、男子よりも女子で高いこと、そして、家庭の教育的環境に恵まれた子ども、競いあう関係をもつ子どもや学力が高い子ども、学級の人間関係が上手くいっている子どもの方が、友だちと教えあっていることが分かる。

ここで重要なのは、学級レベルの変数の効果である。上述した個人レベルの変数の効果を統制した上で、学級レベルの変数は、「教えあう」関係に対してどのような効果をもっているのだろうか。モデル1をみると、人間関係が5％水準で、グループ学習が10％水準で有意である。しかし、家庭の教

第 6 章 「集団づくり」は公正な社会観を育むか?

(表 6-6) 「教えあう」に対するマルチレベル回帰分析 (中学生)

	変数名	モデル 0		モデル 1		モデル 2	
		回帰係数	標準誤差	回帰係数	標準誤差	回帰係数	標準誤差
個人レベル	切片	2.754	0.049***	−0.512	0.692	−1.119	0.944
	男子ダミー			−0.356	0.059***	−0.357	0.060***
	通塾ダミー			−0.064	0.050	−0.063	0.050
	競いあう			0.173	0.030***	0.175	0.030***
	家庭の教育的環境			0.036	0.010***	0.035	0.011**
	学力			0.006	0.002***	0.006	0.002***
	人間関係			0.087	0.006***	0.087	0.006***
学級レベル	家庭の教育的環境 (学級平均)					0.109	0.103
	人間関係 (学級平均)			0.107	0.039**	0.101	0.045*
	グループ学習 (学級平均)			0.081	0.044+	0.068	0.042
	逸脱度	2934.5		2279.1		2278.2	
	AIC	2940.5		2301.1		2302.2	
	児童間分散	0.060		0.025		0.025	
	学級間分散	0.786		0.544		0.544	
	学級間分散%	7.11%		4.42%		4.33%	
	ケース数 (個人/集団)	1113/36		1009/36		1009/36	

***$p < 0.001$, **$p < 0.01$, *$p < 0.05$, +$p < 0.10$

育的環境の学級平均を追加したモデル 2 では、家庭の教育的環境は有意でないものの、それを投入したことによりグループ学習の回帰係数は下がり、有意でなくなっている。これは、グループ学習の効果を家庭の教育的環境が統制した結果だと考えることができ、家庭の教育的環境の高い学級でグループ学習が行われる傾向にあることを反映しているのだと考えられる。したがって、モデル 1 でグループ学習が 10% 水準とはいえ有意な効果をもっていたのは、家庭の教育的環境が高いことの効果だったかもしれない。とはいえ、家庭の教育的環境を統制して回帰係数が劇的に小さくなったわけでもないので、学級数を増やして同様の分析を行えば、有意な効果が示される可能性も高い。

以上をふまえると、「教えあう」という社会関係は、学級の人間関係に影響されるものであり、言いかえれば、人間関係が良好な学級に所属していれば、個々人の教えあうという社会関係が促されるということである。

なお、先に見た小学校の結果とは対照的にグループ学習の有意な効果は十

分に見出されなかった。あくまで一つの解釈であるが、両者の対照性は、学級担任制と教科担任制の違いを反映しているのかもしれない。つまり、小学校の場合、一人の先生が複数の授業を担当するため、全ての教科で一貫した授業形態をとりやすく、それが子どもに強い影響を与えるが、中学校の場合は、教科間で一貫した授業形態をとることは難しいと考えられる。そのため、グループ学習という授業形態の効果が見出せなかったのかもしれない。

5. 結論

　本章の目的は、学力形成に付随する社会関係のあり方が、公正な社会観の形成に影響を与えているのではないかという問いを検討することであった。「教えあう」関係と「競いあう」関係という二つの社会関係に着目して分析すると、確かに、それらの関係性のあり方が作用し、社会観に影響を与えていることが確認できた。つまり、小学校では、「競いあう」関係が反自己責任志向を低め、他方、中学校では、「教えあう」関係が反自己責任志向や社会変革志向を高め、特に高学力層においては、反自己責任志向に対するその効果が高くなっていた。さらに、「教えあう」関係や「競いあう」関係という社会関係のあり方が、学級の人間関係やグループ学習という授業形態によって促進されることも分かった。

　はじめに述べたように、これまでの教育社会学的研究は、学力格差の問題やその是正に焦点を当てて議論してきた一方で、学力を身につけることと社会観の関連性を分析することはほとんどなかった。しかし、本章の分析から明らかになったように、学力を身につける中で子どもたちの社会観は形成されている。どのような社会関係のなかで学力を身につけるのかが、子どもたちの社会観を分化させるほどの影響力をもっているのである。そうであるとすれば、社会的不平等の是正に対して教育ができることは、知識の配分を平等化していくことだけではない。「教えあう」関係を促すことや「競いあう」関係を抑制することで、公正な社会観の形成を促していくこともまた、教育にできることだと言えるだろう。本章のはじめに述べたように、学校教育の

第6章 「集団づくり」は公正な社会観を育むか？

原理的な機能ゆえに、学力格差をどれだけ縮小したとしても、その小さな格差によって人々は差異化されていく。そうした現実をふまえれば、学校教育によって差異化された人々の間に不公正な格差を生み出さないためにも、子どもたちに公正な社会観を身につけさせていくことは、学校教育の重要な課題の一つであろう。

さらに言えば、これらの結果は、これまで同和教育の文脈で言われてきた「集団づくり」の理念をある程度裏付けるものである。社会観に影響を与える社会関係の背後には、「集団づくり」として重要視されてきた学級内の人間関係やグループ学習の影響があった。そうした環境で学び、教えあうことを通じて学力を身につけることは、同時に、反自己責任志向を促すことや、社会を変えていけるという公正な社会観を育むことなのである。もちろん、本章で取りあげた変数（たとえば、「友だちと勉強を教えあいますか」や「何でも話せる先生／友だちがいる」、「ペアやグループで話しあう授業」など）が「集団づくり」の取り組みを正確に反映しているかどうかについては、議論の余地があるだろう。「集団づくり」を示す変数をより吟味しながら、さらなる分析を行っていくことが今後の課題である。

以上、学力形成に付随する社会関係のあり方がいかに社会観の形成に寄与しているのかを明らかにしてきた。本章の分析結果は、公正な社会観の形成に対して学校教育が寄与できる可能性を示したという意味では、希望をもてるものであったと言えよう。しかしその一方で、学力が低い子どもにおいて、反自己責任志向も社会変革志向も低かったという事実にも目を向けておく必要がある。これらの結果は、不利な立場におかれながらも、その現実を受け入れて個人で対処しようとする子どもの存在を示唆するものであり、P.ブルデューとJ.C.パスロンが論じた、被支配者層が支配者層の文化的恣意の正統性を承認していく「自己排除」（1970＝1991：65）の過程を想起させるものである。そうであるとすれば、学力が低い子どもの社会観を育成する上で学校に何ができるかを探求することは重要であり、本章の分析とは別に取り組まなければいけない課題であることを最後に強調しておきたい。

第Ⅱ部　教育実践と学力格差

(注)
(1) 本調査では社会観について、他に5項目を尋ねている。「今の世の中は、金持ちと貧しい人の差が大きすぎる」、「今の世の中は、お年よりや体の不自由な人が大切にされていない」、「誰もが自分のことしか考えていない世の中だ」、「今の世の中には、お金の力や自分の立場を利用して悪いことをしている人がいる」、「誰でも、頑張れば頑張るだけ、人に認められる世の中だ」の5項目である。このなかで、はじめの4項目は、社会を批判的に捉える公正な社会観とも捉えられるが、他方で社会に対する不信感とも捉えられるため、本章では分析から除外した。また、「誰でも、頑張れば頑張るだけ、人に認められる世の中だ」という項目は、社会観というよりも自己効力感を示していると解釈できるため、分析から除外した。なお、「反自己責任志向」と「社会変革志向」という名称は、池田（2000）を参考にしている。
(2) 学級という集団レベルの変数と個人レベルの変数を区別するマルチレベル重回帰分析を行うことも検討したが、全体の分散に対して集団間分散の割合を示すICCの値が二つの志向ともに1％前後と極めて小さかったため、集団レベルの変数を投入しなかった。
(3) 重回帰分析に投入し、有意な効果が示された交互作用の結果は、三者の関係を平均値で示した場合でも確認できる（小学校の場合は、学力×競いあう×社会変革志向。中学校の場合は、学力×教えあう×反自己責任志向）。図6-5と図6-6は、その結果を示したものである。これらの図を見ると、小学校の場合には、競いあう得点が高い子どもたちのなかで、必ずしも学

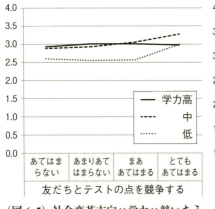

（図6-5）社会変革志向×学力×競いあう（小学校）

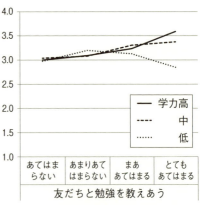

（図6-6）反自己責任志向×学力×教えあう（中学校）

力が高い層で社会変革志向が高くないこと、中学校の場合には学力が高い子どもたちにおいて教えあう関係が高まるにつれて反自己責任志向の平均点が高まることが確認できる。小学校において、そもそも学力の中と低の層において、なぜ「競いあう」関係が高いほど社会変革志向が高くなるのかを解釈することは難しいが、むしろこの場合の因果関係は逆で、自分の力で社会を変えていけると思っている者だからこそ、たとえ学力が高くなかったとしても友だちと競いあうことができているのかもしれない。また、この交互作用の効果を「競いあう関係のなかで学力を身につける」効果とみるならば、学力が高いグループで「競いあう」関係に左右されていないということは、社会変革志向に対する「競いあう関係のなかで学力を身につける」ことの効果はないとも解釈できるかもしれない。

(4) 本章の分析は主に SPSS Ver. 22 を用いて行っているが、マルチレベル回帰分析については、統計分析プログラム HAD（清水 2014）を使用した。

(5) ここでいう人間関係とは、「何でも話せる先生がいる」「先生から話しかけられることが多い」「いろいろな先生とよく話をする」「何でも話せる友だちがいる」「休み時間はいつも友だちと過ごす」「友だちがたくさんいる」（それぞれ、とてもあてはまる、まああてはまる、あまりあてはまらない、あてはまらない、の4件法）の6項目を足し合わせた6～24点の得点である。また、グループ学習は、国語・数学（算数）の授業それぞれについて尋ねた「ペアやグループで話しあう授業」（よくある、ときどきある、あまりない、ほとんどない、の4件法）を足し合わせた2～8点の得点である。なお、マルチレベル回帰分析を行う際、学級レベルと個人レベルに同様の変数を投入する場合には個人レベルの変数を学級レベルで中心化している。たとえば個人レベルの学力と学級レベルの学力を投入する場合は、個人レベルには、もともとの学力の得点から学級レベルの平均点を引いた値を用いている。

（参考文献）

新谷周平，2006「フリーター・ニートと教育の課題―差異化と抵抗の観点から」『教育学研究』第73巻第4号，pp. 470-481

Bourdieu, P., & Passeron, J. C., 1970 = 1991（宮島喬訳『再生産』藤原書店）

池田寛，2000『学力と自己概念―人権教育・解放教育の新たなパラダイム』解放出版社

伊佐夏実・知念渉，2014「理系科目における学力と意欲のジェンダー差」『日本労働研究雑誌』第648号，pp. 84-93

Ito Takahiro & Kubota Kohei & Ohtake Fumio, 2014 "The Hidden Curriculum and

Social Preferences," *Discussion papers 14024*, Research Institute of Economy, Trade and Industry（RIETI）

苅谷剛彦，1995『大衆教育社会のゆくえ―学歴主義と平等神話の戦後史』中央公論社

苅谷剛彦・志水宏吉，2004「『学力調査の時代』―なぜいま学力調査なのか」苅谷剛彦・志水宏吉編『学力の社会学―調査が示す学力の変化と学習の課題』岩波書店，pp. 1-20

川口俊明・前馬優策，2007「学力格差を縮小する学校―『効果のある学校』の経年分析に向けて」『教育社会学研究』第80集，pp. 187-205

川野英二，2012「大阪市民の貧困観と近接効果―貧困層は対立しているのか？」『貧困研究』vol. 9, pp. 16-29

吉川徹，2014『現代日本の「社会の心」―計量社会意識論』有斐閣

小林光彦，2008『格差を超える中学校―「荒れ」の克服と学力向上』解放出版社

耳塚寛明編，2013『学力格差に挑む』金子書房

中澤渉，2014『なぜ日本の公教育費は少ないのか―教育の公的役割を問いなおす』勁草書房

仁平典宏，2014「再生産レジームと教育の位置―公教育の外側から」広田照幸・宮寺晃夫編『教育システムと社会―その理論的検討』世織書房，pp. 103-126

清水裕士，2014『個人と集団のマルチレベル分析』ナカニシヤ出版

清水裕士・村山綾・大坊郁夫，2006「集団コミュニケーションにおける相互依存性分析（1）―コミュニケーションデータへの階層的データ分析の適用」『電子情報通信学会技術研究報告』106（146）pp. 1-6

志水宏吉，2009『「力のある学校」の探求』大阪大学出版会

須藤康介，2013『学校の教育効果と階層―中学生の理数系学力の計量分析』東洋館出版社

山田哲也，2006「学校教育は互恵的な社会関係を生み出すのか？―教育の社会化機能にみる『格差』是正の可能性」『教育学研究』第73巻第4号，pp. 403-419

第Ⅲ部

学力格差の克服

第7章

「効果のある学校」の特徴
―― 3時点の経年比較より ――

高田一宏

1. 問題設定

　今回の調査は、1989年と2001年に続く、「効果のある学校」の3回目の継続調査である[(1)]。この章では、3回の調査から得られたデータをもとに、「効果のある学校」の変わらぬ特徴を明らかにしてみたい。というのも、ワンショットサーベイとも呼ばれる横断的・共時的調査では、調査対象学年の特徴や学級担任・教科担任の資質・力量などの偶発的・個別的な要因が学力水準や学力格差に及ぼす影響を把握できないからである。縦断的・通時的な調査で、在籍児童・生徒や教職員が入れ替わっても安定して効果を発揮している時、その学校は、本当の意味で「効果のある学校」だといえる。

　幸いにして、今回の調査では、1989年、2001年、2013年の3回の調査すべてで「効果のある学校」と判定できる学校を見出すことができた。この章では、児童・生徒質問紙調査のデータを使って、子どもたちの生活実態や生活意識の面から「効果のある学校」の特徴をみていきたい。理論的に考えると子どもたちの生活実態や生活意識には家庭の経済力・教育力と学校からの働きかけが影響しているはずである。だが、家庭や学校の教育環境とおとなからの働きかけを児童・生徒質問紙の回答から直接知ることはできない。おのずと分析には制約が伴う。とはいえ、十分とは言えないにしても、子どもの回答の分析から、学校内での取り組みや学校と保護者の連携・協力のあり方について何らかの示唆を得ることはできるだろう。

過去2回の調査では、「効果のある学校」とそうではない学校の大きな違いは、子どもたちの学習習慣や学習意欲にあることがわかっている（東京大学大学院学校臨床総合教育研究センター編 2003，志水 2002）。このような「効果のある学校」の特徴は維持されているだろうか。これが本章の分析にあたっての主な問いである。ただ、今回の調査では、学校ベースでみた場合、本章で述べるように、「効果のある学校」と判定できる学校はあきらかに増えている。個人ベースでみた場合でも、家庭の教育環境に恵まれない層で学習習慣や学習意欲が改善傾向にあり、そのことが全般的な学力水準の回復につながっていることがわかっている（志水他 2015）。だとすれば、家庭での学習習慣や学習環境は、全体として学力に正の影響を与える方向に変化しており、「効果のある学校」とそれ以外の学校との生活実態・生活意識面の差は以前よりも小さくなっている可能性がある。

以下では、まず、1989年、2001年、2013年の3回の調査で学力格差がどのように変動したかをのべた後（第2節）、一貫して効果の認められた学校の学力実態をみる（第3節）。ついで、過去の調査で学力との関連を検討してきた質問紙調査の各項目の回答をみる（第4～5節）。最後のまとめでは、生活実態・生活意識の変化とその背景について考察をする（第6節）。

2. 学校の効果と児童・生徒の生活背景

この章では、次のような手続きで「効果のある学校」を操作的に定義する[2]。まず、学習塾に通っているグループと通っていないグループについて、国語と算数（小学校）、数学（中学校）の合計得点を計算し、小学校では合計130点以上、中学校では110点以上だった児童・生徒の率を出した。これが「通過率」である。通過率が高ければ学力不振の子どもの率が少なく、逆に通過率が低ければ学力不振の子どもの率が多いことを意味する。

表7-1と表7-2に、3回の調査の通過率を学校ごとに示した。3時点ともほぼすべての学校で非通塾グループの通過率は通塾グループのそれを下まわっている。特に1989年から2001年にかけては非通塾グループの通過率が

第7章 「効果のある学校」の特徴

(表 7-1) 3 時点の各学校の「通過率」(小学校)

学校番号	1989年			2001年			2013年		
	非通塾	通塾	全校	非通塾	通塾	全校	非通塾	通塾	全校
101	85.0	100.0	86.4	87.5	—(※)	87.5	80.0	50.0	66.7
103	84.5	84.0	84.3	53.8	78.3	65.3	87.0	100.0	90.6
106	69.0	70.0	69.1	21.7	60.0	39.5	72.2	93.3	79.8
108	59.5	89.5	69.6	63.2	60.0	62.5	13.6	50.0	21.4
109	75.3	78.9	76.0	43.6	80.0	57.8	68.0	70.0	70.0
110	96.6	100.0	97.5	84.5	100.0	87.0	92.7	100.0	95.3
111	64.9	74.3	67.9	69.1	100.0	73.4	70.1	82.1	73.3
112	69.4	87.5	75.0	39.0	40.0	39.1	71.1	75.0	72.2
115	79.4	95.8	82.6	70.0	66.7	69.4	71.4	77.3	72.6
116	80.4	85.7	81.1	76.9	80.0	77.8	100.0	100.0	100.0
117	91.3	92.5	91.8	57.9	70.6	63.9	70.6	90.9	78.6
119	66.7	68.2	67.1	77.4	93.8	83.0	66.7	100.0	75.7
121	86.9	87.5	87.1	77.6	80.2	78.6	80.3	84.9	84.9
122	75.8	95.0	83.0	50.0	50.0	50.0	72.7	100.0	81.3
123	82.4	75.0	78.8	68.4	85.7	73.1	66.7	92.9	76.9
15校全体	78.6	87.6	81.4	64.3	76.8	68.1	72.3	87.8	76.9

※小規模校。塾に行っている者がいなかったため、データは欠損。

(表 7-2) 3 時点の各学校の「通過率」(中学校)

学校番号	1989年			2001年			2013年		
	非通塾	通塾	全校	非通塾	通塾	全校	非通塾	通塾	全校
201	100.0	87.5	92.3	76.2	87.5	81.1	73.7	100.0	81.5
202	85.7	95.0	91.0	56.5	84.2	73.8	66.7	77.3	73.8
203	67.6	92.5	82.2	53.1	83.6	73.1	68.6	83.0	75.5
204	71.9	90.4	84.5	71.7	82.1	77.9	72.2	83.0	78.3
209	76.9	89.5	82.2	70.8	95.5	80.3	70.9	87.7	78.1
210	69.4	78.7	74.0	62.2	86.4	71.2	66.7	73.3	70.2
212	55.9	75.0	65.2	55.6	80.8	64.8	41.9	70.0	48.8
213	43.4	65.7	54.9	29.7	77.5	54.8	64.6	74.0	69.5
214	83.5	93.0	90.0	50.8	82.6	71.8	65.0	83.7	77.8
9校全体	71.6	86.3	79.6	56.3	82.9	69.9	64.4	80.2	72.4

ひどく落ち込んでいる。だが、学校番号110や209の学校のように、両グループの通過率の差が小さくて高い水準で安定している学校もある。このように、通塾・非通塾グループの通過率がともに高い学校、もっとわかりやすく言えば「落ちこぼし」が小さい学校が、ここでいう「効果のある学校」で

ある。

　ここで「通過率」の考え方をもう少し詳しく説明しておこう。ある集団の学力を表す時には「A中学校の全国学力・学習状況調査の平均正答率は○○、B中学校は××」といった風に「平均」を用いるのが普通である。ではなぜ、私たちは「平均点」ではなく「通過率」に注目するのか。それは、「通過率」は「学校の力」をより精確に反映すると考えるからである。教育社会学的に言うなら、点数で測られる子どもたちの学力には「家庭の力」と「学校の力」が関与している。そして、「平均点」の高低には、「家庭の力」が大きく寄与するものと思われる。家庭で保護者が直接勉強を教えたり勉強しやすい環境を整えたりすることで学力を身につけている子どもが多ければ、「学校の力」が小さくても「平均点」は高くなる可能性が高い。それに対して、「学力的にきびしい層を支える」という営為は学校の固有のもので、社会的に不利な層の「通過率」を引き上げるためにはその「学校の力」が大きなものでなければならない。したがって、「効果のある学校」であるかどうかを判定するための指標として、「通過率」を取り上げる必要があるのである。

　次の表7-3と表7-4は、表7-1に示した小学校15校と表7-2に示した中学校9校について、学校の効果の有無と児童・生徒の生活背景とを示したものである。過去に行われた調査では、子どもたちの社会経済的背景が厳しいほど学校の効果が現れにくいことが明らかになっており（志水 2006, 2009）、今回の調査でも、地域の社会経済的背景が厳しい校区では、家庭の経済力や文化的環境が学力に及ぼす影響が強く、つながり（社会関係資本）の影響力はほとんどないことがわかっている（志水他 2014）。

　表7-3と表7-4には、子どもたちの生活背景の指標として、要保護率、準要保護率、ひとり親・両親不在の率（児童養護施設で生活する子も含む）、外国籍児童・生徒の率から作った「生活背景スコア」を示している[3]。このスコアが高いほど、その学校には社会経済的に不利な立場におかれた児童・生徒が多く在籍していることを意味する。さらに、全学校を生活背景スコアの昇順で並べた上で、塾に行っているグループと行っていないグループの両方の通過率が小学校で80％を超えた場合と中学校で70％をこえた場合に◎

第7章 「効果のある学校」の特徴

（表7-3）3時点の学校の効果（小学校）

学校番号	1989年 有効回答(人)	1989年 効果	1989年 通塾率	2001年 有効回答(人)	2001年 効果	2001年 通塾率	2013年 有効回答(人)	2013年 効果	2013年 要保護	2013年 準要保護	2013年 ひとり親・両親不在	2013年 外国籍	2013年 生活背景スコア	2013年 通塾率
15校全体	1293		27.9	852		28.6	830							29.4
101	24	◎	9.1	10	◎	0.0	10	◎	1	1	2	1	5	40.0
103	87	◯	30.1	55		46.9	36		1	2	1		5	28.1
123	35		50.0	26		26.9	37		2	2	2		6	43.8
117	153	◎	45.7	72		47.2	31		3	3	2		8	39.3
121	81		20.3	127	◯	30.8	95		4	3	3		9	23.0
106	89		11.8	49		42.9	99		2	5	3		10	34.5
115	128		20.5	91		17.0	129		1	3	4		11	20.2
116	53		13.2	22		23.8	19		4	3	3		10	47.1
110	121	◎	25.0	76	◯	14.5	66	◯	4	4	3	1	12	35.9
112	110		30.2	61		10.4	66	◯	4	3	4	2	12	29.8
122	56		37.0	29		46.2	16	◯	4	3	4		13	31.3
111	111		32.1	80		13.9	112	◯	3	5	4	5	15	26.2
109	103		19.8	67	◯	40.0	43	◯	4	4	4	1	17	35.7
119	85		28.9	53		36.0	39		4	3	5	1	13	26.3
108	57		33.3	34		18.5	32	◯	6	6	5	2	19	21.4

（表7-4）3時点の学校の効果（中学校）

学校番号	1989年 有効回答(人)	1989年 効果	1989年 通塾率	2001年 有効回答(人)	2001年 効果	2001年 通塾率	2013年 有効回答(人)	2013年 効果	2013年 通塾率
9校全体	1802		54.5	1069		50.7	1017		49.7
201	60	◎	60.4	39	◎	43.2	31	◎	29.6
202	216	◯	43.3	125		61.8	73		73.8
216	327	◯	69.0	190		65.6	138		71.4
214	221	◎	67.2	124	◎	60.7	104		56.3
204	210	◎	48.0	67	◯	36.5	65		51.7
210	105		57.9	103		65.3	107		48.0
203	197		51.5	148		52.1	219		50.7
213	274		42.3	178	◎	39.1	180	◯	42.0
209	254	◎	48.5	95		32.5	100		23.3
212	148								

を記した。また、両グループの通過率が小学校で70％、中学校で60％を超えた場合には○を記した。

　2つの表からは次のような事柄が読みとれる。第一に、「効果のある学校」の数は、1989年から2001年にかけていったん減り、2001年から2013年にかけて増加に転じている。1989年、2001年、2013年の3時点で◎をつけた学校は、小学校では6校、1校、4校、中学校では4校、3校、4校と推移している。結局、3回の調査すべてで効果が高いと判定できた学校は、小学校1校（110）、中学校3校にとどまる（201、204、209）。これら4校に準じて効果が認められるのは121と116の小学校である。学校の効果は現れたり消えたりをくり返しており、「効果のある学校」を創り出しそれを持続させることの難しさがうかがえる。興味深いことに、110、121、209の3校は同じ中学校区の学校である。これはたんなる偶然ではなく、校区全体としての取り組みが奏功しているとみるべきであろう。これら3校で学校の効果が持続している要因については、第8章で取り上げたい。

　第二に、生活背景スコアの高い学校、すなわち学校全体として子どもたちの社会経済的状況が厳しい学校では、学校の効果が現れにくい傾向にある。小学校についてみると、生活背景スコアが高い6校（112、122、111、109、119、108）には◎が1つもついていない。中学校では学校数が少ないこともあって、生活背景スコアと学校の効果の関係は明瞭ではないが、209を例外として、生活背景スコアが高い学校（203、213、212）ではやはり効果が現れにくい傾向にある。これまでの「効果のある学校」研究は、こうした学校の存在を等閑視してきた。「効果のある学校」の特徴や学校づくりの道筋についての研究はかなりの程度蓄積されてきたが、特に多くの困難に直面した学校の実情が明らかにされることはほとんどなかったのである。社会経済的に厳しい状況にある子どもが特に多い学校で効果の発現を阻害している要因・背景については、108の小学校と212の中学校の事例検討を通して、第9章で明らかにしたい。

　第三に、123、106、214のように、子どもたちの生活状況が比較的安定していても「効果」が現れにくい学校もある。子どもたちの生活状況が一定程

度安定していることは、学校の効果が現れる必要条件ではあるが、十分条件ではない。「効果のある学校」になり得る可能性は、その学校に在籍する児童・生徒の状況に影響を受けつつも、教職員の組織体制や教育実践のありようにも規定されるのだと考えられる。

以下、この章では、継続して効果の認められた小学校3校（121、116、110）と中学校3校（201、204、209）の子どもたちの学力と生活の特徴を、それ以外の学校と対比させながらみていく。なお、有効回答のなかで「効果のある学校」の児童・生徒が占める割合は、1989年、2001年、2013年の順に、小学校で19.7%、26.4%、21.7%、中学校で29.0%、31.9%、31.0%である。小学校では全体の約2割、中学校では全体の約3割が「効果のある学校」に在籍していた勘定になる。

3. 通塾・非通塾グループの学力格差

1回目の調査の1989年から2回目の調査の2001年にかけて、小・中学生の学力水準は全体として低下したが、低下幅は塾に通っていないグループや同和地区の子どもたちでより大きかった（東京大学大学院学校臨床総合教育研究センター編 2003，志水 2002，高田 2009）。あらゆる子どもの学力が等し並みに低下したのではなく、同和地区と同和地区外、あるいは塾に行っている子どもたちと行っていない子どもたちという集団間の格差拡大を伴う形で、学力低下はおきていた[4]。

それから12年、子どもたちの学力水準と学力格差はどう変化しただろうか。「効果のある学校」からみていこう。小学校（図7-1）では、通塾グループの通過率は84.6%から100%へと上昇した。非通塾グループの通過率も80.3%から86.2%に上昇したが、伸び幅は通塾グループよりも小さい。その結果、両グループの通過率の格差は過去最大の13.8ポイントになった。これと似た現象は欧米でもみられるようで、「全般的に効果的な学校においては、すべての生徒が上々の成績を修めるようであるが、しかし特別に有利な背景を持つ生徒たちは、好成績の同輩たちよりもさらによい成績を修めるこ

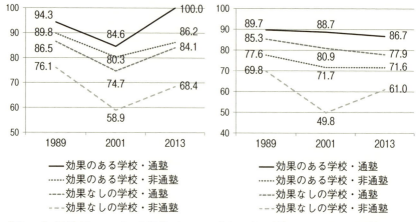

（図 7-1）通塾グループ・非通塾グループの学力格差（小学校）

（図 7-2）通塾グループ・非通塾グループの学力格差（中学校）

とができるようである」（Mortimore 訳書 2005：414）との指摘がある。おそらくこの間の学校の取り組みは、もともと学校外の学習機会に恵まれていた子どもたち（通塾グループ）により大きな利益をもたらしたのであろう。一方、「効果のある学校」以外の学校では、1989 年から 2001 年にかけて拡大した通塾グループと非通塾グループの格差は変わらないまま（1989 年、2001 年、2013 年の格差は、それぞれ 10.4 ポイント、15.8 ポイント、2013 年は 15.7 ポイント）、全般的に通過率が押し上げられている。

　小学校について全体として言えるのは、「効果のある学校」でもそうではない学校でも、通塾・非通塾グループ間の格差が拡大ないしは固定化しているということである。ただし、1989 年から 2001 年にかけての変化と 2001 年と 2013 年にかけての変化は、その背景がかなりちがっている。前者では非通塾グループの学力が大きく低下したことで格差が拡大したのに対し、後者では通塾グループの学力が大きく伸びたことで格差が拡大したという違いである。非通塾グループの学力の底上げは一定程度なされているといえる。

　中学校（図 7-2）では、「効果のある学校」の通塾グループの通過率は、88.7％ から 86.7％ へと微減、非通塾グループの通過率は 71.7％ から 71.6％

へと横ばいである。「効果のある学校」では、通塾グループと非通塾グループとの格差は大きくは変化していない。一方、「効果のある学校」以外の学校では、非通塾グループの通過率が49.8%から61.0%へと急上昇して通塾グループとの格差は小さくなった。

　以上のように、中学校では、「効果のある学校」以外の非通塾グループの伸びが目立つ結果となった。これらの学校では、「通過率」の基準に照らすと効果が「ある」とまでは言えないが、学力の底上げは図られつつあるといえる。一方、「効果のある学校」における通塾・非通塾グループの学力格差は比較的小さいままに推移し、大きくは変化していない。

4．家庭学習習慣・基本的生活習慣・持ち物

　児童生徒の質問紙調査には、3回の調査でほぼ同じ質問をしている項目がある[5]。ここでは、小学生を中心に、1989年と2001年に実施された2回の調査（学力・生活総合研究委員会編 1991，東京大学大学院学校臨床総合教育研究センター 2003，志水 2002）で学力との関係が分析されてきた学習習慣、生活習慣、持ち物、自尊感情の質問項目からいくつかを抜き出して、「効果のある学校」の子どもたちの特徴を述べていきたい。なお、中学生の結果については、小学生とのちがいが目立つ場合に言及する。

　表7-5に家庭学習習慣に関わる「質問項目」として、宿題と家庭学習時間の回答を示した。小学生では、過去2回の調査では、宿題を「いつもする」の割合は「効果のある学校」がそれ以外の学校を上まわったが、今回はほぼ同じになった。後者の学校でも「いつもする」の割合が増えたためである。一方、家庭学習の時間が1時間を超える子どもの割合は、3回とも「効果のある学校」の方が高い。

　中学生では、宿題を「いつもする」の割合は「効果のある学校」の方が一貫して高い。一方、家庭学習が1時間を超える子どもの割合は、1回目の調査では明らかに「効果のある学校」の方が高かったが、2回目、3回目では差がほとんどなくなっている。全般的に学習時間が減るなか、「効果のある

(表 7-5) 家庭学習習慣 (%)

		小学生		中学生	
		家庭学習 1時間超	宿題 「いつもする」	家庭学習 1時間超	宿題 「いつもする」
1989	効果なし	23.2	82.0	24.6	33.3
	効果のある学校	41.1	89.7	32.6	49.8
2001	効果なし	11.7	75.3	12.6	19.8
	効果のある学校	30.1	82.0	13.3	37.0
2013	効果なし	20.3	86.9	14.7	35.7
	効果のある学校	35.0	83.9	16.3	48.2

学校」での勉強時間の減少幅が大きかったからである。

　小学生でも中学生でも「効果のある学校」の子どもたちの方が家庭学習の習慣が身についているといえるが、小学生で差がみられたのは勉強時間「1時間以上」の率、中学生で差がみられたのは「宿題をいつもする」率だった。小学校と中学校でこのような違いが生じた理由については、次のような可能性が考えられる。宿題は家庭学習の基礎であり、学校からの指導が比較的ききやすいものである。だが、宿題の指導は中学になると難しくなっていく。教科担任制のもとで、宿題の点検や見直しがやりづらくなるからである。いきおい宿題をやる習慣は崩れがちになる。だが、「効果のある学校」では、中学校でも学校・学年として宿題をすることを徹底するような指導が行われているのかもしれない。他方、学習時間については、家庭での学習環境や保護者から子どもへの働きかけなどに左右される部分もあって、教師の働きかけの影響はおよびにくい。そのために、「効果のある学校」とそうではない学校との差は目立たなくなっているのかもしれない。

　表 7-5 からはもう一つ興味深いことが読みとれる。それは、「効果のある学校」でもそうではない学校でも、1回目から2回目の調査にかけて家庭学習離れが急速に進み、今回の調査でその揺り戻しが観察できることである。この変化の要因は、調査データから直接にはわからない。だが、変化に国あるいは大阪府の教育政策が影響した可能性はある。2001年当時は、関心・

(表 7-6) 基本的生活習慣（％）

		小学生		中学生	
		起床	朝食	起床	朝食
1989	効果なし	48.1	84.4	50.7	94.4
	効果のある学校	43.9	77.5	46.4	92.2
2001	効果なし	49.2	93.4	47.1	82.1
	効果のある学校	44.3	89.1	45.9	82.6
2013	効果なし	50.2	94.4	40.8	91.4
	効果のある学校	50.3	94.3	42.3	91.9

意欲・態度や問題解決能力などの数値化が難しい「学力」の要素が重視されていたのに対し、2000年代なかばからは、数値化しやすい「学力」、端的に言えばペーパーテストの点数が重視されるようになった。2回目の調査から3回目の調査までの間に、学校は目に見える結果を求められるようになり、保護者も学力問題に関心を寄せるようになった。これらの変化が子どもの家庭学習習慣に影響したのかもしれない。

　基本的生活習慣について3時点を通してみると、「効果のある学校」とそうではない学校の差が目立たなくなってきていることが指摘できる（表7-6）。例えば、朝食をとること、自分で朝起きることなどは、かつては「効果のある学校」の方がそうでない学校よりも「はい」という回答が少なかったのだが、「効果のある学校」の「はい」という回答が増え、両者の差が消えているのである。

　「効果のある学校」の子どもたちは、かつて基本的生活習慣の課題が大きかった。いっけん奇妙な結果である。これをどう解釈すればいいだろうか。かつての「効果のある学校」は、家庭生活において不利な条件を抱えた子どもたちの学力を、学校の力「だけ」で引き上げようとしていたのかもしれない。あるいは保護者に多くを期待することができないほどに家庭の生活が厳しかったのかもしれない。その後、学校からのねばり強い働きかけが次第に各家庭に浸透し、保護者にも生活習慣に気を配る精神的・時間的なゆとりが生まれ、子どもたち自身も生活習慣の大切さを学ぶといった取り組みが行わ

(表7-7) 自分だけの持ち物（%）

		小学生			中学生		
		携帯電話	勉強机	部屋	携帯電話	勉強机	部屋
1989	効果なし	4.7	89.9	36.0	10.4	92.6	58.5
	効果のある学校	4.3	88.9	34.8	8.4	95.0	60.5
2001	効果なし	19.6	85.8	41.2	40.9	83.4	60.8
	効果のある学校	11.3	80.6	32.4	44.4	87.4	59.5
2013	効果なし	49.4	76.0	45.7	75.7	80.9	62.1
	効果のある学校	41.6	81.6	48.3	69.5	82.7	58.5

れたのかもしれない。「学習」の習慣と「生活」の習慣を比べると、前者の方が教師の意図的・直接的な指導が子どもにおよびやすい。「生活指導」「生徒指導」の名のもとに学校は家庭での生活に関しても指導をしてはいるのだが、家庭での日常生活習慣は、それと意識しないまま「当たり前」のこととして自明視されている。その分、生活習慣は学校からの働きかけによっては変わりにくいのである。

持ち物（表7-7）についても「効果のある学校」の特徴は見出しにくいが、小学生では「効果のある学校」の子どもの方が携帯電話（1989年の質問項目名は「電話」）の所持率が少ない。前回の調査では、テレビ、テレビゲーム、携帯電話などの所持が学力形成に負の影響を与えていることが指摘されていた。そうしたものの買い控えが続いていることは、「効果のある学校」の変わらぬ特徴だといえる。

一方、中学生では、携帯電話の所有率においては「効果のある学校」とそうではない学校の差は目立たなくなっているが、勉強机の所持率は依然として「効果のある学校」の方が高い傾向にある。各家庭に学習環境への配慮が浸透していることの現れと考えることができよう。持ち物についての回答からも、「効果のある学校」に通う子どもたちの家庭学習の環境は、この24年間、大きくは揺らがなかったことがうかがえる。

5. 自尊感情

　自尊感情は、1980年代以降に各地で実施された同和教育実態調査において、必ずといってよいほどに組み込まれた調査項目だった。自尊感情が学力調査に組み込まれたのは1988年の箕面市調査が最初だった。当時は、同和地区の児童・生徒の学力不振をめぐって、保護者の教育意識や子どもの自己概念など、文化的・社会心理学的な要因に注目があつまっていた。それは、同和対策事業の伸展を背景に同和地区の生活状況が安定し、物的・経済的な低位性がかつてほどには目立たなくなっていたからである。箕面市調査と同様の調査項目は1989年の調査にも取り入れられた。これらの調査では次のことが明らかになっている（池田 2000）。第一に、自尊感情と学力が相関すること、第二に、なかでも自己の勤勉さ・まじめさに対する認識（勤勉性の感覚）と学力との相関が強いこと、第三に、小学生では地区児童の方が地区外よりも自尊感情が低いが、中学生では差がみられないことである[6]。2001年の調査ではいくつかの質問項目が入れ換えられたこともあって、同和地区の子どもたちの自尊感情に関する詳しい分析や、「効果のある学校」の子どもの自尊感情の特徴に関する分析は行われなかった。

　表7-8と表7-9は、2013年の調査データについて、因子分析という統計手法を用いて、各質問への回答に影響すると考えられる潜在的な共通因子を抽出したものである。この分析によって、各質問への回答の背後にある意識構造を要約してとらえることができる。各質問項目の右側に記した数値は因子負荷量といい、各質問項目の回答（変数）に対する各因子の影響の強さ（負荷量）を表している。小学生（表7-8）について、因子負荷量0.4以上を目安にして因子を解釈してみよう。一つめの因子は「親は私の気持ちをよくわかってくれている」「先生は私の気持ちをよくわかってくれている」「私はとても幸せだ」との関連が強い。身近な大人たちとよい関係を作れているという意識である。以下、同様に、二つめは自分の粘り強さや頑張りに対する意識、三つめは友だちとの良好な関係に関する意識、四つめは勉強に対する自

(表 7-8) 自尊感情（2013 年、小学生）

	因子			
	他者による受容	勤勉性	自己表現	勉強に対する自信
親は私の気持ちをよくわかってくれている	.623	.098	-.034	-.079
先生は私の気持ちをよくわかってくれている	.509	.057	-.145	.119
私はとても幸せだ	.497	-.129	.354	.015
やると決めたことは最後までやり通す	.140	.640	-.134	-.003
難しいことにぶつかった時こそ、がんばるほうだ	-.013	.574	.109	.105
運動やスポーツが得意なほうだ	-.047	.360	.268	-.163
私は周りにいる人を楽しくさせることが上手だ	.042	.017	.531	-.039
みんなの前でもはっきりと自分の意見が言える	-.125	.147	.474	.181
私は頼りない人間だ	.024	.029	-.129	-.024
学校の勉強には自信をもっている	.032	-.026	.026	.791
音楽や絵が得意なほうだ	-.018	.043	.066	.076

因子抽出法：最尤法　　回転法：Kaiser の正規化を伴うプロマックス法

信と解釈できる。「私は頼りない人間だ」と「音楽や絵が得意な方だ」は、どの因子との関係もはっきりしない。

　小学生で抽出された 4 個の因子のうち、第 1～第 3 因子の意味内容は、それぞれ、1988 年の箕面市の調査で「身近の、他者による受容」「勤勉性」「自己表現」と名づけられた因子とほぼ同じだと解釈できる（池田 2000：140）。中学生（表 7-9）も小学生とほぼ同じ解釈ができそうだが、抽出された因子が三つで、勉強への自信が勤勉性の感覚と結びついていることは小学生との大きな違いである。なお、過去 2 回の調査（1989 年、2001 年）について今回と同様の分析をしてみたところ、2013 年の調査とほぼ同じ結果が得られた。今回の調査で使った質問項目は、自尊感情の測定尺度としての信頼性は確保されており、3 回の調査結果の比較は可能だと考えられる。

　3 回の調査結果を通してみると、子どもたちの自尊感情が全般的に高くなってきていることが指摘できる。いくつかの項目を拾って具体的にみていこう。

　小学生（表 7-10）では、1 回目の調査で「先生は私の気持ちをよくわかってくれている」に「はい」と答えた子は、「効果のある学校」で 30.2％、そ

(表 7-9) 自尊感情(中学生)

	因子		
	勤勉性	他者による受容	自己表現
難しいことにぶつかった時こそ、がんばるほうだ	.794	-.006	-.003
やると決めたことは最後までやり通す	.607	.050	-.001
学校の勉強には自信をもっている	.374	.056	.093
音楽や絵が得意なほうだ	.264	-.074	.052
親は私の気持ちをよくわかってくれている	.004	.866	-.119
先生は私の気持ちをよくわかってくれている	.012	.493	.038
私はとても幸せだ	-.037	.449	.233
私は周りにいる人を楽しくさせることが上手だ	-.065	.092	.600
みんなの前でもはっきりと自分の意見が言える	.133	-.084	.525
運動やスポーツが得意なほうだ	.185	.030	.296
私は頼りない人間だ	-.069	.013	-.241

因子抽出法:最尤法　　回転法:Kaiser の正規化を伴うプロマックス法

れ以外の学校の 18.8% だったが、2013 年では、それぞれ 31.0% と 29.9% となり、「効果のある学校」とそうでない学校の差が消えている。「親は私の気持ちをよくわかってくれている」でも同様の変化がおきている。「やると決めたことは最後までやり通す」でも、1989 年の「はい」の回答は、「効果のある学校」で 34.8%、それ以外の学校で 27.3% だったが、2013 年はそれぞれ 44.5% と 44.8% となり、やはり差はなくなっている。また、1 回目と 2 回目の調査時には「勉強に自信がある」子どもが多いことは「効果のある学校」

(表 7-10) 自尊感情(小学生)

		学校の勉強に自信がある		やると決めたことは最後までやり通す		親は私の気持ちをよくわかってくれている		先生は私の気持ちをよくわかってくれている	
		はい	いいえ	はい	いいえ	はい	いいえ	はい	いいえ
1989	効果なし	18.4	38.7	27.3	32.7	46.4	15.4	18.8	28.7
	効果のある学校	23.7	34.8	34.8	25.3	52.8	9.1	30.2	19.8
2001	効果なし	19.0	20.8	39.4	14.1	47.0	10.5	24.7	16.5
	効果のある学校	26.6	19.8	36.7	11.8	47.1	15.4	23.0	21.2
2013	効果なし	25.3	21.5	44.8	11.6	59.8	8.7	29.9	17.3
	効果のある学校	26.4	18.4	44.8	13.2	56.1	11.1	31.0	14.9

(「どちらとも言えない」の回答は略)

(表 7-11) 自尊感情（中学生）

		学校の勉強に自信がある		やると決めたことは最後までやり通す		親は私の気持ちをよくわかってくれている		先生は私の気持ちをよくわかってくれている	
		はい	いいえ	はい	いいえ	はい	いいえ	はい	いいえ
1989	効果なし	7.5	56.6	24.2	33.1	28.9	24.5	9.2	37.2
	効果のある学校	7.9	49.2	25.1	27.9	26.0	20.9	10.9	35.8
2001	効果なし	10.6	36.5	34.5	13.7	24.2	24.3	11.3	39.4
	効果のある学校	13.3	31.1	29.7	15.8	26.5	23.8	7.9	38.7
2013	効果なし	8.8	46.0	35.7	14.0	37.5	15.2	17.5	26.5
	効果のある学校	15.1	33.5	44.6	10.3	44.4	16.3	27.1	21.9

(「どちらとも言えない」の回答は略)

の特徴だったが、3回目の調査では「効果のある学校」とそうでない学校の差はなくなっている。

中学生（表 7-11）でも「効果のある学校」の一貫した特徴は見出しにくい。全体としては、「最後までやり通す」という子ども、身近な大人（保護者、教師）との関係を良好と感じている子どもがめだって増えている。

6. まとめと今後の研究課題
― 生活の変化とその背景

第7章では、1989年、2001年、2013年の3時点のデータをもとに、「効果のある学校」に在籍する子どもたちの生活実態・生活意識の特徴をみてきた。

過去の調査で明らかになった「効果のある学校」の子どもの特徴、すなわち家庭学習習慣の確立や学習への積極的姿勢は、今回の調査でも確かめられた。基本的生活習慣や自分専用の持ち物についての回答からも、家庭での学習の妨げにならないような環境を保護者が整備していることがうかがわれた。

表 7-3 と表 7-4 でみたように、「効果のある学校」に通う子どもたちの社会経済的地位は必ずしも高くはない。「効果のある学校」で子どもたちの学習習慣が確立しているのは、子どもの学習にきめ細かく目配りをする「教育熱心」な家庭がもともと多かったためではあるまい。この章での分析から

は、子どもたちの学習への前向きな姿勢は、学校からの働きかけとそれを受け止める家庭での取り組みとの「相乗効果」によってもたらされてきた面があるのではないかと考えられる。ただし、この仮説を検証するためには、同和地区における教育保護者組織の運動、PTA活動、社会教育活動が家庭に及ぼした影響に関する回顧的な調査を実施する必要がある。今回の調査の対象校は、いずれも、同和教育の伝統の中で、保護者とともに子どもを育てるという姿勢で学校と家庭の連携に心を砕いてきた学校である。保護者のなかにその学校の卒業生がいれば、効果のある学校における長期にわたる家庭と学校の連携の実情を、詳しく明らかにすることができるかもしれない。今後の調査研究の課題である。

　また、今回の調査では、子どもたちの自尊感情が全体的に高くなり、「効果のある学校」とそれ以外の学校との差が以前の調査よりも目立たなくなっていた。近年に実施された子ども・若者の意識調査では、子どもたちが大きな夢も不満も抱かず現状に満足するようになってきたとの指摘や、自己認識が肯定的になった結果、今の自分を「幸せ」と思うようになる傾向が強くなっているとの指摘がある（Benesse教育研究開発センター　2010，NHK放送文化研究所　2013）。今回の調査で見出された子どもたちの自尊感情の高まりは一般的な現象のようである。

　心穏やかに日々を過ごす素直な子どもが増えたことを否定的にとらえる必要はない。ただし、もし仮に、身近な大人たちが乗り越えるべき存在として認識されなくなった結果、子どもと大人たちがぶつからないようになったのだとすれば、大人からの心理的自立という発達課題をめぐって、子ども・若者の生育環境は大きく変わる可能性がある。自尊感情の「向上」の謎を解くためには、子どもの生活環境に関する発達社会学的な調査研究が求められる。

(注)
(1) 1989年の調査の目的は同和地区内外の学力「格差」の実態と学力保障の課題を明らかにすることにあった。その後、折からの学力低下論争をふまえて学力「低下」の実態を明らかにしようとして実施されたのが2001年の調査である。2回目の調査を分析した際、学力格差を小さく抑えている学校を発見したことが、以後の私たちの「効果のある学校」研究の出発点となった。3回目にあたる2013年の調査は、格差の実態がどのように変化したかをとらえることを主な目的にしている。
(2) 操作的定義とは、測定されたデータをある手続きで「操作」することで定義される概念のことである。ここでは、学力テストの正答率というデータを、通塾グループと非通塾グループの通過率の比較という手続きで操作して、学校の「効果」を定義している。操作的定義によって、ある概念は実証的な分析が可能な概念になる。だが、操作的定義は、測定されなかった事柄や出来事について何も語っていない。また、効果が「ある」と判定された学校での教育活動は、測定可能な学力の向上だけを目的にしているわけではない。第9章でも述べるように、効果が「ない」とされる学校でもその学校固有の課題に根ざした優れた取り組みはある。「効果のある学校」論が「価値の一元化」につながる危険性や、「効果のある学校」を「ひとつのモデルとして全学校・全学級に導入」することにまつわる混乱や困難を、われわれは十分に自覚する必要がある（甲斐 2014，小針 2007）。
(3) 学校質問紙調査の回答を、次のように点数に置き換え、それらを合計したのが「生活背景スコア」である。スコアの最低は4点、最高は23点である。このスコアは、第3章の「地域背景」と同様の手続きで作ったが、第7章では子どもの生活実態・生活意識に焦点をあてたため、「生活背景」とよんでいる。なお、学校質問紙の回答は、調査対象学年ではなく学校全体についてのものである。

「要保護率」
　1％未満：1
　1％以上 3％未満：2
　3％以上 5％未満：3
　5％以上10％未満：4
　10％以上20％未満：5
　20％以上：6

「準要保護率」
　10％未満：1
　10％以上20％未満：2
　20％以上30％未満：3
　30％以上40％未満：4
　40％以上50％未満：5
　50％以上：6

「ひとり親または両親不在の率」
　5％未満：1
　5％以上10％未満：2

「外国籍児童・生徒の率」
　1％未満：1
　1％以上 3％未満：2

10％以上20％未満：3　　　3％以上 5％未満：3
　　　20％以上30％未満：4　　　5％以上10％未満：4
　　　30％以上：5　　　　　　　10％以上20％未満：5
　　　　　　　　　　　　　　　　20％以上：6

(4)「効果のある学校」論は、集団間の学力格差を問題にする。海外の「効果のある学校」の研究では、出身階層や民族・エスニシティといった属性ごとに集団間の学力格差を検討するのがふつうである。1989年の調査では、同和地区と地区外の学力格差を把握した。2001年の調査ではそれに加えて、保護者の学歴による学力格差や家庭の文化的環境（文化階層）、さらに通塾の有無による学力格差も把握している。今回の調査では、同和地区の児童・生徒を同定しなかった。保護者調査で年収や学歴を問うたが、諸般の事情から保護者調査自体を実施しなかった学校や、年収・学歴・家族構成等の項目を省いて実施した学校もあった。家庭の文化的環境に関わる項目もかなり入れ換えた。これらの事情から、3時点に共通する学力格差をみる指標として、ここでは塾通いの有無を用いている。

　学習塾に通っているグループと通っていないグループを比較するのは次のような理由からである。第一に、子どもが学習塾に通えるためにはある程度の経済的なゆとりが必要である。「子供の学習費調査」（文科省 2014）でも、「補助学習費」の支出額には所得による明白な差が存在することが知られている。第二に、学習塾に通うにあたっては本人の意向もさることながら保護者の意向も重要である。第三に、学習塾通いは、学校外の学習機会を増やす。以上のように、学習塾通いは、家庭の経済力、保護者の教育への関心、学校外での教育機会などを総合した家庭背景の指標と見なすことができるのである。

(5) 3時点の質問紙の共通項目は次の通り。
　　「家族との会話」（「とても当てはまる」「まあ当てはまる」「あまりあてはまらない」「当てはまらない」の4件法）：学校の成績や授業、友だち、遊びや趣味、社会の出来事、自分の悩み事、将来の仕事のこと。
　　「基本的生活習慣」（「はい」「いいえ」の2件法）：朝自分でおきる、朝食を食べる、朝歯をみがく、「行ってきます・ただいま」のあいさつをする、前の日に学校の用意をする、決まった時間に寝る。
　　「幼少時の絵本の読み聞かせ」（「とても当てはまる」「まあ当てはまる」「あまり当てはまらない」「当てはまらない」の4件法）：「小さいとき、家の人に絵本を読んでもらった」
　　「自分専用の持ち物」（「持っている」「持っていない」の2件法）：テレビ、テレビゲーム機、携帯電話・スマホ、パソコン、勉強机、自分だけの

部屋

「生活時間」(「ほとんどしない」「15分まで」「30分まで」「1時間まで」「2時間まで」「3時間まで」「3時間以上」の7件法)：家で勉強をする、テレビを見る、テレビゲームをする、友だちと外で遊ぶ、マンガや雑誌を読む、読書をする。

「家庭学習」(「いつもしている」「ときどきする」「しない」の3件法)：学校の宿題、学校の復習、学校の予習、塾の予習・復習、家庭学習でわからないことがあったときの対処

「習いごと」(「習ってない」「週1回」「週2回」「週3回」「週4回以上」の5件法)：音楽、スポーツ、習字、算盤、家庭教師、学習塾

「学校生活の楽しさ」(「とても楽しい」「まあ楽しい」「あまり楽しくない」「まったく楽しくない」の4件法)：「あなたにとって、学校での生活は、全体的に楽しいですか」

「自尊感情」(「はい」「どちらとも言えない」「いいえ」の3件法)：学校の勉強には自信、私はとても幸せ、やると決めたことは最後まで頑張る、親は自分の気持ちをよくわかってくれている、先生は自分の気持ちをよくわかってくれている、まわりにいる人たちを楽しくさせるのが上手、私は頼りない人間だ、みんなの前ではっきり自分の意見が言える、難しいことにぶつかったときこそ頑張る方だ、運動やスポーツが得意、音楽や絵が得意。

「社会観」(「そう思う」「まあそう思う」「あまりそう思わない」「そう思わない」の4件法)：今の世の中は金持ちと貧しい人の差が多すぎる、誰でも頑張れば頑張るだけ人に認められる世の中だ、人が貧乏なのはその人が悪いからだ。

(6) 過去の調査では、同和地区の児童・生徒の特徴として、自尊感情が高いわりには学力不振の者が多いことが明らかになっている。この要因については、良くも悪しくも成績や点数にこだわりがない分、学力が低くても自尊感情が傷つかなくてすんでいること、教育を通じた地位達成の役割モデルが身近に乏しいことが自己評価の「甘さ」に影響していることなどが指摘されていた（学力・生活総合研究委員会編 1991，池田 2000，鍋島 2004）。マイノリティ集団として教育や就労の機会が閉ざされてきたことが、子どもたちの自尊感情に影響するという解釈である。

(参考文献)

Benesse 教育研究開発センター，2010『第2回子ども生活実態基本調査報告書』
池田寛，2000『学力と自己概念―人権教育・解放教育の新たなパラダイム』

解放出版社

学力・生活総合研究委員会編，1991『学力・生活総合研究委員会調査報告書—同和地区児童・生徒等の学習理解度及び家庭学習状況等について』大阪府教育委員会

甲斐健人，2014「『効果のある学校』論と価値の一元化—教育社会学におけるフィールドワーク再考のための予備的考察」『東北大学大学院教育学研究科年報』第63集第1号，pp. 301-318

小針誠，2007「学力格差の是正と『効果のある学校』—その批判的検討」『同志社女子大学学術研究年報』第58巻，pp. 61-70

文部科学省「平成24年度子供の学習費調査—結果の概要」ホームページ http://www.mext.go.jp/b_menu/toukei/chousa03/gakushuuhi/kekka/k_detail/1343235.htm（2015年10月1日アクセス）

Mortimore, P.（訳書）2005「効果的な学校は社会の償いをすることができるのか？」A. H. ハルゼー／H. ローダー／P. ブラウン／A. S. ウェルズ編（住田正樹・秋定雄一・吉本圭一編訳），2005『教育社会学—第三のソリューション』pp. 403-425

鍋島祥郎，2004「誰が落ちこぼされるのか—学力格差がもたらす排除と差別」苅谷剛彦・志水宏吉編『学力の社会学—調査が示す学力の変化と学習の課題』岩波書店，pp. 197-216

NHK放送文化研究所編，2013『NHK中学生・高校生の生活と意識調査2012—失われた20年が生んだ"幸せ"な十代』NHK出版

志水宏吉，2002「学力低下の実態と克服の道すじ—二〇〇一年東大グループ調査からの報告」『解放教育』第420号（2012年2月号），pp. 9-30

志水宏吉，2006「学力格差を克服する学校—日本版エフェクティブ・スクールを求めて」『教育学研究』第73巻第4号，pp. 14-27

志水宏吉編，2009『「力のある学校」の探求』大阪大学出版会

志水宏吉・伊佐夏実・知念渉・芝野淳一，2014『調査報告「学力格差」の実態』岩波書店

高田一宏，2008「同和地区における低学力問題—教育をめぐる社会的不平等の現実」『教育学研究』第75巻第2号，pp. 36-47

東京大学大学学校臨床総合教育研究センター編，2003『学校臨床研究』第2巻第2号「学力低下の実態解明（その1）—関西調査から」

第 *8* 章

「効果のある学校」を持続させている要因の検討
—— 継承される「思い」と「仕組み」 ——

若槻 健・西 徳宏

1. 問題設定

　本章では、第1回調査、第2回調査、第3回調査のどの時点においても子どもたちの学力の下支えに成功している「効果のある学校」が、その効果を持続させている要因について、学校の組織体制や教育実践（「内部的要因」）と学校をとりまく地域社会や教育行政との関連（「外部的要因」）から検討する。第7章では、質問紙調査に現れる子どもたちの意識や生活状況から、継続して「効果のある学校」の子どもたちの特徴を明らかにしたが、本章で行うのは、教職員や地域住民へのインタビューを中心としたデータにより、質的に「効果のある学校」を持続させる要因を明らかにすることである。

1） 学校が置かれた社会的文脈とその変化
　さて、今回の2013年調査の出発点となったのは、1989年に大阪府内で実施された同和地区の児童・生徒の学力不振の実態とその要因を明らかにしようとする調査である。その後、2001年には、規模をやや縮小して、1989年調査とほぼ同じ内容と対象校で2回目の調査が実施された。この調査では、同和地区の子どもたちの大幅な学力低下や、家庭の文化的環境や通塾状況などを背景とする学力の二極化など、学力の格差拡大の実態が明らかになった。そして、これら格差拡大には、折からの経済的格差の拡大、「ゆとりのなかで生きる力をめざす」とする教育改革、同和地区に対する特別対策の縮

小・打ち切りなどが影響していることが推測された。

　さらに 12 年後の 2013 年に今回の調査が行われたわけだが、この間、日本社会の社会経済的格差は深刻なままである。例えば就学援助率は一貫して上昇傾向にあり、2012 年には過去最高の 15.6% に達した。一方、国や自治体は「確かな学力向上」をめざす施策を打ち出すようになっている（高田・鈴木 2015）。2013 年調査の舞台となった大阪は、そうした社会状況と教育政策の変化がもっとも先鋭的に現れている地域である（佐貫 2015）。調査の直近の時点で子どもの要保護・準要保護率は全国第 1 位の 26.65%（文科省 2014）であり、大阪は子どもの貧困が日本でもっとも深刻な地域である。一方、近年の大阪府教育委員会は、平均的な学力水準の向上やトップ層の学力伸張など卓越性（excellence）重視の姿勢を鮮明にしているが、小・中学校やその設置者である市町村教委段階では学力格差の縮小や学力の下支えをはじめとする公正（equity）重視の姿勢は健在である（高田 2012）。

　第 1 章でも述べたように、今回の調査の対象校は、同和教育を源流とする学力保障の実践を組織的に続けようとしてきた学校である。調査結果を見るかぎり、前回調査以降の取り組みは、かなりの程度、実を結んでいるように思われる。今回の調査の結果を全体としてみれば、学校の学力格差縮小の効果は「V字回復」とまではいえないものの、「下げ止まり」あるいは「持ち直し」の傾向にあるといえる。そのなかで、3 回の調査を通じて、「効果のある学校」であり続けた学校が存在するいっぽうで、成果が数字の上ではみえてこない学校もある。本章では、前者を取り上げ、「効果のある学校」を持続させている要因を明らかにする。続く第 9 章では、取り組みにもかかわらず成果が見えにくい学校を取り上げ、学力格差の縮小効果が発現しないことの背景を探っていきたい。

2）「効果のある学校」研究、「力のある学校」研究の課題

　「効果のある学校」や「力のある学校」研究は、学校の教育実践の評価に階層間格差という視点を導入するとともに、その格差の解決・改善、すなわち社会経済文化的背景の厳しい地域の学校を改善するモデルとして注目され

ている。その一方で、「効果のある学校」論に対する批判の一つに、それがワンショット・サーベイであること、すなわち「たまたま対象となった学年の子どもたちの成績がよかった」、「たまたま学年の教職員集団の質が高かった」のではないかというものがある。この問題に取り組んだものとして、連続する2年間の学力調査をもとに「効果のある学校」を探索した川口・前馬（2007）の分析がある。それによると、学力は学年集団の差異が大きく、学年を超えて学校として効果を上げることが困難なこと、それでも2年連続で効果を上げている学校は存在することが示されている。そして継続して「効果のある学校」である要因は、特定の教育実践にあるというよりは、学校全体として教育実践を支える「学校文化」と「教員文化」のありようではないかと指摘している。こうした指摘を踏まえながら、本章では、より長いスパンで継続して「効果あり」とされた学校について記述していきたい。

　また、これまでの研究では、学校や教育実践を担う教職員に焦点があてられることによって、学校や教職員が置かれた背景との関係性への視点は弱いところがあった。もちろん、「効果のある学校」の「七つの法則」（志水 2005）では「地域と連携する学校づくり」が、「力のある学校」のスクールバスモデル（志水 2009）においては「ともに育つ地域・校種間連携」、「双方向的な家庭とのかかわり」という項目がたてられてはいるが、関係をつくる「主体」は学校、教職員であり、家庭や地域を学校の置かれた「背景」としてはみてこなかった。結果として「効果のある学校」や「力のある学校」は、「教師ががんばって何とかする」学校改善モデルとみなされることも少なからずあったのではないだろうか。

　そのいっぽうで、学校の取り組みが成果を上げるには、教育行政のバックアップや地域からの支えの有無が大きいことも指摘されている（志水・高田 2012，志水・茨木市教育委員会 2014）。学校の取り組みは内部完結的に行われるのではなく、保護者・地域社会や教育行政など「外部」との関連のもとに行われるのである。そしてその「関連」は、両者の相互作用のなかで歴史的に構築されていったものだとみなすことができるだろう。

　こうした点を踏まえ、本章では、継続性と学校が置かれた社会的背景との

関連に焦点を当て、「効果のある学校」を持続させている要因について探っていく。

2. 継続して「効果のある学校」となったA小学校とB中学校

第7章で述べたように、第1回調査（1989年）、第2回調査（2001年）、第3回調査（2013年）いずれの時点でも「効果のある学校」として析出されたのは、上の「7つの法則」や「力のある学校」においても該当校としてその特長が明らかにされているA小学校とB中学校の2校である。両校は、同じ中学校区にあり、中学校区として子どもたちを育てようとしていることでも知られている。両校に共通する特長として、志水（2010）は、次の3点を指摘している。すなわち「『基礎学力保障のためのシステム』の存在」、「『集団づくり・仲間づくり』の指導」、「『教師のチームワーク・組織力』の高さ」である。学力を下支えする「仕組み」、家庭背景や学力、生活面で困難を抱える子どもを仲間集団によって支えようという「理念」、そして同じ中学校区の教師が一丸となって子どもたちを育てていこうという「思い」がA小とB中に共通する学校文化であり、それが両校を「効果のある学校」にしている。

以下では、A小、B中が「効果のある学校」であり続けている要因についての考察を行う。効果が持続する要因を見いだすことは、教員の異動や地域、家庭の変化に押しつぶされることなく、学校がその力を発揮しているということであり、教育実践研究に大きな示唆を与えるものだと言えよう。また以下の記述では、すでに示された知見と重なる部分も大きいが、それはこれまで示されてきた「効果のある学校」の諸特長の信頼性が高まることを意味するだろう。

またB中学校区は、2小・1中・2幼からなるが、今回の2013年調査では、A小だけでなく、もう一つのC小学校にも子どもたちの学力を下支えしている傾向を見ることができた。これはC小と、A小・B中が校区内連携を大切にしてきたことで「効果のある学校」ならぬ、「効果のある中学校区」とで

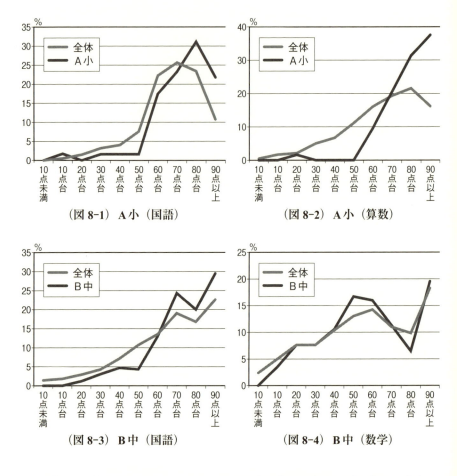

（図8-1）A小（国語）

（図8-2）A小（算数）

（図8-3）B中（国語）

（図8-4）B中（数学）

も呼べるような状況が生まれているとみなすことはできないだろうか。本章の後半では、中学校区連携にも着目して考察を進めていきたい。

まず、2013年度調査におけるA小とB中の学力分布を確認しておこう。

A小、B中いずれも、平均と比べて高得点者が多く低得点者が少ない傾向を見ることができるだろう。特にA小は、50点未満の低得点者がほとんどいないという結果になっている。また、第7章の表7-1ですでに確認したように、通塾／非通塾にかかわらず多くの子どもたちが設定された「通過率」をクリアしている。

3. 「効果のある学校」を持続させている要因の検討

　本研究グループは、A小、B中、さらには同中学校区にあるC小に繰り返し訪問し、管理職、ミドルリーダー的教員をはじめとした複数の教員への聞き取り調査を行った。また、執筆者の1人である西徳宏は、1年にわたりA小でのフィールドワークを行い、学校を観察してきた。こうした知見から、「効果のある学校」を持続させている要因を検討していきたい。

1）分析の枠組み

　厳しい生活背景を抱えている児童が多く通学しているにもかかわらず、そして教員の異動や、退職や新規採用などによって学校の構成員が変化しているにもかかわらず、20年以上に亘って高い教育効果を維持し続けているA小学校とB中学校の効果成立と継続の要因はどのようなものであるのか。以下では、「効果のある学校」を持続させている要因について、図8-5で示したように「内部的要因」と「外部的要因」とにわけて分析する。内部的要因については、教員たちがどのような組織構造を有しているかなどといった「組織体制」と、学習指導や生徒指導、進路指導、そして校種間や地域・家庭間、外部組織との連携などといった「教育実践」とにわけて論じる。そして、外部的要因については、学校を取り巻く環境、地域の階層構造などといった「地域的背景」と、「教育行政」からなされている学校への、支援状況とにわけて論じることにしたい。

2）A小学校

〈外部的要因〉

地域的背景――ムラの存在と学校の役割

　A小学校は、創立140年以上を数える歴史ある公立小学校である。2013年度で学級数13、児童数400名程の中規模校である。A小学校が属するX

第Ⅲ部　学力格差の克服

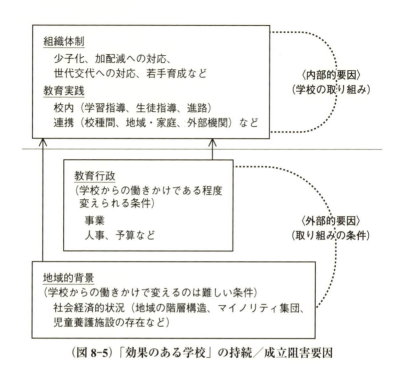

（図 8-5）「効果のある学校」の持続／成立阻害要因

　X市はかつて農村地帯であったが、高度経済成長の時代に急速に開発が進んだ地域で、現在の人口は約13万人である。市の産業としては農業のほかに、地場産業の金属製品・一般機械器具の製造が基幹となり、種々の関連工業が発達・発展した中小零細企業の町といえる。

　そんなX市の産業の一つに、食肉産業が挙げられる。同小学校は食肉産業を生業としていた旧同和地区を校区に有しており、かつての同和対策事業によって地区内に建設された公営住宅がある。現在X市は本住宅を「住宅に困窮する低額所得者に低廉な家賃で賃貸する住宅（X市 2015）」としている。表7-3を見てみると、生活保護の受給を表す「要保護率」はA小学校では5％から10％（全国平均は1.56％（文科省 2014））という数値が示されている（2013年調査の学校への質問紙調査より）。また「ひとり親率」の値については、A小学校はこの10年ほど2割程度で推移している。全国的に見れば

174

12%と約8世帯に1世帯がひとり親家庭であること（厚生労働省 2011）を鑑みると、貧困状況に陥りやすいことが指摘されているひとり親家庭（赤石 2014）の割合が高いA小では、それだけ厳しい生活背景を抱える児童が存在する確率も相関して高くなることが推測される。以上の数値からA小学校が厳しい社会的背景を有した学校であることが分かるだろう。

「厳しい生活を抱えた子どもたちに、学校は、教員は何ができるのか」。貧困と差別のなかにある子どもを目の前に、自らの役割を問い直した1970年代のA小学校教員集団は、家庭学習運動に取り組み、地域の親たちと信頼関係を築いていった。そしてこの状況を改善していくためには、子どもを教室内の集団に位置づけるとともに、社会で生きていくために必要な基礎学力を学校が保障することが不可欠であると教員たちは考える。

A小の校区では、地域の厳しい現実を背景として、教員たちと地域の保護者集団が、子どもたちに自身の進路を切り開いていくための力を身に付けさせることを第一の課題として学校づくりを行ってきた歴史がある。それは高校進学をはじめとする「進路保障」のための基本的な学力を身に付けさせるという共通認識を、学校と地域が一体となった解放教育運動の流れのなかで形成することでもあった。その結果として、学校と教育行政との連携体制や、保護者と学校が協働して運営する解放こども会組織、地域教育協議会[1]といった地域教育ネットワークが地域に組織化されており、地域ぐるみの学校のサポート体制が確立されてきた。A小学校はこのような地域と一体となった取り組みを経て、人権教育の伝統ある実践校としての学校の在り方を確立させてきた。

教育行政―教育事業の取り組み

上記した地域背景からA小学校は同和教育・人権教育の研究校として、教育行政と連携しつつ、活発に教育事業に取り組んできた背景がある。教育事業の委嘱そのものが、直接的に教育効果の高い取り組みを生み出すことにつながっているとは単純には言えないだろう。だが教育事業の委嘱をきっかけに、学校全体を挙げて授業研究に取り組むことは、実践の改善と推進をもたらすばかりでなく、教員たちの授業力量を鍛える機会を得ることでもある。

A小学校では、このような機会が伝統的に大切にされてきた。

　F先生「とにかく授業研がめっちゃ多いです。私A小にくるまで、(6年間勤務した前任校で)毎年一回は「若いから授業研やり」っていうので、毎年授業研してたんですよ。だから6回はしたんですよ。A小来たら毎学期、授業研したから。来てすぐ。2年間で6回終わりましたよ。とにかく人に見られたりとか、研究したりとかがいっぱいあるから、すっごい鍛えられる」
(2014年5月29日)

　A小学校では校内での授業研究も頻繁に行われているが、特筆すべき取り組みとしては後述するB中学校との連携した授業研究が挙げられる。A小学校は生活背景が厳しい子どもの学力保障を実現させるために、A小学校の卒業生が通うB中学校とのつながりを伝統的に大切にしてきた。その連携事業として、B中学校区合同授業研究会が1978年から開始され、2014年現在も継続して行われており、A小学校を含んだ2小・1中・2幼の中学校校区の教員たちが一堂に会し、お互いの授業改善に切磋琢磨している。この会は学期ごとに1回程度行われ、A小学校、隣接のC小学校、そしてB中学校の持ち回りで行われている。筆者も調査中に、この合同授業研究会での発表に向けた、A小学校の授業研究会に参加する機会を得た。

　G先生「今から5年1組の教室で「どんどんコース」(習熟度別コースの名称)の授業をやりますー。屈託のないご意見をお願いします」

　筆者も校長先生から「良かったら見に来てください」と声をかけられる。G先生は5年1組を担任している中堅の男性教員だ。A小学校の教員集団のほとんどが教室に集まった所で、会が始まった。

　G先生「ええと、じつは授業の流れをこれまでのやつからチェンジしまして、相当テンパッています。どこまでできているかというのも、微妙なと

ころです。なので助けてください。それでは、やります。それでは、算数の授業をはじめます！」
児童役の教員「はじめます」

授業が始まるやいなや「塾にいってる子だけが参加できたらいい訳じゃないから、しんどい子のこと考えたらもっと具体的に言ってあげやなあかんな、例えば……」「書くときは書くだけ、しゃべるときはしゃべるだけ。黒板見てしゃべったら絶対にあかん」といったものを筆頭に、板書や発問の推敲、さらには「その指示の仕方やったら、X君やY君はわからへん」といったように子どもに対する具体的な言葉かけまで、その意見は実に細かに、そして多様に出されていく。ベテランの教員たちを中心に議論が展開されていく傍らでは、若手の教員たちがベテラン教員たちのやり取りに耳を傾けている。彼らは事前に配布されている学習指導案に熱心にメモをとり、指導案はみるみるうちに彼らの書き込みで赤く染まっていく。授業が一通り終わったところで、F先生から全員に言葉がかけられる。

F先生「それじゃあ、早い段階でI先生には（授業の）内容のほうに専念してもらって、貼り付けるグッズ（黒板に貼る教具やプリント）は算数部の先生方みんなでやりましょう！」（2014年5月28日フィールドノート）

この日は算数科と学年団の教員の力を総動員して、日が暮れるまで研究発表の準備が行われた。授業計画である学習指導案そのものの改善は、アドバイスをもとにG先生が責任を持って行うものの、教具などの準備は周囲の教員たちの協力によって行われる。「僕がこれつくりますよ」「それじゃあ、私がプリント印刷してきます」と快く準備を引き受けていく彼らの様子からは、研究授業は教員個人が行うものではなく、集団で取り組むものであることがA小学校においては当然とされている。

筆者「すごいですね。いつもこうやって授業研されてるんですか。教材作

りとかも、先生方全員でつくられるんですね」
　H先生「そやね。今日は算数部の先生が集まって、明日の授業研にむけてやろうやないかって。一人で授業作ってても、どこが無駄か、どこが足りへんかっていうのはわからんけど、みんなでやってたら、どんどん無駄なところが削られていくねんな。授業が研磨されていくっていうか。そうやって出来上がった授業はやっぱやらへんよりもずっとええものができるんです。彼がA小を代表して授業をやってくれるので、彼の授業はA小の授業やし、彼だけがしんどいっていうのは違うから、みんなでやったほうがええもんできるからね」　　　　　（2014年5月28日フィールドノート）

　先に述べたようにA小学校は伝統的に授業研究の場を大切にしてきた。また授業研究を教育事業に取り組んでいる期間限定として終わらせるのではなく、授業研究をすることそのものが、A小学校のひとつの伝統となって学校に根付いている。A小学校の教職員集団は、授業研究に取り組む教員だけが負担を感じるような授業研究をよしとしない。「彼の授業はA小の授業」とH先生が語ったように、学校をあげて積極的に授業改善に取り組んできた歴史と、その中で鍛えあい学びあうことのできる風土が学校の中に育まれてきたことが、A小学校の教育効果の高い教育実践が受け継がれてきた要因の一つだといえる。

〈内部的要因〉

組織体制―多層的なリーダーシップ
　A小学校の教員集団がもつ組織体制においてとりわけ特色があるのが、強力なリーダーシップを持つ、「人権教育担当教員」の存在であろう。人権教育担当教員とは、普通の学校の「研究主任」や「生徒指導主任」にあたるポジションで、校内の人権教育の責任者としての役割が与えられている。これはA小学校だけに見られる組織制度ではなく、大阪府内でも設置されている学校は少なくない。A小学校の人権教育担当教員は「フリーの先生」ともよばれている。「フリーの先生」は校長、教頭、人権教育担当教員、養護教諭、

事務職員からなっており、各学年のサポートを柔軟に行うことが主な役割である。これら「フリーの先生」のなかでも校長、教頭、そして人権教育担当教員からなる校内の「指導部」が教員集団のリーダー的ポジションに位置づけられ、組織体制の要となっている。

特にA小学校の教員集団において人権教育担当教員は「職員室の先生なんやって言われる（2014年10月14日、B先生）」と語られるように、A小学校の教職員集団において重要な役割を担っている。A小学校において人権教育担当教員は、通称「人担（じんたん）」と呼ばれている。2014年度では、今年初めて「人担」になったH先生、昨年に引き続いてF先生がその役割を担っており、校長、教頭、そして「人担」2人の計4名が指導部の体制となっている。

> H先生「それぞれの学校によって、「人担」っていろんな役割は違うと思うんですけれども、ウチの学校の場合は、いろんな事象がいっぱい起りますやん。生徒指導事象も、集団の中のいろんなことも、保護者対応もふくめていっぱいあるんやけれども。そんな時でも、「人担」が答えることと、管理職が答えることが違ったら、そこでもう、ブレが生じるわけですよね。そうならんように、それは、常に4人で持ってる情報を共有して、どういう方針で行くんかっていうことは、しょっちゅう話し合ってます。毎日一回ぐらいどこかで集まって」　　　　　　　（2014年10月14日、H先生）

「人担」の役割は、子どもたちの学力傾向の分析や校内研修、校内行事などの計画立案、大阪府内の各人権教育協議会との連携など多岐にわたる。その中で最も重要な役割が、各学年の教員集団から「人担」に相談され伝えられる情報の集約と学年教員へのアドバイスであろう。A小学校の職員室では放課後になると「人担」が各学年の教員たちと輪になって会話をしている姿を頻繁に見かける。彼らは、各学年の教員とコミュニケーションを積極的に行うことによって、トラブルの発生を含めた一日の出来事や、課題のある子どもがどの学年のどのクラスにいるのか、そして保護者対応はどのように行

われているかといった情報を集約していく。また、今後どのように実践を展開させていくのかについての具体的な「方針」を学年の教員とともに、アドバイスを交えつつ検討していく。豊富な実践経験をもち、共に学年の教育を検討してくれる「人担」の存在は、「安心感があるかな。「親」みたいな。私からしたらね。年齢的にも」（2014年9月24日、I先生）と若手の教員が語るように、A小学校の教員たちの実践を陰になり日向になって後押しする存在でもある。

　J先生（4年生担任）「「人担」の先生は客観的にクラスを見てくれるっていうところで、めっちゃ支えやなとは思う。やっぱり「学校として」って言っても、それぞれ学年があるから、もちろん5年生が困っておったら、私も助けに行きたいけれども、まずは4年生ってなるから。学校全体を見渡す人っていう意味ではすごく大事やなっていう風には思う。ここ（A小学校）の「人担」の先生って、学校全体を見渡して、こうやってしていこうっていう学校の方針も出してくれるっていうところがあるので」

（2014年6月25日、J先生）

　しかし、「情報の管理を徹底することの有用性を強調することは、組織が全体主義化する危険性を看過している」という批判が、これまでの「効果のある学校」研究に対して指摘されてきた（小針 2007）。今では、「人担」として集団の情報を集約する立場にあるF先生も、赴任した当初、自分が学年団の教員にポロリと漏らした学級運営に関する不安が、他の教職員や「人担」に知らず知らずのうちに伝わっていることに気がついたという。そんなA小学校の「人担」の存在と、情報が共有される校内のシステムに対して、これまでの学校との差異を感じていたという。

　F先生（赴任して間もない時に）「「ええ？」って。「何!?」って。自分が言ってないことを、学校のみんなが知ってるっていうことにやっぱ違和感を覚えて」

（2014年5月29日）

そんな中、初年度に受け持った学級で、荒れた女子児童たちを中心にした駄菓子屋での集団万引き事件が発生する。若手時代のＦ先生は、教師としてかつて経験したことのない事件と、事件を起こしてしまった子どもたちに向き合う必要に迫られたのである。しかし若手教員のＦ先生が一人で対処することは、決してなかったという。彼女の学級で発生した事件は、学年会や学校全体の職員の中心的な議題となり、間違いを犯してしまった彼女たちとどのように向き合うのか、この出来事をどのように彼女たちの成長につなげるのか、そして保護者との連携をどのようにとっていくのかについて、同僚や「同担」、そして管理職が一体となって徹底的に議論が交わされたという。その時になってはじめて、Ｆ先生は、「人担」や学年団の存在の大切さが身に染みたのだと語る。

> Ｆ先生「もう、（当時の）「人担」の先生も入ってくれて、学年会で、みんなで議論をして、班替えの方針からなにから、みんなで考えて、先輩たちにも教えてもらいながら、「Ｆさんどう思う？」って聞いてもらって、納得できるように一緒にやっていったら、うまく進むねんね。いい方に進んで、その子が元気になったりとか、子どもと子どものつながり見えたりとかっていうことが実感できて。「ああっ」て。そのために、そうやっていろんなことを、「人担」の先生っていうのはいろんなアンテナを張って、いろんな学年のこと知ってはったんやって、その時に繋がるねん」
>
> （2014年5月29日）

Ｆ先生や、先に示したＪ先生の語りからは、「人担」を中心とした情報共有体制は、窮屈な監視システムであるどころか、むしろ自身の実践を行うための「支え」として欠かせないものであると意味付けがなされている。リーダーの存在は、平場の教員たちにとって自分の実践を支えてくれる必要不可欠な存在であって、封建的で重苦しく、融通が利かない体制というものにはあてはまらない。このようなＡ小学校の組織体制と組織の中心となるリーダーは、教員間で生じる実践のズレを修正し、学校全体での取り組みを統一

させることによって、継続的な教育実践を実現させている。「学校としてスタッフがどれだけ助けるかっていうのは、もしかしたらA小が一番大事にしてきたことなのかも知れへん (2014年8月12日、教頭)」と語られるように、多層的なリーダーを配置したA小学校の組織体制は、教員一人ひとりを支え、エンパワメントする機能も持ち合わせているのである。

教育実践—ブレのない協働性

　これまで、A小学校を取り巻く社会的条件と組織体制の側面について述べてきたが、次に学力保障を効果的に実現させている教育実践を分析していく。A小学校において継続的に取り組まれてきた実践として第一に挙げられるのは「集団づくり」である。A小学校は1970年代に学校改善の取り組みがなされる以前には、子どもの大きな荒れを経験した学校である。生活背景の厳しさから非行や荒れの行動を見せる子どもたちを、学校・学級に位置づけていくことが低学力の克服に直結するのだとする信念をもとに、子ども同士の信頼関係を育む集団づくりの実践が蓄積されていくことになる。

　第二に、A小学校では低学力などの課題のある子どもに焦点化した「学力保障」の実践が行われている。とりわけ特徴的な実践が、すべての子どもたちの課題に応じたきわめて手厚い習熟度別少人数指導である。算数科では、子どもたちの自己選択によって、「どんどんコース」（発展的指導）と「じっくりコース」（補充的指導）に分かれる習熟度別のクラス編成が行われている。とりわけ「じっくりコース」はクラスの四分の一程度の児童によって編成されているために、教員1人に対して児童が7名から8名という充実した少人数指導体制がとられている。

　そして第三に、総合的な学習の時間を活用した「系統的な人権総合学習」が挙げられる。A小学校では、学力保障の取り組みが進められる一方で、1980年代には人権学習への取り組みが展開され始めた。その中で、子どもたちによる保護者や地域の人々への聞き取りやフィールドワークをもとに、「子どもたち自身の暮らしを見つめ、親の思いや頑張りに気付く」という独自の実践スタイルが確立されていく。1990年代に入ると、これまでの人権学習の蓄積をもとに、総合的な学習としてカリキュラムが体系化され、2014

（表8-1）人権総合学習のカリキュラム

学年	テーマ	ねらい
1年生	なかま	仲間の「よさ」を学ぶ
2年生	地域	校区の「よさ」を学ぶ
3年生	共生	支え合いや共生を学ぶ
4年生	仕事	仕事の誇りを学ぶ
5年生	国際理解と自分史	人としての誇りを学ぶ
6年生	進路・夢体験	誇りある生き方を学ぶ

（A小学校資料より、筆者作成）

年現在も改良が加えられながら、A小学校の中心的な実践として位置づけられている（表8-1）。

　A小学校では「課題のある子どもたちの「よさ」を輝かせるために何を大切にしていくのか」「子どもたちをつなぎ、親子をつなぐためにどのような学習の展開ができるのか」という課題を引き継ぎ、教員間で議論し続けてきたという。特に現在では部落問題だけでなく、多文化教育や障害者問題、高齢者問題やジェンダーといった、より広い人権課題を視野に入れた学習の内容に再編成された。地域との接点を大切にしてきたこれらの教育実践は、生活に根差した豊かな人権感覚を子どもたちに育んでいる。

　これまで述べてきた伝統的な教育実践の特徴を一言で表すならば、学校・学年の指導方針が教職員に共有されており「ブレがない」ことだといえるだろう。それでは、どのようにしてA小学校では教員集団内で指導方針の共有がなされていくのであろうか。その要因として教員同士で日々行われている「学年会」が重要な役割を果たしていることが挙げられる。A小学校の教職員集団は、学年団が実践内容を検討するミーティングを行うための「学年会」のための時間が、実践に取り組む上でとても大切なものだと語る。そのため教員同士が納得が行くまで話しあい、そして共に作成した指導案をもとに行われる授業は、当然のことながら1組、2組、そして少人数指導でも全くといっていいほど同じ内容で行われる。

4年生「学年会」

　J先生「前のやつがまだこなせてないのに、また新しい問題のプリントを配るから、全然（子どもたちが）こなせてないんですよね。プリントを最後までやりきらへんから、結果でいったら最低限の力を十分につけられへんかったなって思いがあって」

　K先生「私らも、毎日授業するのに必死で、「こうやってやっていく」っていう見通しがなかったし、毎日しんどい中でできることは全部やってたと思うけど、しんどい子がわかりにくそうにしてる中で、ほなタイル作ろかとか、そういうことは十分にできんかったな。誰がどこでつまずいてんのかまで、見れへんかったわ。プリントが多いせいではないよ」

　J先生「そうですね。テストとかも私らが明確な目標を持たないまま授業して、テストして、そしてまた授業してって、子どもたちがわからんなってるところもあったし。私らがこなしていくことで精一杯やった感がすごいあるから」

　K先生「そうやね、次の総括に課題、まとめていこうか」

（2014年7月23日フィールドノート）

「学年会」はクラスを受け持つ担任を軸にして、時折「人担」などの学年外の教職員を交えて行われる。基本的に週2回は必ず放課後に会が設定されているが、生徒指導事象が発生した時などは、必要に応じて臨機応変に会がもたれる。子どもたちが下校すると、校長室、保健室、放送室、ミーティングルームといった部屋が活用され、各学年団は侃侃諤諤、子どもの実態や明日からの実践の方向性を議論する。A小学校の教員たちが日々の取り組みの中で特に時間をかけるのは「学年会」なのだと言う。赴任当初、A小学校の「学年会」に圧倒されたというL先生は、次のように語る。

　L先生「前の学校で言ったら全然そんな事できてなくって、結構バラバラやったりっていうのはありましたね。やっぱり揃えてないとすごくズレがどうしても出てくるので。ズレが出てきて何が一番問題かっていったら、

やっぱり子どもの中で不公平感が出てくるのと、親からも「あの先生はやってくれてるのにあの先生はやってくれへん」とかって。そういうことをなくすためにA小やってるんやなって思うんですよね。誰がやっても同じ指導やし、同じ勉強ができるし、若い先生ベテランの先生関係なくっていうので、多分A小はやってると思うんですけれども。そこまでやっぱり前の学校では徹底的にはできてなかったと思います」

(2014年9月24日)

このように教員集団が協働して教育実践をつくりあげていくことで、授業を担当する教員がベテラン・若手であることに関わらず、子どもたちはほとんど同じ内容の授業を受けることができる。このことが子どもたちの基礎学力の定着に与える影響は決して小さいものではないと推測できる。「学年会」を行う際に、重要な役割を担うのが学年代表の教員たちである。A小学校の学年代表は、形式的に設定された代表ではなく、各学年の長として、「学年会」をリードする役割を担っている。細かな事務的な打ち合わせから、授業をどのように展開していくのか、学年の子どもたちの状況や課題を積極的に学年教員集団と共有し、検討していく。しかし、学年教員の役割はただ単に、学年の指導方針を統一させるだけではなく、自分が代表となっている学年団の教員たちの様子に目を配ることも重要な役割だという。学年代表は、積極的に学年の教員たちに働きかけ、課題や悩みを抱えた教員はいないか、また学年の子どもたちの状況について情報を共有していく。現在学年代表を務めるK先生は次のように語る。

K先生「M君が困ってることや、Jさんが今ぶつかってる問題やとかを、なんかちゃんと「言える学年」でありたいなっていうのはすごく一番思ってて。やっぱり自分も自分一人で抱え込んでやってるときもあったし、そのときってすごいしんどかったから。めっちゃしんどい時とかでも、ずーっと一緒にやってくれてるって思えたら、すごい頑張れるし、聞いてくれるって思ったら安心できるしっていうのがあったから。なんかそう

やってホンマにチームでやってるって思ったら、子どもらの前に立っててもアウェイ感がないというか。私が「仲間がおって教壇に立っておれる」っていう感じがすごい心強かったから。やっぱり仲間、先生の仲間づくりとかしておきたいなって思います」　　　　　　　　（2014年6月18日）

　A小学校には、先に紹介したように生活背景が厳しい子どもたちが毎年一定数存在する。そのような子どもたちはたくましくもあり、教員の指導を簡単には受け入れない場合も多い。そのため若手、ベテランに関係なく、学級経営や授業に不安や課題を抱える状態になることが少なくないという。学年で方針を徹底的に統一させて子どもたちの指導に当たることは、子どもたちに均質的な授業や学力保障の取り組みを提供するだけではない。学年代表である自身も含めた学年の教員が、ひとりで課題を抱え込むことで精神的に孤立し、「しんどい」状態になることを回避することでもある。学年教員が実践の方向性を議論し、教員集団が協働して実践に取り組む組織を普段からつくっておくことは、授業づくりや教材の作成といった負担を分け合えることにつながる。「こんなにチームで考えられる学校はないと思う（2014年10月1日、G先生）」と語られるように、A小学校の教職員集団は教育実践をブレることのない協働作業でつくりあげていくことで、子どもたちに対して基礎学力を保障し、さらに教員同士の支え合いも実現させているのである。

3）B中学校

〈外部的要因〉

地域的背景

　B中学校は、A小学校を校区に含んでいる。そのためB中学校は、A小学校と同様に同和・人権教育に取り組んできた。2013年度で学級数15、生徒数503名、教員数41名と、中学校の中ではこちらも中規模校である。我々のグループが今回実施した学校質問紙調査の回答を見ると、4割程度の生徒が要保護、もしくは準要保護であり、ひとり親または両親ともいない生徒は

「20%以上30%未満」在籍している。社会経済的背景が厳しい生徒の割合が平均と比較してやや高い傾向にあり、通塾している生徒の割合は少ない傾向にある。不登校の割合は調査対象校の中では5%以上（平均は約2%）とやや高い傾向を示している一方で、高校進学率は97%以上と高い傾向にある。

　古くから、地域住民たちの教育に対する課題意識は高く、そのような地域と連携した人権教育の取り組みで、広くその名が知られていた。校区にはそのような教育で育った卒業生が、現在は保護者として多く暮らしており、PTA活動やその他の地域組織の担い手として活躍している。B中学校は、学校を核とした地域教育コミュニティづくりに取り組んでおり、市の福祉協議会主催の運動会や、青少年健全育成を目的とする地域教育協議会が主催するフェスティバルへの参加といった地域組織との連携も活発に行っている。自身も、そして子どももB中学校の卒業生であり、小・中学校のPTAや地域教育協議会の会長を歴任してきたM氏は、B中の魅力を次のように語る。

M氏「僕の同級生なんかはわざわざB中校区に引っ越してくる子もおるな。（中略）ここの先生あったかいし、何かあったらすぐに家に駆け込んでくるし、それがまあ歴史の中で積み上げてきたんやろうな。家に入り込んでくるとか、先輩の先生方がやってきたことやから、それはやっぱり引き継がれてきたことやから。（他校と比較して先生の温かさが違うと）思うわなぁ。うん。子どもが直接先生に言うたら先生が動いてくれたりだとか、A小B中、自分らが卒業生やからな。こっちも受けた恩を学校に返したいっていうて、それでPTAやっとるっていうのも4人くらいおったで。（中略）だから率先してPTAの役員受けてくれはったけどな」

（2012年11月1日、M氏インタビュー）

　B中学校にとってM氏のような保護者の存在は、教育活動における重要な資源となっているだけでなく、同じ子どもを育てる立場に立っているものとして、学校側の取り組みに対するよき助言者としての役割も担っている。

教頭「だからそういう厳しい目をもってる子どもたちの親は、よく見たら、ここの卒業生であったりするので、継続性で言うと、親がそういう教育を受けて、わが子にもやっぱり同じ思いをしてほしいと言ってると思います」

校長「今、教頭が言うたみたいに、かつてはこうやったやないかという、かつての子どもが親になって、或いはその親の子どもらが、こういうことが当然やみたいなことを指摘する。その中で若い先生は鍛えられる。それは継続してきてる」　　　　　　　　　　　　（2014年7月10日インタビュー）

B中学校は校区に旧同和地区を有し、社会経済的に厳しい生活背景を抱える生徒がたくさん通学してくる学校である。だからこそ、子どもたちや保護者の生活に寄り添い、ともに教育を作り上げることを取り組みの基本姿勢としている。学校とともに子育てに取り組み、学校を支える地域住民や保護者の存在が、しんどい生徒たちへの継続的な学力保障を可能としている一つの要因であるといえる。

教育行政

　B中学校も教育行政から手厚いバックアップを受けてきた学校であり、その中で、A小学校と同様に、教育行政から多数の教育事業を委嘱され、学校を挙げて、また校区を巻き込んでこれらの事業に取り組んできた（表8-2）。

　教育事業を行政から委嘱されることが即、行政からの支援とはならない場合もあるかもしれないが、教育研究授業に学校全体で取り組むことは、教員の指導力量の向上につながることだろう。さらに、教育事業の委嘱に伴う行政からのプラスの予算の計上や設備の充実、加配教員の配置や、大学などの外部機関との連携は学校にとって、生徒の学力向上に向けた大きなバックアップになっていると考えられる。

(表8-2) B中学校における教育事業

1970年代	1978年、同和教育研究学校の文部省・大阪府教委指定を受ける。
1980年代	1982年、特色ある学校づくりの指定校となる。
1990年代	1992年、「校内研修推進校」の大阪府教委の指定を受ける。 1994年、「同和教育研究学校」「同和教育研究協働推進校」の2年間の大阪府教委指定を受ける。 1997年、情報教育のパイロット校として新しいパソコンが導入される。 1997年、「中学校進路指導総合改善事業推進地域」の文科省指定を受ける。 1999年、「環境のための地球学習観測プログラム校」の指定を文科省より受ける。
2000年代	2001年、「マイスクール推進研究事業」の市教委指定を受ける。 2003年、「人権教育研究指定事業」の市教委指定を受ける。 2004年、「中学校区の幼・小・中一貫した教育共同研究推進校」の市教委指定を受ける。 2009年、「人権教育総合推進地域事業」の文科省指定を受ける。 2014年、「中学校区の連携した教育協働研究推進事業」の市教委指定を受ける。

(B中学校の学校沿革より筆者作成)

〈内部的要因〉

組織体制

　B中学校の組織体制の特長として挙げられるのは、A小と共通して、「重層的な組織体制」である。加配教員を活用し、人権教育担当部、生徒指導部、教務部、特別支援部の4グループを設置しており、各部に所属する教員が、教職員集団の中でのリーダーとなり、学校全体での意思統一を図っている。各部への担当には、学校の取り組みを熟知しているベテランの教員が配置される。

　校長「よそとB中のシステムの一番の違いは、人権教育担当が大きな役割を担っていることです。それは、若い教員がどこに頼っていったらええかっていう時に、管理職は必ずしもいつも見てるわけじゃないから。誰か

に行かなあかんけど、その時に、明確な方針をもってへん人のところに行ったら、ぶれちゃうと思います。それは、うちの場合とか、A小の場合そこがはっきりしてんのが、人担がやっぱり全面的にバンと前に出てるという事です。B中では人担であったり、生指であったり、教務での三本柱で、この間（に重視されるようになったところ）で言えば、特別支援教育担当ですね。この４つの柱が、要するに全体枠として、縦の系図をしっかり持ってる。そしてその束ね役に、人担がいてくれている。だから、今言うた様に、そこに頼って相談に行ったらええということです。生指やったら、生徒指導担当に行ったらいい。人権に関わったらこの二人に行ったらいい。あるいは特別支援教育やったり、教務であったらそこに行ったらええというのがはっきりしている。そして、各学年の学年人担も存在する。学年人担は、彼らに相談し、色々な事を学びながら、学年を責任もってやろうとしている。それが大きく他所の学校と違う点やと思うんですよ」

　　　（2014年７月10日インタビュー記録より、カッコ内は筆者による補足）

　このような組織を土台として、全体として掲げられた「低学力の克服」に向けた方針（Plan）をもとに、３学年それぞれで日々の教育活動に取り組む（Do）。そしてその実践について学年団内部や学校全体で協議し反省点を明らかにすることで（Check）、継続的、かつ効果的な教育実践を行う（Action）緻密な現状分析システムがつくりあげられており、そのことがB中学校の高い学力保障水準を保つことにつながっている。課題のある生徒の生活を知り、クラスの仲間とつなぎ、集団で高まっていくこと、こうしたB中文化をうまく機能させるためにつくられたシステムである。

　ただし、先ほどのインタビュー記録からも分かるように、システムは、その根幹にシステムを熟知し、「思い」を体現するリーダーが必要である。それが、「人担」や「生指」、「教務」主任といったミドルリーダーであり、かつて若かった彼らが先輩教員からB中文化を受け継いでいる。先ほどのインタビューは、次のようなやりとりが続いている。

B中校長「(ミドルリーダーを核にした組織づくりを)しようと思ったらしっかりとしたM先生のようなミドルリーダーが必要ですが、数年では出来へんのですよ。組織がどんどん若返っている中で、それが今ネックになってるわけですよ」

M先生のようなミドルリーダーが、B中の学校文化を背負い、継承している。現在、B中でも20代から30代前半の若い教員が非常に多く(5割)、40代のミドルリーダー層が少ない状況にある。50代は1名しかいない(2014年時点)。B中で受け継がれてきた学校文化の継承が課題として語られているが、その継承の鍵をにぎっているのもミドルリーダーであり、同時にM先生に代わる新たなミドルリーダーの育成が大きな課題となっている。

教育実践

B中学校の教育実践での特徴として挙げられるのは、第一に、A小学校と同様に、クラスのしんどい子に焦点を当てた、日々の「集団づくり」である。集団づくりは毎年重点課題に設定されている。B中学校の教師は三年間をかけて、どんな生徒であっても取りこぼさず、集団内での居場所づくりを積極的に行うことで、子どもたちにとって進路上初めての大きな試練である高校受験を、「全員で乗り越えていく」という気持ちを育むことに取り組んでいる。この集団づくりに対する学校全体での懸命な取り組みが、B中の学力保障の要であることは間違いない。

第二に、B中でも様々な学力保障の取り組みが行われているが、特に、診断テストの活用などを通して、低学力層に焦点を当てた「補充学習」の取り組みが行われていることが特徴的である。B中学校では定期テストや実力テストを活用し、生徒一人ひとりの学習状況・生活状況をデータベース化し、生徒それぞれの課題を明確にしている。作成されたデータベースをもとに、低学力の生徒をリストアップし、その生徒たちに向けて、放課後に「基礎・基本」の定着を目標とした週2回の学習会を実施し、恒常的な学力保障の場を提供している。加えて、希望者を募って行われる希望制のものや、定期テスト前に行うテスト前補充学習や自主学習会(自主的にテスト勉強を行う

場)、個別学習、土曜日に行われる土曜学習クラブなどが行われている。また、日々の授業においても、課題のある生徒が意欲的に取り組めるような内容を精選している。学習規律も徹底されているが、それも学習規律が乱れたり、学習意欲が最初に下がるのが学力に課題のある生徒であり、かれらの学力を保障することが大切であると考えられているからである。このように、校内において補充学習の機会を授業以外にも多層的に設置することで、どのような低学力の生徒も取りこぼさないセーフティネットを編み出し、学校全体での基礎学力の定着が促進されているといえる。

　そして第三に、校区内のネットワークづくりを行い、合同授業研究会を開催するなど校区内の教員の指導力量を高める取り組みを主導的に行っていることも特徴である。後に詳述するように、B中学校では、古くから校種間連携に積極的かつ主体的に取り組んでいる。このような校種間の連携は、校区すべての教員が学力保障に効果的な授業力量を研鑽できるだけでなく、小中一貫とした教育体制を作り出すことにつながる。また生徒たちにとっても「中1ギャップ」による躓きが改善されることにもつながる。自校内はもちろんのこと、校区内の小学校との連携にまで視野を広げた包括的な取り組みが、B中学校における高い基礎学力保障の結果を実現させていると考えられる。

4) 取り組みの持続性

　ここまで述べてきたような、地域的背景、教育行政との良好な関係、校内の組織体制と教育実践は、A小にもB中にも共通している面が大きいといえるだろう。A小とB中では、教育行政や地域住民組織との緊密なネットワークの上に学校全体で足並みをそろえた取り組みを行うシステムが確立され、そのなかで若手教員の指導力の向上がはかられていることが、教員が入れ替わっても「効果のある学校」であり続ける要因となっている。さらに面白いことに、A小やB中の実践は、保護者として学校教育活動を支援する卒業生を輩出したり地域住民の教育参加をうながしたりすることを通じて、学校をとりまく地域にも影響を及ぼしてきた。10年20年単位でみると、A小やB

中は地域や行政とのネットワークを自ら作り出してきたといえる。

　そしてそのカギとなるのは、どんな課題のある生徒であっても「見捨てない」「あきらめない」「最後まで面倒を見る」という教職員の覚悟とその継承である。それが、児童生徒や保護者にも伝わり、教職員、児童生徒、保護者、地域住民など学校に関わる全ての人々の間に築かれた信頼関係のなかで学力の下支えにつながっていることがうかがえる。

　　B中教頭「まあ見捨てない。それからあきらめない。最後まで面倒見てくれる。（中略）絶対多くの卒業生や、現在の在校生の生徒たちがB中の先生は、（見捨てない）というところで、感じてくれている。だからそういう意味で言うと、学力の面での面倒を見る。生活面、生活指導面での面倒を見るとか、クラブで面倒を見る、クラス作りで面倒を見る。校長先生の言葉（でいうと）、やっぱ信頼関係が、教師と生徒との心からの関係が、諸先輩方が築き上げてきた、いまM先生や、N先生が現在つくってきている、連綿と続いてきたこのB中の教育です。（中略）やっぱそこ大事にしようということで、多くの先生たちが、それは身を粉にしながら、夜も遅くまで、土日もなく、家庭訪問に行って、なんとか高校に行かせなあかん、A君に分かってもらえるような、授業づくり教材作りをせんといかんと頑張っている。それが、今のB中の基礎基本、土台にあるのかなという事なんですわ。こういった中で、親とも、一定の信頼関係が、築きあげられ、その成果がやっぱり底上げにもつながっていると思っている。（中略）教師と生徒の信頼関係、地域との信頼関係、校区の小学校との信頼関係が継続していると思う」

　「見捨てない」「あきらめない」「最後まで面倒見る」という信念が、A小、B中の教師に受け継がれている。その要になるのが、ミドルリーダーである。学力や生活習慣、家庭の経済面、人間関係の困難を持った子どもたち、配慮を必要とする子どもたちが、1人も見捨てられることなくA小、B中の教師に「面倒見て」もらって、大人に成長していく中で、教師への信頼が生

まれている。
　そして、こうしたエートスは、教職員だけでなく、生徒たちにも共有されており、時には生徒の方が仲間がないがしろにされていることに強い憤りを表しもする。

> M先生「仲間のためにっていうのは、一番強かったですね。やっぱり自分らの仲間が傷ついている、例えばそれが支援学級生やったりね。その子の事がバカにされたってなったら、それは猛然とこう（抗議する）、とりわけ被差別の立場の子はおりましたね。（中略）障がいのある子へのいじめなんかがおこったらね、その子らが立ちあがって、先ず僕らに食ってかかりますからね。先生こんなことあったんやで、知ってる！？って。そこで僕らがあたふたしようものなら、こいつはアカンって切られますから。それはもう厳しい目を持ってましたよ。どっち側に立つんやこいつはと、教師はね。それこそ測ってましたからね。ちゃんと私ら側に立ってくれる教師なんかと」
> 　　　　　　　　　　　　　（2014年7月10日、B中のインタビュー）

　すでに指摘したように、A小、B中ともに集団づくりが教育実践の根幹にあり、「一人も見捨てない」教師文化に対応するかのように、「差別を許さない」、「仲間を大切にする」児童・生徒文化がA小、B中にはある。そしてかつての生徒は、「地域的背景」で見てきたように、保護者や地域住民として「A小、B中の先生なら最後まで面倒を見てくれる」と信頼を寄せる。つまり、一人も見捨てない学校文化は、教師だけでなく子どもたちや保護者・地域住民にも受け継がれ、支えられている。
　また、公開研究会など機会があると、A小、B中OBの教員が多く顔を出す。事前の指導案の検討に加わり助言したり、事後の懇親会で交流したりしている。A小、B中で培った「教育観」を現在の在籍校で具体化していこうと奮闘しているかれらも、取り組みを持続させる大きな力となっているように思われる。

4. 拡がる「思い」と「仕組み」

1）C小の概要

次に中学校区の連携の効用について述べていこう。B中学校区には、A小のほかにもう1校C小があり、B中に進学している。第7章の表7-1においては、C小は学校番号が110で示される学校である。C小も、A小やB中のように、全体の通過率が高い上に、通塾児童と非通塾児童の通過率の差が小さい学校となっている。

図8-6、図8-7は、C小の学力分布図である。A小ほど顕著ではないが、調査対象全体の学力分布と比べて、高得点者が多いことがわかるだろう。

C小は、1972年、人口増に伴い新設された小学校である。子どもたちの生活実態としては、A小と変わらず経済的に厳しい家庭も多い。だが、かつては同和教育・人権教育という面ではA小、B中と比べればやや取り組みが弱く、学校全体でチームとして動くことについても必ずしも徹底されてはいないとみなされていた。

しかしながら現在、C小では、学校全体で学力の下支えや、校内の授業研を通じて学年や学校全体で授業をつくる取り組みが行われている。また生活背景の厳しい子や学習に向きにくい子を中心に据えた学級づくりも行われて

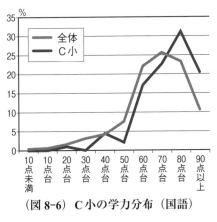

（図8-6）C小の学力分布（国語）

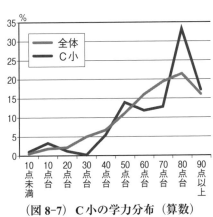

（図8-7）C小の学力分布（算数）

いる。こうした取り組みは、A小、B中の実践と共通した面を持っている。そこで注目されるのが、B中学校区の2小・1中が地域社会とも連携して子どもたちを育んでいく取り組みを行ってきていることである。今回のC小の成果の背景には、こうした連携の効果が大きいのではないだろうか。具体的な連携の取り組みをみていこう。

2) B中校区合同授業研究会

B中校区では、現在学期に1回合同で授業研究会を行っている。「確かな学力と人権感覚を育む取り組みを校区の協働ですすめよう！教職員の世代交代にあたって、これまでのB中校区協働研究の成果を引き継ぎ、学習意欲を高め、豊かな心を育てる「授業力」を向上させよう」。開催校は持ち回りで、年度内に3校すべてが授業を公開し、校区内の教員全員が集まって授業づくりを議論している。合同授業研究会というと、開催校以外の教員は、「お客様」で他校の授業の様子を知る、お互いの交流を図るといったことを想像しがちであるが、B中校区の合同授業研はそれのレベルをはるかに超え、授業をよりよいものにつくりあげていこうとするものである。

こうした中学校区での取り組みでは、複数の「ワーキンググループ」が作られ、全教員が研究にかかわることになる。2014年度現在動いているのは、「人権の知的理解1（人間関係スキル）」「人権の知的理解2」「学力向上・保障」の3つのワーキンググループである。合同授業研にむけて各ワーキンググループで事前の検討会を繰り返している。時には、授業自体も他校の教員とともに行っている。その効果について、B中人担のM先生は次のように述べている。

M先生「むしろ事前の検討が一番大事ですね。（中略）合同授業研に向けて、その指導案検討っていうのをやるんですよね。だから一つの授業を、創り上げるっていう事を一番やっぱり先生たちっていうのはね、腹割って話できるというか、本当に連携ができる1つの手段だと僕らは思ってるんですけれども。

小学校の先生は非常に丁寧ですから、例えば助詞の使い方、てにをはの使い方ひとつにもこだわって議論しはるわけなんです。この三角形の求め方の順番も、この子らにはこの順番で説明したった方がすんなり入るん違うかという事を、非常に具体的に子どもをイメージしながら、A小の先生もC小の先生も非常に議論しはるんですね。その会話に中学校の数学の教師がコラボレーションで参加させてもらって、感銘を受けて帰ってくるわけですけれども。そういったたった一行の設問の仕方でもこだわってやろうとしているところで、両小の取り組みの線が揃ってくる」

(2014年7月10日、M先生インタビュー)

　合同授業研究会の当日に集まって、授業を「お客さん」として見学して終わりではなく、ワーキンググループの一員として3校の教員が知恵を絞り、よりよい授業を創り出そうとする。そうするなかで、3校が、学校の壁を越えて同じ視点で教育活動を行っていくようになっていくのではないだろうか。
　中学校区で授業をつくっていこうという取り組みは、昨日今日に始まったものではない。C小が1972年にA小の一部を含む形で開校されるとともに、「非行」と「低学力」の克服が中学校区の課題と認識され地域と連携した地域ぐるみの取り組みが図られてきた。1994年には、大阪府教育委員会「中学校区における同和教育協同研究推進校」研究委託を受け、B中校区の幼稚園2園、小学校2校、中学校の「合同授業研」が始まり、幼稚園から中学校まで11年間の人権教育のデザイン化が図られてきた。
　2004年からは6年にわたり、「基本教科・人権・情報の『学びの総合化』とヒューマンネットワークづくり」を研究テーマとして、人権教育と総合的な学習の時間を結んだ小中学校の系統的なカリキュラムづくり、幼稚園・小学校低学年の生活科をつなぐカリキュラムづくり、情報機器の有効な活用と位置づけなど、B中校区の幼稚園2園、小学校2校、中学校が、共同で研究に取り組み、「幼稚園から中学校までの11年間を見通したカリキュラムづくりや校種を超えた協働した教育の創造」がはかられてきた。2008年からは、

文部科学省の「人権教育総合推進地域事業」にかかる研究委嘱を受けるなど、研究を継続している。

その中で、B中校区として「協働で育てたい6つの力」として共有され現在に至っている。

「協働で育てたい6つの力」
1. 自分や家族・地域を誇れる力
2. 仲間や他者に共感できる力
3. 理由や根拠をもとに気持ちや考えを伝え合う力
4. 違いを認め合い、差別や不正を見抜く力
5. 進んで学び、行動し、問題解決する力
6. 豊かな人権感覚と規範意識を持ち、人権尊重の社会づくりに参画する力

この「協働で育てたい6つの力」を各学校が校内で教育実践に具体化させるとともに、中学校区合同授業研究会を通じてすり合わせをしていく。そのなかで、「見捨てない」「あきらめない」「最後まで面倒を見る」というB中校区の児童生徒の学力の下支えと成長の支援体制が強化されてきたのではないだろうか。

5. まとめ

継続して効果のあるA小とB中は、ともに地域社会、教育行政との良好な協働関係を築き上げ、校内では教職員のベクトルをそろえ「チーム」で教育活動に取り組んでいた。「チーム」を支える組織が整えられ、若手を育成するミドルリーダーの存在が大きいことも示された。若手育成に関しては、日常的な学習指導、生徒指導の場面で先輩から学ぶことだけでなく、各種研究指定を受け、時に中学校区の連携でワーキンググループに所属し、学び合うなかで「子どもを見る視点」を育てる機会が豊富にある。こうした知見は、10年以上前の両校を記述した志水（2003, 2005, 2010）の分析と適合する

ものであり、「効果のある学校」の特長として提示することができるだろう。

　では、「効果のある学校」が持続する要因は何か。A小、B中は、課題のある児童生徒に寄り添う「思い」とチームで教育に当たる「仕組み」が、学校の文化として継承されているところにあるのではないだろうか。個別の教育実践に変化はあっても、この「思い」と「仕組み」は変わらず受け継がれている。取り組みがぶれず、学力の下支えがなされるのは、どんなに課題のある児童生徒でも、いや課題が大きい児童生徒こそ、「見捨てない」「あきらめない」「最後まで面倒を見る」教職員の姿勢である。

　そうした姿勢が継承されていくためには、①「ミドルリーダーの働き」、②「生徒や保護者、地域住民にも共有される学校文化」、③「中学校区での学校文化の共有」が鍵となるのではないだろうか。第1に核となるミドルリーダーの存在については、A小もB中もどの時期においても、同校での経験豊富なミドルリーダーが、先輩に学び後輩を育てている。校長のリーダーシップのもと、かれらが核となって、なぜその取り組みが課題のある生徒に必要なのかを教職員全体に浸透させている。

　今日多くの学校では、異動などによってミドルリーダーが学校文化を背負い、継承することが難しい。さらにスタッフ数が充実していないなかで、授業を担当しながらでは、ミドルリーダーとして動くことが非常に困難である。実践の持続性を考えるのであれば、学校の核となる教員が今まで以上に動きやすいように、教育資源を充実させることが必要である。

　第2に、A小やB中の「見捨てない」「最後まで面倒を見る」学校文化は、教師だけによって継承、支えられているわけではないということである。すなわち、児童生徒にも集団づくりを通じて仲間を見捨てない「思い」と教師への信頼が育まれており、また保護者や地域住民も「A小、B中の先生なら最後まで面倒見てくれる」と信頼しているということである。その信頼が、一人も見捨てない学校文化を継承させていると言えるだろう。

　第3に、こうした学校文化が、単独ではなく、同じ校区の小学校、中学校で共有されていることが、「効果のある学校」が持続する要因になっているのではないだろうか。B中の集団づくりが、小学校での取り組みの上に成り

立っていると、B中のM先生が述べていたことに代表されるように、中学校区で「仲間を見捨てない」教育実践が営まれている。そのおかげで、持続性が担保されているのである。

(注)
(1) 地域教育協議会は、平成 12 年度より大阪府下の中学校区に設置された組織で、学校と地域が連携して子どもを育てていく活動、ネットワークづくりを行っている。学校・家庭・地域間の連絡調整、家庭教育活動の活性化、学校教育活動への支援・協力などに取り組んでいる。B中学校区があるX市は、B中を含め多くの中学校区で早くから地域教育協議会が活発に活動しており、「校区フェスタ」や児童生徒も参加するボランティア活動など積極的な取り組みが行われている。

(参考文献)
赤石千衣子，2014『ひとり親家庭』岩波新書
Edmonds, R, R, 1979, 'Effective Schools for Urban Poor' *Educational Leadership,* vol. 37(1)
川口俊明・前馬優策，2007「学力格差を縮小する学校」『教育社会学研究』第 80 集
小針誠，2007「学力格差の是正と「効果のある学校」―その批判的検討」『同志社女子大学学術研究年報』pp. 61-70
国立大学法人お茶の水女子大学，2014『平成 25 年度全国学力・学習状況調査（きめ細かい調査）の結果を活用した学力に影響を与える要因分析に関する調査研究』
鍋島祥郎，2003『効果のある学校―学力不平等を乗り越える教育』解放出版社
成山治彦・志水宏吉編著，2011『感じ・考え・行動する力を育てる人権教育』解放出版社
佐古秀一，2011「学力と学校組織」『日本教育経営学会紀要』第 53 号，pp. 36-45
佐貫浩，2009『学力と新自由主義』大月書店
志水宏吉，2003『公立小学校の挑戦―「力のある学校」とはなにか』岩波ブックレット
志水宏吉，2005『学力を育てる』岩波新書
志水宏吉編著，2009『「力のある学校」の探究』大阪大学出版会
志水宏吉，2010『学校にできること――人称の教育社会学』角川選書

志水宏吉編著・茨木市教育委員会，2014『「一人も見捨てへん」教育』東洋館出版社
志水宏吉・高田一宏編，2012『学力政策の比較社会学　国内編』明石書店
文部科学省　http://www.mext.go.jp/
国立教育政策研究所　http://www.nier.go.jp/index.html
厚生労働省　http://www.mhlw.go.jp/

第9章

「効果」が現れにくい学校の課題
―― 子どものウェルビーイングの観点から ――

高田一宏

1. 問題設定

　2013年6月、「子どもの貧困対策の推進に関する法律」(以下では「推進法」) が、同年の12月には「生活困窮者自立支援法」が国会で成立した。さらに2014年9月には「子供の貧困対策に関する大綱」が閣議決定された (大綱では「子供」と表記)。高度成長期以降の日本社会で生活困窮層の教育や子育ては忘れられた社会問題であり、「教育と福祉の谷間」(小川・高橋 2001) におかれた子どもの実態はあまり知られてこなかったが、子ども・若者の貧困や社会的排除状況が世の人々の関心を集めるにつれて、それらの解消をめざす社会政策や教育政策のあり方が模索されはじめている。
　教育研究においても、生活困窮家庭をはじめとする社会的に不利な立場におかれた人々の生活や子育て、社会的不利益層の子どもたちにとっての学校経験、家庭の経済力・教育力を背景とする教育格差 (学力や進学機会における格差) などの実態に迫る研究が増えている。今回の調査を含む「効果のある学校」に関する一連の調査研究もまた、社会経済的に不利な立場に置かれた子どもたちの教育の機会均等を実現する政策や実践への示唆を得ようとするものである。
　ところで、学校の効果を一時点のデータで判断することには問題があるとの指摘がある (川口・前馬 2007)。調査対象学年の特徴や学級担任・教科担任の資質といった偶発的・個人的要因が学力に影響するからである。いいか

えれば、長期にわたって安定して「効果」が認められたとき、その学校はほんとうの意味で効果の「ある」学校だといえるだろう。第8章で触れたA小学校、B中学校、C小学校はその典型例である。一方、本章で取り上げるような、長期にわたって効果が現れない学校についても、学年集団の特徴や学級担任・教科担任の資質・能力といった偶発的あるいは個人的要因ではなく、何らかの構造的要因が学校の「効果」の発現を阻んでいると考えるべきであろう。

　海外の研究では、児童・生徒の階層や人種・民族の構成が学校全体の学力水準や学校内部の学力格差に影響することが以前から指摘されてきた（Coleman 1966, Stoll and Myers 1998, Thrupp 1999）。日本国内の研究でも、厳しい生活状況の子どもが多い学校ほど「効果」が現れにくいことが明らかになっており（志水編 2009）、今回の調査でも同様の結果であった（第7章参照）。時に生活状況の厳しい子どもが多い学校でも「効果」が認められることがあるが、その場合、学校と地域の連携・協力や行政からの支援が効果を生み出すうえで大きな役割をはたすことが指摘されている（大阪大学大学院人間科学研究科 2012）。第8章で取り上げた事例でも、子どもたちの生活状況が安定しているとはいいがたいなか、校種間連携、行政からの支援、地域における教育活動などが、学校の取り組みを支えてきたことが明らかになっている。

　学校の効果には、学校の内部的要因に加えて、校区の階層構造、地域教育活動の状況、行政からの学校支援策などの外部的要因が複合的に作用する。外部的要因は子どもの日々の生活や学校組織に影響を与え、その所与の条件のもとで、各学校は取り組みを進めているわけである。以下では、第8章と同様の分析枠組み（図8-5）でもって、3回の調査で一度も効果の認められなかった小学校・中学校1校ずつ（表7-3の学校番号108小学校と、表7-4の学校番号212中学校。以下ではそれぞれ「D小学校」、「E中学校」とする）でのフィールド調査をもとに、学校の効果の発現が妨げられてきた背景や要因を述べたい（第2節、第3節）。さらに、子どものウェルビーイング（well-being）という観点から、社会的不利益層が集中しがちな地域における学校づくりの課題を考えたい（第4節）。

2. D小学校
── 急速な小規模化への対応

〈外部的要因〉

地域的背景

　D小学校の校区は、部落問題を背景とした劣悪な生活環境、不安定な就労、学力不振等の課題が多く存在する地域だったが、1960年代から1970年代にかけて同和対策事業が進展するなか、公営集合住宅の建設を中心に環境改善事業が劇的にすすみ、生活基盤も一定程度安定していった。だが、1990年代に公営住宅に応能応益の家賃制度が導入されて以降、ある程度所得が高い世帯では家賃負担が重くなり、生活安定層が流出、地域には低所得者・高齢者が滞留するようになった。また、環境改善事業初期に建設された市営住宅は老朽化し、建て替えが行われてはいるものの、いまだ狭小な住宅が残っている。2001年度をもって同和対策事業が終結した後、住宅の新規入居者は一般公募されるようになったが、交通の便が悪いことや手狭な住宅が多いことも手伝って、小学生や中学生の子どもを持つ世帯が新たに入居することは少ない。

　こうした地域的特性のため、D小校区は少子・高齢化と人口減が著しく、D小の児童数も急速に減少している。前々回調査時（1989年）の記録は入手できなかったが、1994年の児童数は338人、前回調査時（2001年）は208人、今回調査時（2013年）は119人と、20年で約3分の1になった。子どもたちの経済的な状況も厳しいままであり、過去約20年間、就学援助率（要保護・準要保護率の合計）は8割前後で推移している。

　前章で触れたA小とは異なり、D小の校区では、かつて放課後の子どもたちの生活を支えていた「解放子ども会」やその保護者会がなくなっており、このことは、保護者同士や保護者と学校とのつながりを困難にする一因にもなっている。これに危機感をいだいた保護者からは、子ども会活動を再開させようとする気運が生まれ、2013年度の春にはボランタリーな子ども会活

動が再開された。

教育行政

　かつては国の同和対策事業と大阪府の単費による教員加配が措置されていた。1990年代の半ば以降は大阪府の単費による加配は減少していったが、前回調査（2001年）時には、まだ加配教員が7名いた。内訳は、同和加配が3名、少人数指導（第七次定数改善計画）が3名、その他が1名である。加配教員は基本的には学年付きで、チーム・ティーチング、「少人数展開」授業、放課後学習会、試行期にあった「人権総合学習」の指導、朝の登校支援（朝に欠席状況を確認し、連絡がないまま学校を休んでいる家庭に電話をしたり家庭訪問を行ったりすること）、校種間連携、地域教育協議会（地域と家庭と学校の連携組織。中学校区単位で組織される）の運営などにあたっていた。

　D小では国の同和対策事業が終結したことと小規模化が重なって、加配は減少している。現在（2013年）の加配は、児童生徒支援加配が2名、少人数指導が2名である。なお、2012年度までは就学援助等の事務量が多いため、大阪府より事務職員の加配が1名配置されていた。また、2013年度からは府教委の「きめ細かな学習指導や教育情報化の支援のための事務部門の強化事業」としての加配が2年間配置された。D小では規模のわりには教職員の数が多い。市教委が学校の実態を丁寧に把握するなかで、国や大阪府教育委員会の制度を積極的に活用してきたからである。加えて、市教委が市内全体の学校の状況に応じて独自の施策を打ち出してきたことが、手厚い人的支援につながっている。

〈内部的要因〉

組織体制

　かつて学年に複数の学級があり、加配教員が各学年に1名以上ついていた時代には、学年団が日々の教育活動を推進する母体となっていた。2000年代以降、学校規模の縮小に伴って、学年団は、低・中・高学年部に、さらに低・高学年部（1〜3年と4〜6年）へと再編されていった。数年前からは、

若手教員が増えていく中、学級担任をサポートする必要が生まれてきたため、2名の児童生徒支援加配（うち1名は人権・同和教育担当）と教務担当による「支援部」を組織した。支援部スタッフは、低学年部・高学年部の会議に参加し、チーム・ティーチング、個別指導、教材研究、総合的な学習の支援、登校支援・指導、家庭訪問などに携わっている。また、学年を横断した「学力保障部」と「人権・同和教育部」を設け、それらを統括する「研究推進部」を組織し、学校全体としての研修・研究をすすめている。

小規模化への対応としては、隣接の小学校および中学校の連携も重要である。D小を含む中学校区では、各校の学力担当者が集まって授業の進め方について「中学校区としてのスタンダード」を検討し始めている。また、D小では隣接の小学校での実践を参考にして作文指導に力を入れている。

教育実践

D小学校は古くから同和教育を推進する学校として学力保障と部落問題学習に力を入れてきた。1970年代から1980年代にかけては、自主編成した算数教材を活用した学力保障、障害児の「原学級保障」[1]、在日韓国・朝鮮人の民族教育などに先駆的に取り組んだことで非常によく知られている。

前回（2001年）の調査結果を受けて、D小では授業改革の様々な試みが行われた。当時のD小学校は調査結果を次のように分析している。

「学習に対して、自分から取り組もうとする意欲の低さが感じられる。学校生活において、わからない時、困った時には教師に頼る習慣がついてしまい、自力で解決しようとする力が弱いことが見えてくる。これまでの自学自習の力を付けるための取り組みのあり方を再度考えていく必要がある。（中略）進学への意欲が弱く、「中学卒でいい」と考えている児童が約10％いる。また、職業についても就きたい職種が見つけにくい児童が多い実態が明らかになった。身の周りにモデルとなる大人が少ないことも要因のひとつと考えられる。様々な人との出会いを大切にするとともに、その出会いを将来の自分を見つける一助にしたい」

（2002年度のD小学校の研究冊子）

前回の調査をうけて、D小では、2003年度に高学年における教科担任制、2004年度に「自己選択型習熟度別分割指導」が導入された。後者は「児童自らがコース選択することで、学習に対する意欲・動機づけを行う」ことをねらいにしたものである。また、進路学習に関わっては、2001年度に近隣の高校での体験授業を始めた。こうして、学習習慣、学習意欲、進路意識の形成はD小の学力保障の課題として定着した。

　D小では、2013年度から、1時間目の前と昼休みに15分の帯時間を設けて漢字の読み取り・書き取りと計算練習を行っている。学習内容が身についたかどうかは、二週間に一度程度の確認テストで確かめられる。出題内容は漢字と計算問題なので目標の平均正答率は9割とかなり高い。帯時間の設定と確認テストの実施のねらいは、短時間でも集中することに慣れること、勉強に対する自信を付けることだという。これらの取り組みについて、学校としては手応えを感じているが、それでも高学年になると確認テストの得点分布に二極化傾向が現れるという。

　同じく2013年度からは、中学校および隣接小学校とともに、中学校の定期テスト直前の一週間に小学生も家庭学習に取り組もうというキャンペーンを始めた。この期間中は、小学生も先の確認テストに関連するプリントを家庭でやることになっている。D小や校区の中学校には家が狭くて落ち着いて勉強できる空間がない子どもが多い。中学生からは家では弟や妹がうるさくて勉強できないという声も出るという。学習習慣形成に小中学校が一緒に取り組むのはそうした理由からである。

　これらの取り組みは、2000年代に提起された学習意欲・学習習慣の形成という課題の延長線上にある。今回の調査でも、家で勉強を「ほとんどしない」とする回答が38.7%にのぼるなど（全体では3.5%）、学習習慣の形成は依然として大きな課題である。他方、進路については、大学進学を希望する児童は6.9%にとどまる（全体では28.8%）ものの、今回（2013年）の調査では全員が高校以上の学校への進学を希望するようになっている。近隣の高校との連携が効を奏し、子どもたちの進路選択の視野は広がっているようである。

D小学校やD小学校の卒業生が進む中学校では、新たな教育課題に直面している。その一つは、小規模化に伴って人間関係が固定化しがちになり、人間関係づくりのきめ細かい指導が必要になったことである。もう一つは、校区の住民構成の変化である。もともとこの校区には在日韓国・朝鮮人が多かったが、D小の卒業生と同じ中学校に進学する隣接小学校では、中国からの渡日者が急増し、全校児童の約3割に達している。渡日してきた児童のなかには経済的な困難を抱えた者や日本語に不自由する者も少なくない。かつてこの中学校区では、D小学校とその隣接校の教育格差の是正や部落差別の克服が大きな教育課題だった。今日では、生活困難層の増加、少子化と学校規模の縮小、ニューカマーの外国人の増加など、教育課題は多様化・複雑化している。

3. E中学校
――「地域の学校」としての使命

〈外部的要因〉

地域的背景

E中校区は、戦前・戦中には単独で村制・町制をしいた大きな同和地区がある。この地区は昭和30年代に現在の市と合併したが、地区の児童生徒は合併前からの学校に通い続けた。その後、隣接校区の生徒増に対応するとともに「子どもたちによりよい教育を」という地域住民の願いを実現するため、E中は1970年代に開校した。「地域の学校」として大きな期待をうけたE中ではあったが、開校当初はE中に通うことを拒んだ人々が大量に隣接校区に越境就学し、学校運営は困難を極めたという。

E中の校区の経済状況には以前から厳しいものがあったが、近年、それがより深刻になってきている。同和対策事業で建設された公営住宅ではD小校区と同様、少子・高齢化が進み、生活の苦しい家庭の割合が増している。隣接地域にも低廉な家賃の民間借家が多いこと、児童養護施設があることから、家庭の生活基盤が不安定だったり剥奪されたりした生徒が少なくない。

こうした事情から、D小ほど極端ではないがE中でも子どもの生活状況はかなり厳しい。前々回調査時（1989年）の記録は入手できなかったが、1995年時点で26％だった就学援助（要保護＋準要保護）率は2001年に41％、2013年に51％と、18年で倍増した。生活困難層の中には遅刻や欠席がめだつ生徒も少なくない。

E中校区の同和地区でも、かつては「解放子ども会」が組織され、小学生・中学生の放課後活動や保護者会の活動が行われていたが、これらの活動は同和対策事業の終結を機になくなった。このことは、不安定な家庭状況にある生徒の学習と生活の支援、保護者同士の関係づくり、学校と家庭の連携の基盤を掘り崩すことにつながった。とはいえ、この数年来、地域の教育運動・教育活動には再生の兆しが現れている。例えば2010年に中学校のPTAの呼びかけで始まった校区の夜回り・清掃活動は、地域住民、校区の小学校、E中卒業生が多く進学する近隣の高校や支援学校をも巻きこんで行われるようになっている。また、2012年にはかつて子ども会活動を経験した地域の若者が中学生・高校生の「居場所づくり」の活動を始め、そこにはE中の生徒が何人か定期的に参加するようになっている。

教育行政

同和対策事業による加配が多く措置されていたことはD小と同様である。加配が最も多かった1990年代半ばには、学級定員を35人に引き下げる「引き下げ加配」、地域の子ども会活動や保護者活動と連携するための「地域担当」、学年付きで入り込み・分割授業や抽出促進指導（特に学力不振が深刻な生徒に対する個別指導）を担当する「学力保障」、養護教諭、事務職員など、全校334名に対して16名の加配が措置されていた（1995年度）。その後、加配教員は次第に減少し、引き下げ、地域担当、養護教諭などの加配はなくなった。現在の加配は、児童生徒支援加配が2、学力向上に関わる大阪府単費の加配が1、少人数指導が3、事務職員1である。生徒の生活と学力の状況が厳しくなるなか、行政からの人的支援はなんとか維持されている。

また、1990年代には同和教育共同推進校事業（1997〜98年）が実施され、校区に同和地区を有しない小学校にも加配が措置されるようになった。その

後も国の「問題行動に対する行動連携推進事業」(2004〜06年)、「人権教育研究指定校事業」(2011〜12年)、市の小中一貫教育のモデル事業(2013年〜)、学力向上に関わる大阪府独自の加配(2011年〜)など、E中やE中校区には研究指定事業を通じて予算的・人的支援が行われてきた。

〈内部的要因〉

組織体制

　E中に対する行政の支援は量的には手厚かったといっていいが、教員人事の仕組みには大きな課題があった。かつて教育委員会は市内の教員に異動希望調査をしていたが、E中への異動希望はまれで、E中には長期にわたって勤務する教師が多かった。「E中はしんどい学校や」という風評は市内の教師の間に広まっており、かつてE中に長らく勤めていたある教師は「この市の教師はE中を差別している」と筆者に語ったものだ。

　それでも前回調査の2000年頃までは教師の献身に支えられて学校運営は安定していた。しかし、その後、ベテランの教師が転勤・退職し、初任者と他市町からの転任者が急増すると、E中では組織的な学習指導・生徒指導が難しくなった。2000年代の中頃には生徒の問題行動が増え、赴任後1、2年でE中を去る教師さえ現れた。人事異動における行政の不作為は、E中の教職員組織の弱体化を誘発してしまったのである。

　その後、教職員組合との交渉を経て異動希望調査は改められた。また、年齢、教科指導や生徒指導の経験、地域事情に通じていることなどが、人事異動の際に配慮されるようになった。こうしてE中では組織が安定し、30歳前半ぐらいまでの若手が学級担任を持ち、40代後半より上のベテランが副担や学年代表として担任をバックアップし、その間の中堅世代が人権教育、生徒指導、子ども支援コーディネーター、支援教育コーディネーター・学力向上といった校務分掌の要を受け持つという体制が整ってきた。

教育実践

　1990年代のE中は、数学と英語の少人数指導、総合学習の時間を活用した人権学習・地域学習・進路学習、テスト前勉強会などを試み、学力保障の

充実をはかった。また、保育所・幼稚園・小学校や保護者組織とともに読書教育に力を入れ、家庭の教育力の充実をはかった。このように当時のE中は、市内で先駆的に教育改革に取り組んだ学校だった。だが、2000年代以降、子どもの生活状況が厳しくなるのと教職員人事の問題が相まって、生徒の問題行動が増えるなか、これらの取り組みは行き詰まってしまった。

当時はE中に卒業生が入学する地元の小学校でも、学級運営がうまくいかず、基礎学力が定着しないままだったり人間関係に困難を抱えたりしたまま中学に入学する学年がかなりあった。E中と同様の人事上の問題が小学校にもあったからである。今ではこうした問題はほぼ解消されているが、校種間の連携はA小やB中のように教育課程編成や授業の共同研究にまでは踏み込んでいない。小学校段階の集団づくりと基礎学力保障にも学年によるばらつきがないわけではない。

ただ、上記の問題は改善されつつある。2009年には校区の保・幼・小・中の代表による「子どもたちの学力向上にむけた懇談会」が始まり、校区としての子どもに身につけてほしい力について共通理解をはかったり、中学校の研究授業と研究討議に小学校の教員が参加したりするなど、学校間連携の体制が充実してきた。また、教職員の世代交代に対応するため、E中学校の歩み、開校の意義、校区の特色などについて、小・中学校で共同研修を行うようになっている。

E中では、2010年頃から学力・進路の保障をめざす取り組みが再活性化してきた。たとえば、支援教育の視点から「すべての子どもが学びやすい」教育・学習環境づくりに力を注ぐようになった。これには、行政研修を通じて他校の取り組みについての情報を仕入れたり、近くの特別支援学校にアドバイスを受けたりするなど、外部からの情報収集を活発にしていることが影響している。また、E中では教師全員による授業公開を行っているが、そのときは授業づくりのポイント(授業規律、集団による課題解決、自己肯定感の向上、指示の明確化)にそった参観シートやチェックシートが使われ、教科の枠を超えて授業をみる視点を参加者が共有できるようになっている。研究授業の際の指導案づくりや事前検討も同じ学年を受け持つ教員で相談して

行うようになっている。

「この数年は、「地域のすべての子どもに学力と進路を保障していく」という公立学校の使命の上で、これまでの取り組みを土台に、学校生活の基本である授業を大切にするために、生徒の自主・自律をめざし、「あかんもんはあかん」という指導や「生徒会活動の充実」「生徒・家庭支援」「地域教育力の再構築」に力を入れ、その結果、一時の「荒れ」の状況からは少し落ち着きを取り戻してきました。

しかし、子どもたちが抱えている厳しい背景に起因する"様々な課題"は本質的には変わっておらず、むしろ厳しさを増している部分もあります。そのような課題を再認識し、そのなかで、子どもたちの豊かな学びのためになにができるかを常に考え、課題を背負いながら通ってきている子どもたちに、とことん最後まで向き合って取り組んでいきます」

(E中学校の2013年度の研究冊子)

E中では、学校組織の再構築と実践の再活性化が進みつつあるが「子どもたちが抱えている厳しい背景に起因する様々な課題」は多い。その中でも学力に特に関わりが深いのが学習習慣である。今回の調査では家で勉強を「ほとんどしない」という回答は44.9％と全体をかなり上まわった(全体は36.7％)。家庭学習に対する保護者の配慮が弱いといってしまえばそれまでなのだが、日々の生活に追われ、基本的生活習慣や学習習慣に目を向ける余裕がない家庭が多いことが大きな要因である。E中では、毎日の宿題を統一プリントで出してそれを学級担任が回収・確認したり、定期テスト前に放課後勉強会をしたり、宿題以外の自主学習用のプリントを整備したり、校区の児童養護施設や社会教育施設に教師が出かけて生徒の勉強をみてやるなど、学習習慣の形成と学校外での学習のサポートに力を入れている。

4. まとめと今後の課題
―「効果のある学校」から「ウェルビーイングのための学校」へ

　この章では、「効果のある学校」の成立・持続が、学校の内部的要因（教育実践を推し進める組織体制）だけでなく、外部的要因（地域の社会経済的状況、地域の教育運動・教育活動、当該自治体の教育行政）にも左右されることを述べてきた。第7章でも生活状況の厳しい児童・生徒の多い学校は学校の効果が現れにくいことを指摘したが、本章で取り上げたD小やE中のような外部的要因に恵まれない学校では、学力保障の実をあげるのは大変に難しい。

　D小とE中では、子どもたちの貧困・生活困難状況がA小やB中、C小以上に深刻なこと、地域での教育運動・教育活動が停滞して学校と地域とのネットワークが弱体化したことに加え、急激な少子化（D小）や、人事異動の問題（E中）といった外部的要因が学校の効果の発現を妨げてきた。外部的要因に恵まれているからといってすべての学校が「効果のある学校」になれるわけではない。しかし、この条件が厳しすぎる場合には「効果のある学校」になるのは至難である。一方、前章でとりあげたB中校区では、教育行政や地域住民組織とのネットワークの上に学校全体で足並みをそろえた取り組みを行うシステムが確立され、そのなかで若手教員の力量形成がはかられている。さらに面白いことに、B中校区の実践は、保護者として学校教育活動を支援する卒業生を輩出したり、地域住民の教育参加をうながしたりして地域にも影響を及ぼしてきた。B中校区の各校の成果は、学校内外の取り組みの相乗効果に支えられている。

　D小やE中のように学校をとりまく外部環境がとりわけ厳しい場合、学校の効果が現れないことの責めを教職員に負わせるのは理論的に誤っている。困難のなかで奮闘している教職員の士気を低下させかねないという意味では非建設的でもある。むしろ我々は子どもたちに「とことん最後まで向き合おう」（E中）とする教職員をサポートする方策を、学校の内と外の取り組みを結びつける方策を考えるべきである。これについては、例えば、スクール・ソーシャルワークを通じた教育・福祉連携、中学校区を基盤とした校種

間連携(幼稚園・保育所、小・中学校、高校)の充実、地域における子どもの生活・学習支援(いわゆる「子どもの居場所づくり」)などが考えられる。これらはD小・E中及びそれらの校区で取り組まれ始めているが、軌道に乗るまでは今しばらくの時間が必要だろう。ましてや公営住宅政策や雇用をめぐる問題は学校の力で解決できはしない。学校の力には明らかに限界がある。学校にできることには限度がある。

とはいえ、学校が無力だというのはいいすぎである。D小やE中は、「効果のある学校」論の枠組みではとらえられない、けれども困難を抱えた子どもたちに必要な支援に地道に取り組んできた。その成果を正当に評価する必要がある。

3年前、筆者は、あるシンポジウムで、社会福祉・ソーシャルワークの研究者と同席した。その研究者は「ソーシャルワークはウェルビーイング(well-being)をめざす。教育の前提として福祉的課題をとらえるのではなく、ウェルビーイングを実現する要素のひとつとして教育を考えてはどうか」という趣旨のことを述べた(関西教育行政学会 2013)。以来、私は、この言葉が頭から離れなくなった。(私を含む)教育関係者の視野は狭すぎやしないか。子どもの生活の全体性を捉えなおす必要があるのではないか。子どものウェルビーイングのために学校にできること・できないことはなにか。学力保障は子どものウェルビーイングにどのように貢献するのか。

ウェルビーイングには「福利」や「幸福」という訳語もあるが、日本語には訳しにくい。直訳すれば「よい状態」となるが、もう少しかみ砕いていえば「心配ごとや不安がなく幸せに暮らすことのできている状態」ということである[2]。学力保障が重要なのは、学力を身につけることが子どもの将来のウェルビーイングにつながるからである。一人ひとりが自らの可能性を広げ、自己実現を図り、社会参加を実現するためには、ある程度の知識や技能、学歴や資格が必要である。そういう意味で学力の保障は子どもの未来に向けた人権保障なのである。

人権としての学力保障。この考えは、少なくとも文言の上では、子どもの貧困対策推進法や対策推進の大綱にも盛りこまれている。大綱は「子どもに

視点を置いて、その生活や成長を権利として保障する観点」から、学校を子どもの貧困対策のプラットフォーム（土台）と位置付け、「①学校教育による学力保障」「②学校を窓口とした福祉関連機関との連携」「③経済的支援」を柱とする総合的な対策を推進するとしている。

①については、残念ながらD小やE中は厳しい状況にあると言わざるを得ない。だが、②や③についてはかなりきめ細かい対応が求められ、また実際になされている。たとえばE中では、2008年から生活面・経済面から生徒を支援するため、子ども支援コーディネーター（生徒指導・生活支援の面から学校全体の取り組みをコーディネートする教師）が配置されている。そして、保健養護教諭、支援教育コーディネーター、学力向上担当の連絡会議や、市教委に配置されているスクールソーシャルワーカー、地域のコミュニティソーシャルワーカー、隣保館（同和地区住民の生活向上のために設けられた施設。現在は周辺地域も含めた事業を展開している）、子ども家庭センター（児童相談所の大阪府での呼称）の担当者、地域の小学校や保育所の担当者などを交えたケース会議が開かれるようになった。生徒の直面する困難は、経済的な困難、本人や家族の障害・疾病、学力不振、問題行動など多岐にわたり、それらが複合的に絡んでいることも多いからである。

個人情報の関係で詳しいことには触れられないが、D小やE中では、保険証のない子どもへの対応、就学援助の相談や申請の働きかけ、関係機関と連携した家庭内暴力からの保護・緊急対応などが地道に行われてきた。家庭が不安定で不登校だった子どもが教師のねばり強い働きかけと仲間づくりを通して学校に来られるようになったという例、それまで見過ごされてきた発達障害への対応が転校してきてからきちんとなされるようになったという例もあった。これらの取り組みや事例は、D小やE中で生活保障・就学保障ともいうべき取り組みが重視されてきたことを物語っている。実際、本調査に先立って実施した学校質問紙調査によると、D小とE中は調査対象校の中で最も不登校が少ない学校である[3]。「学校生活への包摂」という観点からみれば、D小やE中は多大な成果をあげているといってよいかもしれない[4]。

「効果のある学校」論が焦点をあてるのはあくまで計測可能な学力である。

生活や就学の保障は評価の対象ではない。だが、衣食住の不安なく安心して日々の生活をおくれること、学校が仲間や教師との信頼関係をはぐくむ場となり、子どもたちの居場所となっていることは、学力保障の前提条件であると同時に、子どもたちを社会的に包摂し子どもたちの生活の質を高めることにもつながる。D小やE中が直面してきた困難とは、社会的不利益層が集中しがちな地域の学校として、すべての子どもたちに生活と教育を保障しようとしてきたがゆえの困難なのである。

　教師にもっと頑張れというのか、という批判の声も聞こえてきそうだ。だが、私が言いたいのはそんなことではない。もともと日本の教師は、生活・生徒指導や部活動など、教えること（teaching）以外の様々な「指導」を担ってきた。教師と児童・生徒の人格的交わりを重視するのは日本の学校文化の特徴であるが、この文化を一面的に称揚するのは問題でもある。社会経済的に厳しい状況にある児童生徒の多い学校においては、教師の職域を無限定に拡大し、過重労働を招くおそれがあるからである。実際、日本の教師の労働時間は非常に長く、学校への教師以外の専門スタッフの配置は極めて少ない（国立教育政策研究所 2014）。校内における教師と専門スタッフの連携や学校以外の機関との連携も、緒についたばかりである（保田 2014）。

　私が言いたいのは次のようなことだ。教育だけで、教師だけで、子どものウェルビーイングは実現できない。それを認めた上で、ウェルビーイングの実現という観点から学校の役割を再定義する必要がある。政策的な観点からは「子供の貧困対策の推進に関する大綱」がいう「プラットフォーム（土台）」としての学校の可能性を明らかにすることが求められる。実践的には、認知的発達（学力）だけでなく身体・情緒・社会的な発達も視野に入れ、就学保障や生活保障、さらには保護者の子育て支援やコミュニティデベロップメントといった面からも、子どものウェルビーイングを実現するために必要な手立てを考え、組織することが求められている。そうした教育と福祉が重なり合う政策や実践について、欧米には多くの例があり、近年、日本にも少しずつ紹介されるようになってきた[5]。国内でも教育と福祉の谷間を埋めようとする研究や「教育福祉学」の確立をめざす研究が芽生えている（小川・高橋

2001，大崎 2012，住友 2009，山野他編 2012)。今後、それらの研究と「効果のある学校」の研究を接合し、「ウェルビーイングのための学校」の可能性を探っていきたい[6]。

(注)
(1) 「原学級保障」とは、障害のある子どもとない子どもが「普通学級」（当時の呼称）でともに学ぶことを保障することである。すべての子どもの本来の所属は普通学級であるという意味を込めて、普通学級を「原学級」と呼んだ。
(2) ユニセフ（訳書 2010）は、物的状況、健康と安全、教育、友人や家族との関係、日常生活上のリスク、子どもや若者自身の「実感」という 6 側面からウェルビーイングを把握している。また、木村（2005）は環境や状況のよさ＝生活の質（クオリティ・オブ・ライフ）を生活者が認識することでウェルビーイングに到達できるとする。
(3) 調査対象校の不登校率（全校児童・生徒のなかで年間 30 日以上の欠席者が占める割合。2012 年度）は次のような分布である。小学校：0.5% 未満 7 校、0.5%〜1% 未満 2 校、1%〜3% 未満 6 校。中学校：0.5% 未満なし、0.5%〜1% 未満 1 校、1%〜3% 未満 2 校、3%〜5% 未満 4 校、5%〜7% 未満 1 校。D 小の不登校の率は 0.5% 未満、E 中の不登校の率は 1% 未満である。特に E 中の不登校の少なさは際立っている。
(4) 阿部（2014）は、教育分野における子どもの貧困対策において「学校生活への包摂」を教育費の格差や学力の格差の縮小に先立つ重要課題だとしている。対して、貧困を背景とした不登校・中退は「学校生活からの排除の究極的な形態」である。
(5) 例えば、米国のヘッドスタートを紹介したものに添田（2005）、高田（2000）が、英国のシュアスタートを紹介したものにベルスキー他（訳書 2013）、埋橋（2009，2011）などがある。ヘッドスタートもシュアスタートも、早期の介入が貧困層の子どもの成長に大きな意義をもっているとの知見から生まれたプログラムであり、子どもの生活全般と身体的・情緒的・認知的発達に目配りをして総合的な対策をとること、子どもを対象とする取り組みとともに保護者の参画・エンパワメントとコミュニティづくりを重視することに特徴がある。
(6) ソーシャルワーカーの国際組織である国際ソーシャルワーカー連盟（IFSW）と国際ソーシャルワーク学校連盟（IASSW）は、ソーシャルワークを次のように定義している（以下の引用は、日本社会福祉教育学校連盟

と社会福祉専門職団体協議会による共訳。2014年5月)。

「ソーシャルワークは、社会変革と社会開発、社会的結束、および人々のエンパワメントと解放を促進する、実践に基づいた専門職であり学問である。社会正義、人権、集団的責任、および多様性尊重の諸原理は、ソーシャルワークの中核をなす。ソーシャルワークの理論、社会科学、人文学、および地域・民族固有の知を基盤として、ソーシャルワークは、生活課題に取り組みウェルビーイングを高めるよう、人々やさまざまな構造に働きかける」。

ソーシャルワークは「恵まれない」人に対する恩恵ではない。すべての人が尊厳を持って生きるための、人権と社会正義を実現するための、社会変革である。ウェルビーイングを達成するためには、それを阻んでいる貧困・不平等・抑圧・差別を温存する構造的障壁(structural barriers)をなくさなくてはならない。「人々やさまざまな構造に働きかける」ことが必要なのである。既存の学校教育制度も構造的障壁のひとつであり、「効果のある学校」づくりはそのような障壁を取り払おうとする試みでもある。

(参考文献)

阿部彩, 2014『子どもの貧困Ⅱ―解決策を考える』岩波書店

ジェイ・ベルスキー, ジャクリーン・バーンズ, エドワード・メルシュ編著 (清水隆則監訳), 2013『英国の貧困児童家庭の福祉政策―"Sure Start"の実践と評価』明石書店

Coleman, J. S. et al. 1966, *Equality of Educational Opportunity*, U. S. Government Printing Office

関西教育行政学会, 2013「関西教育行政学会第29回大会シンポジウム―教育と福祉の連携:ジョインドアップ・ガバメント」(佛教大学, 2013年12月8日)

木村直子, 2005「『子どものウェルビーイング』とは」『現代のエスプリ―子どものウェルビーイング 子どもの「健幸」を実現する社会をめざして』453号, pp. 31-39

川口俊明・前馬優策, 2007「学力格差を縮小する学校―『『効果のある学校』』の経年分析に向けて」『教育社会学研究』第80集, pp. 187-205

国立教育政策研究所, 2014『教員環境の国際比較 OECD国際教員指導環境調査(TALIS)2013年調査報告書』明石書店

文部科学省, 2014「平成24年度要保護及び準要保護児童生徒数について」

文部科学省, 2014『平成24年度「子供の学習費調査」調査結果の概要』

日本社会福祉教育学校連盟・社会福祉専門職団体協議会, 2014「ソーシャル

ワークのグローバル定義（日本語版訳）」
小川利夫・高橋正教，2001『教育福祉論入門』光生館
大崎広行，2012「日本における学校福祉行政施策の展開に関する歴史的研究——京都市教育委員会「生徒福祉課」の成立と学校福祉実践の関連をめぐって」『目白大学総合科学研究』第8号，pp. 11-26
大阪大学大学院人間科学研究科，2012『子どもたちの学力を下支えしている学校の特徴に関する調査研究』（平成22年度文部科学省委託研究報告書）
志水宏吉編，2009『「力のある学校」の探究』大阪大学出版会
添田久美子，2005『「ヘッドスタート計画」研究——教育と福祉』学文社
Stoll, L. and Myers. K. (eds.), 1998, *No Quick Fixes: Perspectives on Schools in Difficulty,* Routledge Falmer
住友剛，2009「部落解放教育と学校ソーシャルワーク（SSW）——両者の接点と今後の課題を考えるために」『部落解放研究』第184号，pp. 63-74
高田一宏，2000「ヘッドスタートの研究——その歴史と今日的評価」『姫路工業大学環境人間学部研究報告』第2号，pp. 153-162
高田一宏・鈴木勇，2015「日本——「確かな学力向上」政策の実相」志水宏吉・山田哲也編『学力格差是正策の国際比較』岩波書店，pp. 181-212
Thrupp, M., 1999, *Schools Making a Difference: Let's be Realistic! School Mix, School Effectiveness, and the Social Limits of Reform,* Open University Press
ユニセフ（UNICEF），国立教育政策研究所国際研究・協力部訳，2010『先進国における子どもの幸せ——生活と福祉の総合的評価』（UNICEFイノチェンティ研究所『Report Card 7』研究報告書）
埋橋玲子，2009「イギリスのシュアスタート——貧困の連鎖を断ち切るための未来への投資・地域プログラムから子どもセンターへ」『四天王寺大学紀要』第48号，pp. 11-26
埋橋玲子，2011「イギリスのシュアスタートと日本の課題——貧困問題と就学前のワンストップ機能」『部落解放研究』第192号，pp. 40-51
山野則子・山中京子・関川芳孝・吉田敦彦編，2012『教育福祉学への招待』せせらぎ出版
保田直美，2014「学校への新しい専門職の配置と教師役割」『教育学研究』第81巻第1号，pp. 1-13
国際ソーシャルワーカー連盟（International Federation of Social Workers）ホームページ　http://ifsw.org/（2015年10月1日アクセス）
内閣府「子どもの貧困対策の推進」ホームページ
　http://www8.cao.go.jp/kodomonohinkon/（2015年10月1日アクセス）

第10章

調査から実践へ

志水宏吉

はじめに

本章は、全体のまとめに相当する部分である。

まず調査結果を筆者なりの言葉で要約する（1節）。その上で、本書の視点からみて重要だと思われる4つのトピックを設定し、それぞれについて、第一に、どのような結果が導き出されたのか、第二に、それはこれまでの実証研究の蓄積や理論的展開との関係でどのように位置づけることができるのか、そして第三に、これらの結果をどのように実践（具体的には国レベルでの政策、ローカルレベルでの政策、学校現場での取り組み等）に結びつけることができるのか、という3つの観点から順次コメントを加えていきたい（2～3節）。

ここで設定するトピックとは、以下の4つである。

1) 学力の経年変化（2節）
2) 学力の規定要因（3節）
3) 教育活動との関係（4節）
4) 学校運営との関係（5節）

最後に、今後の研究上の課題を提示したうえで、本章の締めくくりとしたい（6節）。

1. 各章の要約

以下に、各章で導き出された分析結果を、改めて簡潔に要約しておく。

1章　1989年から2013年にかけての変化

子どもたちの学力は、1989年から2013年にかけていったん落ち込んだが、2001年以降「弱いV字回復」を果たした。同時に、学力格差も縮小傾向にある。アンケート結果からは、生活・学習習慣も改善され、生活満足度・自尊感情・社会観もよりポジティブなものになっていることがわかる。その背景要因として指摘できるのは、家庭学習時間の増加や授業スタイルの変化である。2013年において、学力に対して最も強い規定力を有する変数は「学習習慣」となっている。これらのことは、私たちに「学校の力」の再発見を要請している。

2章　家庭の教育戦略

子どもの学力形成における同性の親の影響力は、異性の親に比べて大きい。本調査の場合、教育投資は女子においてより高く、逆に教育期待は男子に対してより高いという結果が出た。このうち、教育期待の学力に対する影響は男女で強いものの、経済投資・文化投資の影響はさほど強くない。全体を通して明らかになったのは、子どもの学力や資源配分における同性の親の影響力の強さである。

3章　社会関係資本の役割

親の社会関係資本は家庭の社会経済的状況の影響を受けるが、子社会関係資本の場合、その影響は小さい。親の社会関係資本は地域背景が高いほど多くなるが、子の社会関係資本は「しんどい地域」ほど多くなる傾向にある。そうした「しんどい地域」では、親や子の社会関係資本が学力形成に強い影響を与えている。その影響は概してプラスのものだが、親の強い「地域つながり」については、学力に負の影響を与えている。

4章　授業スタイルの変化

2001年から2013年にかけて、授業スタイルに明確な変化が認められた。すなわち、多面的な授業展開が見られるようになり、その方向に向けての授業の「均質化」が進行したようである。2013年の時点では、新学力観に近い「ドリル偏重度の低い」授業は、学力向上にプラスの影響を与えている。ただし、2013年における授業の充実は、塾に通っていない子どものメリットとはなっていないようだ。すなわち、授業の多面的充実は、2001年に見られたような通塾児と非通塾児との学力格差の縮小をもたらしてはいない。

5章　「学びあい」や「人間関係づくり」

個人を分析単位とした場合、学びあいや豊かな人間関係は学力に関して正の効果を有してはいない。しかしながら、学級レベルでの分析を行うと、学びあいや豊かな人間関係がある学級では、学力の平均点は高くなり、なおかつ低位層の底上げもなされている。「しんどい学級」では、そもそも学級レベルでの「学びあい」が行われにくいが、その取り組みが進めば子どもの学力の向上につながる可能性が高い。

6章　公正な社会観

小学校では「競いあう」関係が自己責任志向を強め、中学校では「教えあう」関係が反自己責任志向や社会変革志向を高めている。そうした社会関係のあり方は、学級の人間関係やグループ学習という授業形態によって促進される傾向がある。他方で、学力が低い子は、反自己責任志向・社会変革志向がそもそも低い傾向にある。彼らの社会観に対して学校に何ができるかを探求することが課題として残る。

7章　「効果のある学校」の特徴

3時点でのアンケート結果の分析から、「継続して効果のある学校」では、家庭学習習慣や学習への積極的姿勢が強いことが明らかになった。基本的生活習慣や自分専用の持ち物についての回答からも、家庭での学習の妨げにならないような環境を保護者が意識していることがうかがわれる。子どもたちの学習への前向きな姿勢は、学校からの働きかけとそれを受け止める家庭での取り組みとの「相乗効果」によってもたらされると考えられる。

8章 「効果のある学校」が持続する要因

　「継続して効果のある学校」を代表とする2校(小1校、中1校)では、課題のある児童生徒に寄り添う「思い」と、チームで教育に当たる「仕組み」が学校文化として継承されており、それが効果の継続性を生んでいるようである。その際にカギになるのが、「ミドルリーダーの働き」「生徒や保護者・地域住民に共有される学校文化」「中学校区での学校文化の共有」の3つの要因だと指摘できる。

9章 「継続的に効果が現れない学校」の特徴

　「継続的に効果が現れない学校」の典型である2校(小1校、中1校)の実践を検討した本章の結論は、学校の力には明らかに限界があるということであった。厳しい生活状況・急激な少子化・人事異動の問題といった外部的要因の存在が、学校効果の発現を妨げていた。その限界を超えるためには、子どもたちのウェルビーイングを実現する要素の一つとして教育を考える視点が必要である。具体的には、スクールソーシャルワークを通じた教育・福祉連携、中学校区を基盤とした校種間連携の充実、地域における子どもの生活・学習支援等が、一層推進される必要がある。

11章　補論：テスト方法論の革新

　新しいテスト理論である項目反応理論(IRT)にもとづく現状の検討と本調査データの分析を試みた。現状の全国学力テストは、「指導のため」と「政策のため」という2つの目的を兼ね備えているが、本来は後者が中心であるべきだ。そのためには、IRTにもとづくテストを設計する必要がある。今回のデータにIRTを応用した結果、「通塾の影響を過小評価」している可能性があるという結果が導き出されたが、本調査の結果全体はおおむね妥当なものであることが示された。

　以下では、4つの問題に焦点をしぼり、若干の考察を加えていく。

2. 学力の経年変化
― 回復をもたらしたもの

1章で見たように、本調査における小・中学生（小5と中2）の学力は1989年から2001年にかけていったん大きく落ち込んだものの、2001年から2013年にかけては「弱いV字回復」と表現できる状況となっていた。それと連動するように、いったんは増大した子どもたちの間の学力格差も、2013年では1989年の時点での水準と同程度のところまで戻ってきた形となっている。要するに、子どもたちの学力は回復基調にあると言える。

この結果は、あくまでも大阪府内での「定点観測」の結果としてもたらされたものであるが、この「回復状況」は、2000年にスタートし、3年に一度実施されるPISAと呼ばれる国際比較学力調査の結果とも符合するものである。すなわちPISAにおいて、2003年・2006年と落ち込みを見せた日本の15歳児の学力は、2009年・2012年と順調に回復している（志水・鈴木 2012：序章）。PISAは全国サンプリングにもとづいて行われているもので、そこで得られた学力データは信頼に足るナショナルデータだと位置づけることができる。

また、お茶の水女子大チームが実施している経年調査（JELSと呼ばれる）においても、同様に、子どもたち（小3と小6）の算数の学力水準は2003年から2009年にかけて上昇しており、低位層の底上げもはかられているという結果が提出されている（耳塚 2013：2章）。

これらの結果から、1990年代にいったん落ち込んだ子どもたちの学力水準は、2000年代に入って上昇傾向に転じていると総括することが可能であろう。

ここで浮上する問いは、「ではなぜ、こうした変化が生じたのか」ということである。考えうるおそらく最も大きな要因は、文科省の政策転換であろう。いわゆる「学力低下論争」が勃発した時期が1999年から2000年にかけての時期であり、第一回のPISA調査（2000年実施）の結果を受け、文科省が「ゆとり教育」路線から「確かな学力」向上路線への転換をはかったのが、

2002 年から 2003 年にかけての時期であった。子どもたちの学力の上昇カーブは、明らかにこの路線転換と対応関係にある。というか、その対応関係は、恐ろしいほどに相即したものである。2007 年度から文科省は全国学力テストをスタートさせた。その後、1 章で「テストレジーム」と呼んだ秩序が、全国の公立小・中学校を支配するようになっている。

　もう一点、ここで改めて付け加えておかねばならない事実は、本大阪調査で扱っている学力とは、伝統的な言葉で言うなら「基礎基本」にかかわる部分、今風に言うなら「A 学力」に限定されたものであるという点である。今日の全国学力テストの B 問題で想定されるような「B 学力」（伝統的な用語で言うなら、「応用的な学力」）は、ここでの分析には含まれていない。

　いったん下がった基礎基本の力（A 学力）は回復傾向にある。他方で、今日その獲得が強く期待されている応用力（B 学力）の状況はどうなっているか確たることは言えないが、昔はその部分はあまり強調されていなかったはずなので、今の子が昔の子に比べてその点で劣っているとは考えにくい。最低でも昔と「同等」、おそらくは今の子の方が B 学力においては秀でている、と考えた方が妥当であろう。要するに、今の子どもたちの学力の実態は、決して悪くない状況にあると考えることができるのである。

　「確かな学力」向上路線のもとで、子どもたちの基礎学力の水準が向上しただけでなく、「思考力・判断力・表現力」という言葉で表現される新しいタイプの学力（B 学力）もそれなりに育まれているはずである。4 章で見たように、本調査の対象校においては、かつて（2001 年）と比べて、さまざまな活動が多面的に組み合わされた授業が積極的に展開されるようになっているのだから。

　したがって、ここで改めて指摘しておきたいのが、国の教育政策の影響力の強さである。もちろん、テストレジームの広がりについて、学校現場からの批判や不満の声を聞くことも少なくない。テストの存在が日常化することによって、教師や子どもたちがこれまでにはなかった類いのプレッシャーにさらされることもあろう。ゆとりのある学校生活がせちがらいものに変質してしまう危険性もないではないが、そうした点についての論評は、ここでは

控えておく。

　ここで強調しておきたいポイントは、「政策は学校を動かす力を有している」という、いわば当たり前の、しかしながら私たちが日常的にはあまり意識することがない事実である。「学力を上げる」という政策意思が、ものの見事に「結果」を出したのである。

　このことを、私たち研究グループの関心に引きつけて言い換えるなら、「学校の力」の再評価という表現につながる。今回の調査に先立つ調査（2001年実施）の分析に従事していたころ、私たちの実感は「家庭のカベは厚い」というものであった。顕著な学力格差が見いだされたその時点で、その格差を生み出す最大の要因は「家庭環境の違い」にあると思われた（苅谷・志水 2004：特に6章）。そして、「家庭の力」は圧倒的で、それを「学校の力」で覆すことはきわめて困難であるようにも思われた（とはいえ、教師たちの英雄的ながんばりで「結果」を出している「効果のある学校」の存在も見いだされたわけではあるのだが）。

　しかし、今回の分析を通じて、私たちは異なる「手ごたえ」を感じることができた。つまり、「学校の力」は捨てたものではないという実感を、持つことができたのである。2013年の小・中学生たちは、2001年の同世代の子どもたちと比べて、よりたしかな学習習慣を有しており、よりポジティブな自己イメージを抱いていた。彼らがおかれた社会経済的状況は、2001年と比べて決してよくなったとは言い難い状況であるにもかかわらず、である。私たちは、対象校における地道な学力向上の取り組みや教師たちの丹念な声かけ・働きかけが、こうした結果を生み出すうえで大きな役割を果たしたのではないかと考えている。そして、いいか悪いかは別として、その背景にあったのが2000年代以降の「確かな学力」向上路線にもとづく国レベルでの教育政策の展開であった。

3. 学力の規定要因
── 社会関係資本の可能性

　1章で見たように、子どもたちの学力形成に対する家庭環境の影響力は、

少なくとも2013年では2001年より弱まっているという結果が出てきた。それに対して、2013年において影響力がさらに強まったのが「学習習慣」という要因である。

「小さいときに読み聞かせをしてもらった」とか、「家の人に博物館や美術館に連れていってもらう」といった項目で測定される家庭の教育的環境の直接的影響力は今日では背景に退き、逆に、「出された宿題はきちんとやる」とか、「嫌いな科目でもしっかり勉強する」といった項目によって測られるような、子どもたちが後天的に獲得する学習習慣が学力により強く関連している、という現状が明らかになったのである。前節で述べたように、そうした学習習慣は、「学校の力」によってもたらされうるものである。たとえ家庭環境に恵まれなくても、学校・教師の指導によって子どもたちが適切な学習習慣を育むことができれば、彼らの学力水準を下支えすることは十分可能であるという筋道が、ここから浮かび上がってくる。

ところで、学力の規定要因という本節のテーマ、より特定して言うなら「学力に対する家庭環境の影響力の強さ」というテーマに関して近年実証研究を精力的に積み重ねているのが、耳塚らのグループである（耳塚 2013, 耳塚・牧野 2007）。ナショナルデータにもとづく最新の調査結果によれば（耳塚 2014）、「家庭の所得」「父親学歴」「母親学歴」の3つの要因の合成変数として設定された「家庭の社会経済的背景（SES）」の学力に対する影響力の強さは明白であるという指摘が改めてなされている。耳塚は、大都市圏に在住する、子どもの学校外教育に多くの資金を投入する家族のことを「教育投資家族」と呼び、彼らの意識と行動が学力格差の拡大に拍車をかけていると警鐘を鳴らす（耳塚 2013：1章）。

家庭の社会経済的背景が子どもたちの学力形成に大きくかかわっていることは教育社会学の常識であり、それが今日では「社会の常識」ともなりつつある。そうした状況に対して、私たちの研究グループでは、「つながり」（＝人間関係が生み出す力）に着目し、それが学力形成に及ぼす影響について経験的研究を積み重ねてきた（志水 2014）。ここで言う「つながり」とは、「社会関係資本」（social capital）という学術用語に置き換えて考えることが可能

である。

　筆者自身が、「社会関係資本が学力形成に及ぼすポジティブな影響力」という考えを抱くにいたったきっかけは、本書の7章・8章に出てくる小学校でフィールド調査を実施したことにあった。その小学校では、学校を舞台として重層的に蓄積され、多面的に展開されている人間関係のつながりが、子どもたちの基礎学力の底上げに決定的な意味を有しているように思われた（志水 2003）。

　そして、2007年の全国学力テストの都道府県別結果の分析をした私たちが導き出したのが、「つながり格差」という考え方であった。すなわち、秋田県や福井県を代表とする学力「上位県」では、家庭・学校・地域における人間関係の豊かさが子どもたちの相対的に高い学力の実現に寄与しており、反対に「下位県」では、「離婚率」や「借家率」や「不登校率」といった指標で表される人間関係の希薄化・ゆらぎが平均学力の低さをもたらしていると考えたのである（志水・知念・中村 2011）。それと同時に明らかになったのは、子どもたちの家庭がリソースとして所有する3種類の資源（＝経済資本・文化資本・社会関係資本）は、それぞれほぼ同じぐらいの強さで子どもたちの学力に独立の影響力を及ぼしているという統計的事実であった（志水他 2011）。

　教育という分野における社会関係資本の役割について包括的なレビューを行った露口は、以下のような指摘を行っている。

　　数多くの研究において検証されているように、教育における社会関係資本（家庭・クラス・学校・地域）は、学業成績・退学抑制・大学進学促進等のさまざまな教育効果を有している（露口 2013：187）。

　本書の3章では、今回の保護者調査のデータを活用して、社会関係資本の影響力についてのさらなる分析を行った。そこで見いだされたのは、親が所有する社会関係資本は、地域の社会経済的状況が高いほど豊富なものとなるが、子どもが有する社会関係資本は、逆に社会経済的状況が低い地域（「し

んどい地域」）で多くなっているという興味深い結果であった。これは明らかに、対象となっている小学校の「学校の力」（教師の指導や各種の連携活動）に起因するものと考えることができる。すなわち、子どもたちを「つなごう」とする教師たちの営為が、子どもたちの社会関係資本を豊富なものにしているということである。これは、以前私たちが報告した、「しんどい家庭の子どもたちの学力水準は、社会関係資本の力で支えられる度合いが強い」（志水他 2011）という知見と整合的なものとなっている。ナショナルデータを扱った耳塚らの研究においても、「集合財としての社会関係資本が多いほど、子どもの学力が高くなる可能性を示唆している」（国立大学法人お茶の水女子大学 2014：8）と指摘されており、学力形成に対する社会関係資本のポジティブな影響力の存在は疑う余地のないものと考えることができよう。

　3章での分析で見いだされた今ひとつのポイント、すなわち「しんどい地域における、大人たちの密接な人間関係は、子どもたちの学力に負の影響を与えることもある」という事実は、「つながりの量と質」という理論的テーマにつながっている。これも以前指摘したことであるが（志水 2014：3章）、「つながりの量」が確保されていても、それが子どもたちの学力の高さに結びつかない場合もある。例えば、かつて私たちが実施したフィールド調査において、「沖縄の離島では、地域住民は学校に対して、ペーパーテストの点数を高めることではなく、子どもたちにたしかな体力と人間性を身につけさせることを期待している」という状況が明らかになったことがあった。すなわち、「つながりの質」が、学校学習への傾倒を要求しない場合もありうるということである。地域のなか、および学校内で、「しっかり勉強することの意義・尊さ」を子どもたちが実感できるような文化・価値観を形成することができるかどうか、学力向上に向けての働きかけのポイントはそこにあるように思われる。

4. 教育活動との関係
―学力と社会性との相乗効果を生む

　本書第Ⅱ部は、教育社会学の実証研究としては比較的珍しいトピックを扱っている。すなわち、教育の中身（授業や生徒指導面での活動）と教育的アウトプット（学力を中心とする）との関連についての検討がなされているのである。4～6章での分析は、それぞれ斬新な視点からなされたチャレンジングな試みであるということができる。

　図式的に言うと、それら3つの章での分析は、以下のような変数の関連を明らかにしようとしたものである。

	独立変数		従属変数
4章	授業	→	学力
5章	学びあい・集団づくり	→	学力
6章	友だちとの関係	→	社会観

　このなかで、4章のテーマ（授業のあり方と学力との関係）については、2001年に実施された前回調査においても一定の分析を行い、新学力観型の授業の拡大が学力低下と学力格差の拡大を招いているという結果を導き出した（苅谷・志水・清水・諸田 2002）。そもそも授業のあり方が子どもたちの学力に及ぼす影響を適切に取り出すことは簡単な作業ではないが、今回の分析からは、授業のあり方の変化（＝宿題やドリルが多く課される一方で、自分で考えたり、調べたり、あるいは自分の考えを発表したり、意見を言い合ったりすることも頻繁に行われるようなタイプの授業の増大）は、子どもたちの学力水準をたしかに押し上げる効果を持っているが、格差の縮小には必ずしもつながっていないことが明らかとなった。

　ここで注目しておきたいのは、残る5章・6章における分析のインプリケーションである。まず5章で明らかになったのは、授業の中での学びあいや学校生活全般にかかわる集団づくりの営為が活発に取り組まれている学級

の子どもたちの学力は押し上げられる傾向にあるということであった。また学力ではなく、子どもたちの社会観を従属変数として設定した6章の分析が示唆するのは、クラスメートとの「競いあう」関係は自己責任志向、「教えあう」関係は社会変革志向を高める可能性が強いということであった。

　これら2つの章の結論を組み合わせたものを最もシンプルに言い表すなら、次のようになる。すなわち、「授業内および授業外でのクラスメートとの密接なかかわり合いが、子どもたちの学力と社会性の育成にたしかに寄与する可能性が示された」こと。そもそも学校の役割は、子どもたちにたしかな学力と豊かな社会性を育むことにあると私たちは考えている。この時の「豊かな社会性」とは、「よりよい社会をつくっていくために、さまざまな違いをもつ周囲の他者とのコミュニケーションを切り拓いていく力」と捉えておきたい。

　両者のうち、かつての日本では、社会性の方は地域や家庭の生活のなかで自ずと育まれていくという側面が強かった。学校は「勉強するところ」としていればよかったのである。しかし、もはやそのような形は崩れている。学力と社会性は車の両輪である。子どもたちは、長い時間を過ごす学校のなかで、たしかな学力を獲得するのと同時に、豊かな社会性を育んでいく必要がある。

　ましてや日本社会は、ますます格差社会化の様相を強めている。義務教育機関が「学校の力」を発揮して、その両者を子どもたちのなかに実現していかなければ、家庭や地域間の社会経済的・文化的格差がダイレクトに子どもたちの育ちに反映し、有利な社会的ポジションを独占していく「強い個人」と、きびしい境遇から抜け出せない「弱い個人」とがどんどん再生産されるジリ貧の社会状況がもたらされる危険性が増大する。

　現代社会の基本理念は「メリトクラシー」と呼ばれる。メリトクラシーとは、「個人の能力と努力によって人々の人生が切り拓かれていく社会」のことである。その基本は守られなければならない。そう考えた時、学校教育のミッションは、本章の文脈では次のように表現することが可能となろう。すなわち、第一に学校は、子どもたちにメリトクラシーの世の中を泳ぎ切るた

しかな学力を身につけさせなければならない。と同時に学校は、過度のメリトクラシーの弊害による社会のゆがみを改善していこうという志向性をもつ人間、すなわち豊かな社会性を備えた人々をつくり出していかなければならない。

今回の分析を通じて、充分たしかな証拠を取りそろえたとは言い難い側面もあるものの、そうした方向性を一定程度根拠づけるような知見を提出できたのではないかと、私たちは考えている。大阪の教育の伝統は、「集団づくり・仲間づくり」というものを大事にしてきたことにある。そうした実践の社会的意義は、現代においてこそ一層強調されるべきである。私たちは教育を「教師と子どもの間に成立する教える関係」を軸にして考えがちであるが、大阪では「子ども同士の間に成立する学びあう関係」を大事にしてきた。そのなかでこそ、たしかな学力と豊かな社会性はよりよく育まれるに違いない。希望をこめて、私たちはそのように主張したい。

5. 学校運営との関係
―「効果のある学校」論の再検討

最後の論点は、しんどい子の学力を下支えする「効果のある学校」論にかかわるものである。

私たちの研究グループでは、この十年間ほどにわたって、大阪の「効果のある学校」の存在を学力実態調査によって確認し、継続的な訪問調査によってその質的な特徴を探るという作業を行ってきた。その結果生まれたのが、「しんどい子に学力をつける7つのカギ」（志水 2005）であり、「力のある学校のスクールバスモデル」（志水 2009）というものである。ちなみに後者の「スクールバスモデル」では、以下にあげる8項目を、「力のある学校」（＝すべての子どもをエンパワーする学校）をつくる重要な要素として提示している。

① 気持ちのそろった教職員集団
② 戦略的で柔軟な学校運営

③ 豊かなつながりを生み出す生徒指導
④ すべての子どもの学びを支える学習指導
⑤ ともに育つ地域・校種間連携
⑥ 双方向的な家庭とのかかわり
⑦ 安心して学べる学校環境
⑧ 前向きで活動的な学校文化

　最近耳塚らのグループでは、ナショナルデータを用いて、「学校に通う児童生徒の家庭や地域の環境との関連から、その学校がどの程度の学力を達成すると予想されるか」を示す「推測値」と実際の学力数値との違いをみて、後者が前者を大きく上回る学校を「高い成果を上げている学校」として、その質的な特徴に迫るという注目すべき研究を行っている。その際に、具体的な訪問調査の対象となったのは7校（小学校4校、中学校3校）である。そして、それらに共通する特徴として挙げられているのが、次の6点である（国立大学法人お茶の水女子大学　2014：12）。

① 家庭学習の指導
② 管理職のリーダーシップと同僚性の構築、実践的な教育研修の重視
③ 小中連携教育の推進、異学年交流の重視
④ 言語に関する授業規律や学習規律の徹底
⑤ 都道府県、市レベルの学力・学習調査の積極的な活用
⑥ 基礎・基本の定着の重視と少人数指導、少人数学級の効果

　私たちのリストと共通する項目もあれば、そうでない項目もある。しかし、ここで強調しておきたいのは、この耳塚らの研究が「きびしい社会状況に置かれた子どもたちの学力を支える」という、私たちと同様の問題関心に導かれたものだということである。こうした経験的な研究の蓄積が、今後の教育現場のあり方を変えていく一つのきっかけとなるだろうことは間違いない。

さて、今回私たちは、自分たち自身の研究の蓄積をふまえ、新たな作業を行った。それは、一つには、「効果のある学校」を持続させる要因の分析（8章）であり、二つめには、継続的な努力を積み重ねているにもかかわらず「効果のある学校」にはなれない要因の抽出である（9章）。前者については、メンバーが変わっても持続する学校文化・教員文化の存在が浮かび上がってきた。その文化は、教員集団の結束力という求心的な社会関係資本を中核に据えながらも、子どもたちの家庭や地域住民、あるいは近隣の各校や市教委との関わり合いのなかで生まれる、開放型の社会関係資本の増殖によって支えられ、常に活性化していた。在籍する子どもたちに関して、経済資本・文化資本のレベルにおいてある程度のハンディキャップがあっても、学校内外に蓄積されている社会関係資本の働きがそれをカバーして余りある状態になっているのが、それらの学校の事例であった。

　他方、後者に関しては、種々の外部的要因の存在が、学校効果の発現を妨げていた。9章で記述されているように、「学校の力には明らかに限界がある」と言わざるをえない状況が、そこにはあった。スクールソーシャルワークを通じた教育・福祉連携、中学校区を基盤とした校種間連携の充実、地域における子どもの生活・学習支援などが、現状を改善する手立てとして指摘されており、それはそれで正しい。しかしそれを、ひとつの小学校なり中学校なりの肩に担わせるのは、酷というものであると私たちは考えている。経済資本・文化資本レベルでのハンディキャップが余りに大きいために、教師たちがつくり出す社会関係資本の効力が十分に発揮されえないのである。

　それらの手立てが十分に機能するためには、やはり行政のサポートが不可欠である。「力のある学校」のスクールバスが順調に運行するためには、ガソリンが供給されなければならないし、道路も整備されていなければならない。その意味では、「効果のある学校」が成立する最良の条件は、教育委員会が「効果のある教育委員会」であることだとさえ言える。私たちは、大阪のある自治体が、一貫したポリシーのもとで学校現場を手厚くサポートし、学力面でのめざましい成果をあげた事例を知っている（志水・茨木市教育委員会 2015）。「学校の力」によって、「家庭の力」のハンディを一定程度克服

できることは確かである。それと同時に、「行政の力」によって、「学校の力」が十全に発揮できるような環境がつくりだされうることもまた確かである。

かつて、「効果のある学校」研究が欧米でさかんに積み重ねられていた時期に、イギリスの教育社会学者ウィッティ（Whitty 2002）は、次のような趣旨の警鐘を鳴らしていた。すなわち、学校が無力でないことを示すのは重要だが、「学校の力」をあまりに強調すると、人々の目を社会的矛盾からそらせることにつながってしまう。貧困や各種の排除を生み出す社会の構造的要因に働きかけることなくして、子どもたちの学力格差を縮小することはそもそも不可能である。「効果のある学校」研究の推進が、社会的不平等の温存のための言い訳になってはならない。私たち日本の教育社会学者も、このウィッティの指摘を常に念頭に置いておかなければならない。

経済格差や労働市場のあり方といった社会の構造的要因に働きかける役割を主として担うのは、ナショナルレベルでの政策である。子どもたちの間の学力格差を克服するためには、究極的には一国の社会政策全般を見直さなければならない。私たちは、アメリカ・イギリス・フランス・ドイツ・オーストラリアそして日本という6つの国を対象として、「学力格差是正策の国際比較調査」を実施し、その成果を最近まとめたばかりである（志水・山田 2015）。

諸外国では、子どもたち全体の学力向上が図られるのと同時に、「しんどい層」の学力を引き上げようという政策的努力が積極的になされていた。教育社会学の用語を使うなら、「卓越性」と「公正」の2つの次元での改善が図られていたのである。それに対して日本では、国レベルでの政策は主として「卓越性」の次元をターゲットとしたもので、「公正」の観点からの改革はいまだ弱いと言わざるをえない現状である。学力格差の克服に向けての「学校の力」を十全に発揮させるためには、地方レベルでの「行政の力」の向上もさることながら、国レベルでの「行政の力」の抜本的な見直しが必要であるように思われる。

6. 今後の課題

今後の研究課題について、何点か指摘しておきたい。

まずは、調査研究の継続と理論的・方法的革新である。

本書がベースにしているのは、私たちの研究グループが 2013 年度に実施した大阪学力調査である。この調査は、1989 年および 2001 年に実施された小中学生の学力実態調査の第 3 弾として実施されたものである。国語と算数・数学の、同じ基礎的な問題を、同じ対象校で実施するというシンプルな設計にもとづくものであるが、同種の調査結果はほとんど報告されておらず、継続的な調査ゆえの貴重な知見がいくつも導き出されたと言ってよい。そこでまず考えられなければならないのは、この調査の継続である。次回の調査時期は、2013 年の 12 年後の 2025 年ということになる。調査の継続こそ、大きな力となる。

1989 年の初回の調査は、同和地区の子どもたちの低学力の実態把握を目的としたものであり、自尊感情が学力に与える影響についての貴重な問題提起がなされた。その当時の問題意識は、同和地区の子どもたち一人ひとりの学力をどう底上げしていくかという点にあった。2001 年の 2 回めの調査では、「学力低下論」の検証がなされた。そこで見出されたのは、学力格差の拡大（＝ 2 こぶラクダ化）という実態であったが、同時に、格差を一定程度克服している「効果のある学校」の存在を指摘したのが重要な理論的発展だったと位置づけることができる。学力格差の克服のためには、学校づくりの視点（＝学校の組織力・チーム力の発揮）が不可欠であることが示されたのである。さらに、今回の調査では、「学校の力」を支える「行政の力」の重要性が浮かび上がってきた。学力の問題には、「子ども個人を支える」という視点、「よりよい学校をつくる」という視点のほかに、「学校の取り組みを促進する」という視点が必要であるという理論的・実践的インプリケーションがそこから導き出される。

他方、本書では、新たな統計的手法を用いた分析がいくつか試みられてい

る。マルチレベル分析や相互作用項に注目した多変量解析などがそれである。また、本章に続く11章では、項目反応理論というテスト理論にもとづく、本調査データの再分析が試みられている。それらの方法は、一般の読者には難しすぎてわかりにくいかもしれない。私たちも、いたずらに新奇さを追い求めているわけではない。しかしながら、新たな方法を用いることによって、これまで顧みられることがなかった現実の側面に新しい光を与えることができるとするなら、それは追究すべき道となる。11章はそうした試みの一つである。

　第二に、学力格差の克服にかかわる実践事例の収集と理論的整理が今後の大きな研究課題の一つとなるだろう。これまでの経験的研究の積み重ねによって、「社会階層と学力との間には強い相関があること」はすでに明らかである。教育社会学研究が、そうした統計的関連の強さを指摘するレベルにとどまっていてはいけない。「関連の強さはわかった。それで、どうすればよいの？（So what?）」　この問いにどう答えるか。私たちに期待されているのは、そのことである。それに応えるためには、国内外での実践事例を系統的に収集する作業が不可欠となるだろう。ここで言う「実践」とは、国や地方自治体レベルでの政策、地域（校区）・学校あるいは学級レベルでの種々の取り組みをふくむ幅広い概念である。すでに私たちは、この点に関して一定の作業は行ってきた。今後はさらに、注目すべき実践事例を幅広く収集し、理論的観点からの整理をしていきたいと考えている。

（参考文献）
苅谷剛彦・志水宏吉，2004『学力の社会学』岩波書店
苅谷剛彦・志水宏吉・清水睦美・諸田裕子，2002『調査報告「学力低下」の実態』岩波ブックレット
国立大学法人お茶の水女子大学（代表：耳塚寛明），2014『平成25年度　全国学力・学習状況調査（きめ細かい調査）の結果を活用した学力に影響を与える要因分析に関する調査研究』
耳塚寛明，2013『学力格差に挑む』金子書房
耳塚寛明・牧野カツコ，2007『学力とトランジッションの危機』金子書房

志水宏吉，2014『「つながり格差」が学力格差を生む』亜紀書房
志水宏吉，2009『「力のある学校」の探究』大阪大学出版会
志水宏吉，2005『学力を育てる』岩波新書
志水宏吉，2003『公立小学校の挑戦』岩波ブックレット
志水宏吉・知念渉・中村仁，2012「学力と社会関係資本」志水宏吉・高田一宏『学力政策の比較社会学　国内編』明石書店
志水宏吉・茨木市教育委員会，2015『「一人も見捨てへん」教育』東洋館出版社
志水宏吉・鈴木勇，2012『学力政策の比較社会学　国際編』明石書店
志水宏吉・山田哲也，2015『学力格差是正策の国際比較』岩波書店
露口健治，2011「教育」稲葉陽二他編『ソーシャル・キャピタルのフロンティア』ミネルヴァ書房
Whitty, G., 2002 'School Improvement and Social Inclusion', in Hayton, A., *A Making Sense of Education,* Paul Chapman Publishing

補論　学力分析のための方法的革新

第11章

項目反応理論による「学力低下・学力格差」の実態の再検討

川口俊明

1. はじめに

　苅谷剛彦ら（苅谷他 2002）が日本の学力低下・学力格差の実態を明らかにしてから、10年以上の月日が流れている。この間、全国学力・学習状況調査が実施されるようになり、日本の教育において学力調査の占める比重は明らかに増している。また、格差の拡大／子どもの貧困問題の深刻化により、家庭環境によって子どもたちの成績に差が生じるという「学力格差」の問題が、重要な教育問題として扱われる機会も増加している。
　しかし一方で、日本の学力格差研究が、それほど進展していないことも指摘しておかなければならない。確かに、保護者の年収や学歴に起因する学力格差の実態把握や、学力格差を克服する「効果のある学校」の研究など、2000年の時点では考えられなかった研究が展開されるようになっている。しかし、ナショナルサンプルを利用した研究は少ないし、ほとんどの研究はある一時点で得られたスナップショットの学力データを利用したものに過ぎない。この問題の深刻さは、諸外国と比較すれば明らかである。日本には研究者が自由に利用可能な学力調査がほとんど存在しない。子どもたちの学力を変化させる要因を子細に明らかにすることのできる、幼少期からの追跡調

査は近年の研究トレンドだが、こうした視座を持つ学力調査は、日本ではわずかにお茶の水女子大学のJELSと慶應義塾大学の子どもパネル調査が存在するのみである[1]。

なぜ、遅々として問題が改善されないのか。それは、日本の学力格差研究が、そもそも学力調査とはどうあるべきかという根本的な問題を避けてきたためである。学力格差が教育政策の争点になって10年以上が経つ。そろそろ学力調査の在り方を、次の段階へ進める時期である。

本章の目的は二つある。一つは、近年の学力調査の根幹をなす項目反応理論（Item Response Theory：IRT）の概要を紹介し、日本で実施されている学力調査の欠陥と、その克服について論じることである。もう一つは、実際にIRTを利用することで、苅谷らによる『学力低下の実態』（苅谷他 2002）、および志水宏吉らによる『学力格差の実態』（志水他 2014）の知見を再検討することである。

IRTは、心理学領域を中心に、近年、発展が著しいテスト理論である（加藤・山田・川端 2014, 豊田 2012, 村木 2011）。PISAやTIMSSといった国際的な学力調査に使用されている[2]だけでなく、海外の学力研究・学力調査においては、もはや「暗黙の前提」になっている。残念ながら、日本で実施される小中学校を対象とした学力調査において、IRTが使用されることはほとんどない。ほとんどの学力調査は、古典的テスト理論と呼ばれる枠組みに沿って実施されている。しかし、古典的テスト理論に基づいた学力調査には深刻な欠陥があり、それが教育研究のみならず、教育政策や学校現場にも悪影響を及ぼしている。

本章では、まず日本の学力調査の欠陥について整理する（2節）。その上で、その欠陥を克服するために、IRTの概要とその利点について解説する（3節）。続いて実際に、大阪学力調査の小学校の分析にIRTを適用し（4節）、今後の日本の学力調査においてIRTが持つ意義を述べる（5節）。

2. 日本で実施されている学力調査の欠陥

　筆者の専門の一つは、学力調査の分析である。その立場上、学校現場・教育委員会の関係者と学力テストの分析について話をする機会も多い。そこで感じるのは、かれらがそもそも「何のために学力テストをしているのか」という目的が曖昧なまま、学力テストを実施・分析しようとしている点である。目的が曖昧なまま学力テストを実施して、問題が生じない方がおかしい。そこで、本節ではあらためて「何のために学力テストを実施するのか」という点を整理することから始めたい。

　大まかに言って、学力テストには二種類ある。一つが、「指導のための学力テスト」である。もう一つが、「政策のための学力テスト」である。この二つを混同すると混乱が生まれる。

　「指導のための学力テスト」とは、漢字テストや100マス計算といった、教師が教室で行う指導のために利用するテストのことである。このテストの特徴は、全員が受験した方が好ましく、同時に全員が満点であることが望ましいという点である。また、このテストでは「指導に活かす」ために個々の子どもの間違いを把握することが重要なのであって、平均点を計算したり、受験者の属性（たとえば両親の収入や学歴、あるいは本人の性別など）を収集したりする必要はない。

　次に、「政策のための学力テスト」について考えよう。これはたとえば、少人数指導をした学校としていない学校で、どのくらい成績の向上する割合が違うのかとか、保護者の学歴が大卒以上かそうでないかによって、どのくらい成績に差がつくのかといった具合に、政策にとって重要な問題を調べるときに使用するテストのことである。このテストの場合、「指導のための学力テスト」とは逆に、必ずしも全員が受験する必要はない。むしろ、全員が受験してしまった場合、テスト結果を気にした教師や子どもが不正を行ってしまう可能性が生じるため、標本調査が望ましい。また、「指導のための学力テスト」では全員満点であることが望まれるが、それでは少人数指導を

行った学校も行っていない学校も全員満点で、少人数指導の効果がわからないという事態になりかねない。そこで「政策のための学力テスト」においては、全員満点ではなく、受験者のちょうど真ん中付近に平均点が来ることが好ましい。専門的な言葉を使えば、受験者の成績が正規分布に近い方がよいということである。

さらに「政策のための学力テスト」では、(1) 複数回実施すること、(2) 受験者の属性がわかること、も重要である。少し長くなるが、その理由を説明しよう。

受験者の成績には、少なくとも①本人の資質、②家庭環境などの影響、③学校・教員の指導、の三つの要素が関わっていると考えられる。「政策のための学力テスト」では、③学校・教員の指導の効果を論じることが多いだろうが、そのためには、①と②の影響を除去しなければならない。具体的な方法は次の通りである。まず、①の影響を見るためには、複数時点の学力テストを実施すればよい。こうすれば、時点間の成績の変化を見ることで、①の要素が（ある程度）除去できる。続いて、②の要素を見るためには、本人の属性の情報が必要である。たとえば塾に通うことで平均して 10 点の得点上昇が見込めるのであれば、その分を割り引いて成績を評価する必要が出てくる。両親の学歴や年収についても同様である。こうして①と②の要素を考慮してはじめて、③学校・教員の指導の影響という議論にたどり着ける。複数回実施していない、あるいは受験者の属性に関する情報が含まれていない学力テストでは、①や②の影響を完全に除去できないため、基本的には推定の偏りを避けることができない（川口 2009）。

ここまで述べたように、「指導のための学力テスト」と「政策のための学力テスト」では、その目的、必要とされる情報、テストの実施形態が異なってくる。にもかかわらず、この両者を混同するから混乱が生じる。たとえば、「指導のための学力テスト」で平均点を計算するとどうなるだろうか。「指導のための学力テスト」は、①本人の元々の資質、②社会的属性といった要素を考慮しない。つまり、その平均点は、③学校・教員の指導の影響のみならず、①と②の要素が混ざったものとなる。ここで、恵まれた家庭環境

に育った子どもばかりが集まった学校と、そうでない学校で、学校ごとに平均点を計算したとしよう。一般に、家庭環境に恵まれた子どもは平均点が高い傾向にあるから、当然前者の学校の方が平均点は高くなる。しかし、どちらの学校・教師の指導がより望ましかったのかという、本当に重要な情報はわからないままである。要するに、「指導のための学力テスト」は、あくまで個々の教室で教師が利用するべきものであり、「政策のための学力テスト」としては使えないのである。

　ここで、全国学力・学習状況調査を考えてみよう。この調査は、「指導のための学力テスト」と「政策のための学力テスト」のどちらの性格を持つ調査だろうか。結論から言えば、これは「指導のための学力テスト」なのである。この調査は、一時点のみの学力テストであり、子どもたちの属性もほとんど調査されていない。また、とくにA問題に顕著に見られるが、易しい問題が多く、全員が満点を取ることが期待されている。先に述べたように、こうした「指導のための学力テスト」で、学校・自治体ごとの平均点を計算してはならない。重要な情報は何もわからないまま、各学校・自治体の平均点だけが一人歩きしてしまうからである。

　全国学力・学習状況調査において、下位の学校・自治体が「平均点を目指す」という目標を掲げることがあるが、これもおかしな発想である。「指導のための学力テスト」で平均点を計算すれば、普通は平均点より上になるものと、下になるものがある。受験者全員が平均点をとれるのは、全員が満点を取ったときだけだろう。教室の中で行う「指導のための学力テスト」であれば、全員満点の理想も許されるかもしれない。しかし、教室を超えて、学校や自治体が「全員が満点でなければならない」などと言い出したら、それは明らかに歪んでいる。その意味するところは、うっかりミスの一つも許さないし、満点をとることのできない子どもは要らないということなのだから。

　要するに、現在の全国学力・学習状況調査をめぐって生じている混乱の原因の一つは、「指導のための学力テスト」と「政策のための学力テスト」は違うという、ごく当たり前の発想が存在しないためなのである。残念なこと

に、日本で実施されている学力調査は、ほぼすべてが「指導のための学力テスト」という発想に縛られている。「政策のための学力テスト」に該当するのは、おそらくPISAとTIMSSくらいであろう。

それでは、「政策のための学力テスト」を作るためにはどうすればよいのだろうか。そこで重要になるのが、本章のテーマであるIRT（項目反応理論）である。次節では、IRTの基本的な考え方について解説する。

3. 古典的テスト理論と項目反応理論

はじめにIRTの概要とその利点について確認しておこう。IRTの利点は、古典的テスト理論の欠点を考えるとわかりやすい。古典的テスト理論とは、日本の小中学校の学力調査でよく使われている、いわゆる100点満点の学力調査のことである。全国学力調査をはじめ、日本では小中学校を対象にするほとんどの学力調査が、古典的テスト理論に基づいて実施されている。これは教育研究も例外ではなく、本章で扱う大阪学力調査はもちろん、先にふれたJELS（お茶の水女子大学）や子どもパネル調査（慶應義塾大学パネルデータ設計・解析センター）といった、国内の有名な学力調査も、基本的には古典的テスト理論の枠組みで運用されている。前節で述べた「指導のための学力テスト」の背後にあるのも、この古典的テスト理論である。

古典的テスト理論の利点の一つは、結果を解釈するのにそれほど特別な知識が要求されないという点にある。しばしば古典的テスト理論では、100点満点換算で70点といった表現がされるが、こうした考え方は直感的に理解しやすい。

他方、「政策のための学力テスト」という視点から見ると、古典的テスト理論には重大な欠点がある。以下では、古典的テスト理論の欠点を大きく3点に整理してみよう。第一の問題は、古典的テスト理論では、同一個人の成績の変化を追跡することができないという点である。すでに述べたように、「政策のためのテスト」において①本人の資質という要因を除去するためには、同一個人の成績の変化を把握しなければならない。その前提には、複数

回にわたって実施される学力調査の成績が、すべて同一尺度上にあるという仮定が必要である。

　古典的テスト理論の枠組みで、この仮定を満たそうとすると、受験者に毎回まったく同じテストを受験させる必要がある。しかし、異なる学年にまったく同じテストを受験させるというのは現実的ではない。高学年向けのテストを低学年で実施すれば全員が0点かもしれないし、逆に低学年向けのテストを高学年で実施すれば全員が100点を取ってしまうかもしれない。それに、毎回同じテストを実施すればテスト対策をされてしまう可能性もある。テスト対策までいかなくても、テストを繰り返せば受験者がテストに慣れるだろうから、正答率は自然に上昇してしまう。

　第二の問題は、第一の問題と似ているが、古典的テスト理論では、子どもたちの学力が上がった／下がったといった、異なる調査間での成績の変化を分析することが難しいという点である。古典的テスト理論では、テストの問題構成が異なると、その平均点を比較することはできない。つまり異なる年度のテストで平均点が上昇したとき、それが、テスト内容が異なるために起こったことなのか、それとも受験者の能力が向上したためなのか区別できない。全国学力・学習状況調査において、「平均点を目指す」という発想がでてくるのも、古典的テスト理論では、平均点以外に目標になる数値が見当たらないからである。仮に全国学力・学習状況調査において、異なる年度間でも得点が比較できるのであれば「平均点を目指す」必要はない。「昨年より点数の向上を目指す」というごく当たり前の宣言をすればよいのである。

　もちろん古典的テスト理論の枠組みであっても、毎回まったく同じテストを使えば成績の変化を把握することはできる。しかし実際には、学習指導要領の変更など何らかの事情によって微妙に異なる出題を行わざるを得ないため、現実的な解決策とは言えない。実際、本章で扱う大阪学力調査も、毎回まったく同じ問題が出題されているわけではなく、いくつか修正が加えられている。もちろん各回の調査で共通する問題だけを抜き出して、その正答率をもとに学力の変化を判断することはできる。しかし、この場合は分析に使用できる問題数が少なくなってしまう。とくに、テストを重ねれば重ねるほ

ど、共通問題は減っていくから、問題は深刻になっていく。

　第三の問題として、古典的テスト理論では、成績の分布に正規分布を仮定できないという点がある。「政策のための学力テスト」は、全員満点ではなく、全体の中央付近に平均点がくることが好ましいと述べた。しかし、古典的テスト理論に基づいて実施された学力テストでは、テスト結果が正規分布に従っているとは限らない。とくに全国学力・学習状況調査に典型的に見られるように、日本で実施される「指導のための学力テスト」は、平均点が高く、分布が偏ったものになりやすい。これは、「政策のための学力テスト」という視点で見た場合、推定を偏らせ、誤った判断を引き起こす可能性を上昇させる。実際、本章で示すように、IRTを使用した推定結果は、古典的テスト理論の場合と若干異なる傾向を示している。

4．IRT（項目反応理論）による分析

　以上のような古典的テスト理論の欠点は、IRTを使用することでほぼ解決することができる。まず、IRTの基本的な発想について説明しよう。IRTを理解するには、重量挙げのバーベルを考えるとわかりやすい。仮に、300kgのバーベルを50％の確率で持ち上げられる選手Aと、150kgのバーベルを50％の確率で持ち上げられる選手Bがいたとしよう。このとき、選手Aと選手Bの能力を、どうやって測定したら良いだろうか。簡単なのは、重さの異なるバーベルをいくつも与えてみることである。たとえば100kgのバーベルであれば、二人ともほぼ100％持ち上げられるだろう。ところが、150kgのバーベルになると、選手Aは100％持ち上げられるのに対し、選手Bは50％しか持ち上げられない。200kgともなれば、選手Aはまだ90％程度は持ち上げられるだろうが、選手Bはほとんど持ち上げられないだろう。このようにすれば、選手Aの能力が選手Bより高いことは一目瞭然である。

　この例は重量挙げだったが、IRTを利用した学力テストでは、個々の問題の難易度がバーベルの重さに対応する。仮に、成績の良いAさんと、ごく平均的な成績のBさんがいるとしよう。このとき、簡単な問題であれば、両者

ともに100%正解するだろう。そして、平均的な難易度の問題であれば、Aさんはほぼ100%、Bさんは50%程度の正答率になるだろう。さらに、難しい問題なら、Aさんは50%、Bさんは0%になるだろう。このように、受験者の能力を、総正答数ではなく、個々の問題の難易度とそれに対する正答率から推定するのがIRTの基本的な発想である。なお、以下では、個々の問題のことを心理学の標準的な表現方法に則って「項目」と呼ぶことにする。また、個々の問題に対する受験者の正誤を「反応」と呼ぶ。IRTが「項目」「反応」理論と呼ばれる所以である。また、成績のことは「能力値」と表現するが、これも心理学の慣例に従った表現である。

さて、大阪学力調査で出題された項目に、IRTを適用した分析結果の例が、図11-1である。この図は、受験者集団に依存しない受験者の能力値θが横軸に、項目への正答確率を縦軸にとっている。図中の二つの曲線は、大阪学力調査で出題された問2（漢字の読み）と問5（文法）という二つの項目を例に、問題の難易度と正答確率の関係を表したものである。この曲線を、IRTではICC（項目特性曲線）と呼ぶ。

IRTには複数のモデルがあるが、本章で使用するのは2パラメタ・ロジスティックモデル（2PLM）と呼ばれるモデルである[3]。IRTの2PLMは、ロジスティック分布の分布関数を利用することで、項目への正答確率Pと能力値θの関連を次式のように考える。

$$P_j(\theta_i) = \frac{\exp[a_j - b_j]}{1 + \exp[a_j(\theta_i - b_j)]}$$

この式は、受験者iが項目jに正答する確率を数学モデルで示したものである。この式には、受験者の能力値θと、どの程度その項目が難しいかを示した難易度b、どの程度その項目が受験者を弁別することに役立つかを示した識別度aが含まれている。先ほどのバーベルの例で言えば、バーベルの重さが難易度bに該当する。識別度aは、（語弊があるが）項目の出来・不出来を表す指標だと思えばよい。学力テストにおいて出来のよい項目は、バーベルのように、ある一定以上の能力を持つ人間なら誰でも正解すると

補論　学力分析のための方法的革新

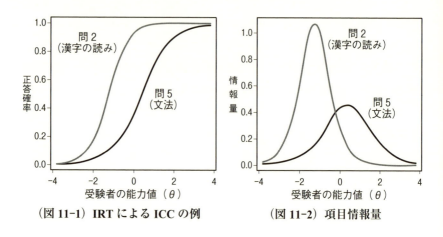

（図 11-1）IRT による ICC の例　　　（図 11-2）項目情報量

いった具合に、適切に受験者の能力を把握（心理学の用語では弁別）できる。しかし、現実の学力テストにおいては、能力値が高くても正解できるとは限らないという出来の悪い項目も混ざりがちである。もちろん、出来の悪い問題は除外するという発想もあり得る。しかし、それではテスト項目が少なくなってしまい効率が悪い。そこで、こうした項目の出来・不出来を表す識別度を式に含めることで、より柔軟に IRT を運用できるようにしているのである。

なお、IRT では受験者の能力値 θ は標準正規分布（平均 0、標準偏差 1）に従うことを仮定するため、能力値 0 は平均的な受験者ということになる。標準正規分布という発想に慣れていないのであれば、偏差値（平均 50、標準偏差 10）で考えてもよい。たとえば、能力値 0 は偏差値 50、能力値 −2 は偏差値 30、能力値 1 は偏差値 60 に該当する。

それでは図 11-1 を見てみよう。ICC（項目特性曲線）を見ることで、項目の難易度や識別度を視覚的に確認することができる。図 11-1 を見ると、問 2（漢字の読み）は能力値 −1 程度のところで急激に曲線が立ち上がり、正答率が急上昇していることがわかる。これに対して問 5（文法）では、能力値 −2 を超えたあたりからゆっくりと正答率が上昇し、能力値 2 を超えたあたりで正答率が 9 割近くなっている。これは、問 2 が比較的易しい問題

(≒能力値−1の受験者で正答率50%)であり、かつ能力値−1前後の受験者を弁別することに役立つ(≒識別度の高い)項目になっていることを意味している。問5は問2よりは難しい問題(≒能力値0の受験者で正答率50%)だが、問2と比べると曲線の立ち上がりが緩やかで、やや識別度が低いことがわかる。

図11-2は少し見方を変えて、どの項目がどの能力値の受験者を弁別するのに役立つか、横軸に受験者の能力値を、縦軸に情報量(≒識別度の高さ)という値を取って表現したものである。図11-2を見ると、問2(漢字の読み)の項目は能力値−1前後で情報量が大きく、能力値−1前後の受験者を弁別する能力が高いことがわかる。他方、問5(文法)の項目は能力値0で情報量が最大になっているものの、その値は問2と比べると小さく、受験者を弁別する能力が弱いことがわかる。

IRTでは、以上のように項目ごとにICCを描き、項目の難易度や識別度を推定していく。その上で、テストで使用されたすべての項目をもとに、受験者の最終的な能力値θを推定するのである。

IRTの重要な特性は、次の点にある。先ほど、問2の項目は能力値−1の受験者を弁別することに優れていると述べた。IRTでは、いったん推定した項目の難易度や識別度は、以後のテストでも同一であると見なすことができる。つまり、受験者が全員入れ替わったり、異なる年度のテストであったりしたとしても、IRTを使えば、問2に50%正解する受験者は能力値−1程度であると判断することができるのである。この表現がわかりにくければ、個々の項目をバーベルのように扱うと考えてもよい。たとえば、あるテストで50kgと判断された項目は、以降のテストでも50kgの重さとして扱うといった具合である。

とくに、識別度が高く、かつ難易度の大きく異なる項目を、共通項目として複数配置することができれば、仮にテスト項目の半数が異なっていたとしても、受験者の能力値(≒成績)を同一尺度上に再構成することが可能になる。再びバーベルで例えれば、異なるテストであっても、両方に共通のバーベルが何本か混ざっていれば、そのバーベルを手がかりに、二つの異なる受

験者群の成績を比較できるということである。このように、異なるテスト間の成績を同一尺度上に構成し直す作業を、等化（Equating）と呼ぶ。PISAやTIMSSといった国際学力調査は、異なるサイクル間であっても成績を比較することが可能だが、それを可能にしているのが、この等化の技術である。

　IRTを使えば、先ほど述べた古典的テスト理論の欠点は、ほぼ克服できる。第一に、等化の技術があれば、異なるテスト間であっても得点を比較できるから、同一個人の成績の変化を追跡することが可能になる。第二に、同じく等化によって、異なる年度の異なるテストの成績を比較することが可能になる。個々のテストにおける受験者の能力推定は、受験したすべての項目を使って行うので、項目が無駄になることもない。第三に、IRTでは受験者の能力分布に正規分布を仮定している。そのため、推定された受験者の成績の分布は正規分布に近づく。

　要するに、IRTを使えば「政策のためのテスト」の前提のうち、受験者の成績が正規分布する、複数回実施できる、といった条件が満たせるということである。IRTはテスト開発のための理論であり、本来は項目の作成時から参照されることが望ましい。しかし、古典的テスト理論の枠組みで実施されたテストを、IRTの枠組みで再分析することで、より適切な状態に変換することも（ある程度は）可能である。日本でも、英語や数学といった教科で、IRTを用いて異なる学力調査を等化し、学力低下を検証する試みがいくつか行われている[4]。こうした事後にIRTで等化を行う作業は事後等化と呼ばれる。

　次節では、大阪学力調査のデータにIRTを適用し、推定値の変化を検討する。その際、特に注目するのは、これまで古典的テスト理論に基づいて検証されてきた「学力低下・学力格差」といった先行研究の知見が、IRTを使用した状況でも妥当なのか否かという点である。

5. データの概要／分析結果

　以下では、大阪学力調査のうち、小学校のデータを使用する。中学校のデータについては、川口（2015）で分析しているので、そちらを参照してほしい。サンプルサイズは、1989 年が 1416 人、2001 年が 921 人、2013 年が 907 人である。学校数は、各回で共通の学校のみを抽出したため、いずれも 16 校である。

　本節では、IRT による推定に加えて、IRT と正答率のそれぞれを従属変数とした場合、分析結果がどのように変化するか検討するため、回帰分析による検討を行う。このとき独立変数として、生活実態調査の質問をいくつか使用する。具体的な質問は、3 回の生活実態調査で共通している、勉強時間（単位：時間）、通塾ダミー（通塾 1、それ以外 0）、女子ダミー（女子 1、男子 0）の 3 つである。それぞれの変数の記述統計量は、表 11-1 のようになる。

　はじめに、IRT の 2PLM を使用して、能力値（＝成績）の再推定を行う。具体的な手順は次のとおりである。まず、各項目への受験者の反応（＝正誤）を、正答・誤答の 2 値に変換した。受験者の反応が多段階であることを前提にした IRT も存在するが、今回使用できるデータセットには、正答／誤答以外の反応が残っていなかったため、こうした拡張は行えなかった。

　その上で、推定が不安定になることを防ぐため、あまりに正答率の高すぎる／低すぎる問題は分析対象から除外した。具体的には、90% を超える正

（表 11-1）記述統計量

	89 年	01 年	13 年
勉強時間	0.85 (0.72)	0.64 (0.75)	0.77 (0.79)
通塾ダミー （通塾 1, それ以外 0）	0.29 (0.45)	0.29 (0.46)	0.29 (0.46)
女子ダミー （女子 1, 男子 0）	0.49 (0.50)	0.52 (0.50)	0.49 (0.50)

（　）内は標準偏差

答率、および10％を下回る正答率の問題を削除した。本来であれば、こうした受験者の弁別に役立たない項目は、予備調査の段階で取り除く必要があるのだが、テスト設計を専門としない研究者によるテスト作成の限界が表れていると言えよう。

さて、IRTを分析に用いる際に、重要な前提が二つ存在する。一つ目は、項目の局所独立の仮定である。これは前の問題の正誤が、後ろの問題の正誤に影響を及ぼさないというものであり、センター試験の大問を考えるとわかりやすいだろう。センター試験には、前の問題の回答を使うことで後半の問題が解けるような問題が出題されることがある。こうした前の出題の正誤が後ろの問題の正誤に影響するような問題は、IRTでは分析することができない。今回の大阪学力調査でも、局所独立の仮定を満たさない項目が出題されていたため、これらの項目については最終的な問題の正誤のみを分析に使用することにした。

二つ目が、項目の一元性の仮定であり、出題されたすべての項目が同一の能力を測定しているという仮定である。これは、因子分析という統計技法を用い、全体が一因子構造になっているかどうかといった規準で判断することができる。今回は、テスト全体の正答率と個々の項目の正誤からポリシリアル相関係数を計算し、それが0.3を下回る項目を削除した。その上で、スクリープロットを描き、全体が一因子構造になっていることを確認した。

IRTの推定には最尤法（周辺最尤推定法）を用い、成績の等化にはStoking & Lord法を使用した。計算にはフリーの統計ソフトであるRのltmおよびplinkパッケージを利用している[5]。最終的に、3回の学力調査のそれぞれで、個々の項目の難易度が−4から4のあいだにあること、すべての項目の識別度が−2を超えていたことから、今回の推定には一定の妥当性があると判断した。

それでは、IRTによる学力調査の分析にとりかかろう。まずは、テスト情報量関数と呼ばれる曲線を見ていく。これは、それぞれのテストの総合的な難易度を示したグラフであり、テストがどのレベルの受験者をもっとも弁別できるかを視覚的に示してくれている。

第 11 章　項目反応理論による「学力低下・学力格差」の実態の再検討

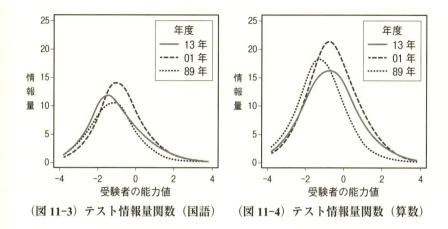

（図 11-3）テスト情報量関数（国語）　（図 11-4）テスト情報量関数（算数）

　図 11-3 や図 11-4 を見ると、国語・算数ともに、能力値が −1 から −2 の付近でテスト情報量が最大になっていることがわかる。能力値は正規分布に従うことが仮定されているから、これは大阪学力調査がかなり易しいテストであることを示している。同時に、大阪学力調査では、能力値の高い受験者については、あまりうまく成績が推定できていないということもわかる。分析結果を解釈するときは、能力値の高い受験者については推定が不安定であることを考慮しておく必要がある。

　続いて、能力値の推定結果を見ていこう。表 11-2 は、正答率／IRT のそれぞれで計算した受験者の能力値の平均である。いずれも 1989 年度の受験者全員の成績の平均値が 50、標準偏差 10 になるように変換している。表 11-2 を見ると、正答率でも IRT でも平均にそれほど大きな差は見られない。ただ、2013 年の国語に限っては、正答率と IRT の推定値に差が存在し、正答率では 1989 年と比べて成績が低いが、IRT では 1989 年より 2013 年の方が高いという結果になっている。それほど大きな差ではないが、この結果は、IRT を用いることで、学力低下／学力向上といった判断も変わってくる可能性があるということを示唆している。

　さらに、ヒストグラムを描き、正答率と IRT で成績の分布にどのような違いがあるか確認しておこう。図 11-5 から図 11-7 は、1989 年から 2013 年

(表 11-2) 記述統計量

	国語		算数	
	正答率	IRT	正答率	IRT
89 年	50.4 (9.9)	50.4 (10.1)	50.7 (9.8)	50.7 (9.9)
01 年	47.2 (11.3)	46.3 (10.7)	44.2 (11.2)	44.2 (10.6)
13 年	49.3 (9.4)	51.1 (10.5)	47.9 (10.0)	47.3 (9.9)

( ) 内は標準偏差

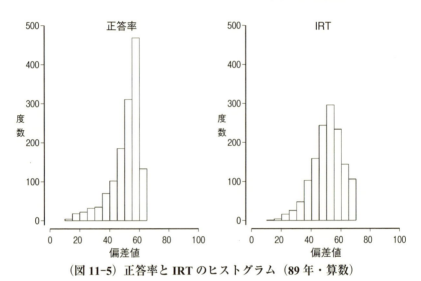

(図 11-5) 正答率と IRT のヒストグラム (89 年・算数)

までの算数の成績のヒストグラムを示したものである。これを見ると、正答率が大きく右に偏っているのに対し、IRT の方が正規分布を仮定する分、正規分布に近いヒストグラムになっていることがわかる。一般的な統計技法は、その前提として変数が正規分布に従っていることを仮定することが多いから、IRT を使用した方が適切な分析ができると言えるだろう。

最後に、回帰分析を適用し、正答率と IRT で分析結果にどのような違いがあらわれるか見てみよう。ここでは、従属変数を成績、独立変数を女子ダミー、通塾ダミー、勉強時間とした回帰分析の推定結果を検討する。なお、推定方法は基礎的な OLS (最小二乗法) であり、欠損値はリストワイズ法

第 11 章　項目反応理論による「学力低下・学力格差」の実態の再検討

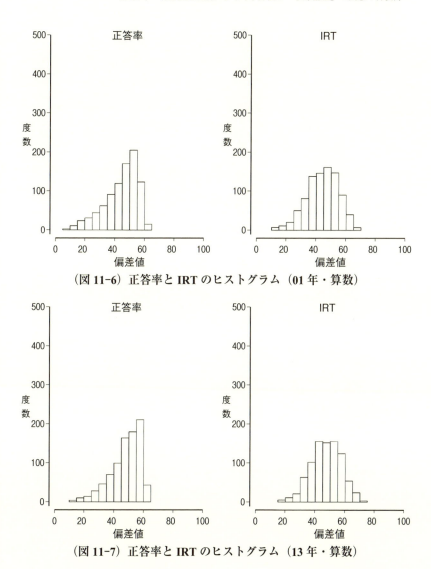

（図 11-6）正答率と IRT のヒストグラム（01 年・算数）

（図 11-7）正答率と IRT のヒストグラム（13 年・算数）

によって削除している。表 11-3 が国語、表 11-4 が算数に関する推定結果である。

　回帰分析の結果を見ると、いずれの推定でも IRT を従属変数とした分析の R^2 値が、正答率を使用したモデルより高く、より適切な分析結果になっ

（表11-3）回帰分析の推定値（国語）

	89/正答率	89/IRT	01/正答率	01/IRT	13/正答率	13/IRT
切片	45.7 (0.5)	45.5 (0.5)	42.3 (0.6)	41.2 (0.6)	45.6 (0.6)	46.3 (0.6)
女子ダミー	2.5 (0.5)	2.8 (0.5)	5.6 (0.7)	5.8 (0.6)	2.6 (0.7)	3.5 (0.7)
通塾ダミー	1.9 (0.6)	1.9 (0.6)	2.8 (0.8)	2.8 (0.8)	3.2 (0.8)	4.7 (0.8)
勉強時間	3.4 (0.4)	3.5 (0.4)	2.1 (0.5)	2.4 (0.5)	2.0 (0.4)	2.1 (0.5)
R^2	9.2	10.2	10.6	13.1	8.5	11.5

（　）内は標準誤差

（表11-4）回帰分析の推定値（算数）

	89/正答率	89/IRT	01/正答率	01/IRT	13/正答率	13/IRT
切片	47.7 (0.5)	47.2 (0.5)	41.5 (0.6)	41.0 (0.6)	45.7 (0.6)	45.1 (0.6)
女子ダミー	-0.1 (0.5)	-0.2 (0.5)	1.8 (0.7)	2.0 (0.7)	-1.0 (0.7)	-1.3 (0.7)
通塾ダミー	2.3 (0.6)	2.5 (0.6)	2.1 (0.8)	2.4 (0.8)	3.3 (0.8)	3.6 (0.8)
勉強時間	2.9 (0.4)	3.5 (0.4)	2.3 (0.5)	2.9 (0.5)	2.7 (0.5)	2.8 (0.5)
R^2	6.2	8.3	4.5	7.3	8.2	9.4

（　）内は標準誤差

ていると言える。また、ほとんどの係数で、IRTを使用したモデルの方が推定値が大きくなっている。とくに興味深いのは、国語の分析結果である。通塾ダミーの推定値が1989年・2001年・2013年と年々大きくなっており、通塾しているか否かによって児童のあいだにある成績の差が大きくなっていることが読み取れる。正答率でも同様の結果は読み取れるが、IRTの方がより顕著に傾向を捉えることができる。算数では、正答率でもIRTでもそれほど結果に変化はない。

　ここから言えるのは、1989年と比べた時、2013年は通塾を要因とした成績の差が拡大しているということである。その傾向は正答率でも見えなくはないが、IRTの方がはっきりと読み取れる。正答率とIRTを使用した場合に、こうした違いが現れるのは、おそらく天井効果と関わりがある。通塾している子どもは、一般に通塾していない子どもより成績が高く、満点に近い点数をとる可能性が高い。そのため、正答率を基準にした場合、通塾による

成績の差は実際よりも小さく推定される可能性があると考えられる。IRTを使用することで、こうした天井効果を補正することができたのではないか。

なお、中学校の分析結果（川口 2015）と比べた場合、小学校の方がIRTと正答率の推定値の差が大きくなっている。これは小学校の方が中学校と比べてテストの難易度が低いため、天井効果が発生しやすいことが関連していると思われる。

本節の分析結果をまとめると、以下の通りである。第一に、大阪学力調査は、かなり易しい問題から構成された難易度の低いテストであり、能力値の高い受験者については成績を推定した際の標準誤差が大きい。第二に、IRTを使用しても正答率を使用しても、成績の平均値は大きく変わらない。つまり、1989年から2001年にかけての「学力低下」という苅谷らの主張（苅谷他 2002）には妥当性がある。第三に、IRTを使用することで、R2値をはじめとして全体の推定値が大きくなる。これはIRTを利用することで天井効果が補正されるためだと思われる。とくに、通塾ダミーの推定値が大きく変化したことは注目に値する。学力格差は、教育社会学の学力研究において中心テーマの一つだが、これまでの正答率を使用した学力研究は、学力格差を過小評価している可能性があると言えるだろう。

6. まとめ

本章では、IRTの概要を紹介し、日本で実施されている学力調査の欠陥と、IRTによるその克服について論じた。また、実際にIRTを利用することで、これまでの教育社会学の「学力低下・学力格差」といった知見の再検討を行った。本章の議論をまとめると次のようになる。

第一に、日本の学力調査をめぐる混乱の要因の一つに、「指導のための学力テスト」と「政策のための学力テスト」は違うという、学力テストを実施・分析する際に必要な、ごく当たり前の発想が欠如しているという点がある。両者を区別することが肝心である。

第二に、「政策のための学力テスト」を作成するためには、IRTの発想を

理解することが重要である。日本でよく使われている古典的テスト理論は、「指導のための学力テスト」としては良いが、「政策のための学力テスト」を作るためには不向きである。

　第三に、「指導のための学力テスト」であっても、IRTを使うことで、「政策のための学力テスト」に変換することは、ある程度は可能である。当然、テスト結果の変換に伴い、推定値が変動することもある。とくに、天井効果の生じやすい現象（今回の分析範囲では通塾しているか否かによる得点差）については、IRTを使うことで、推定結果が大きく変動する可能性が存在する。

　なお、今回はデータの制約上できなかったが、IRTを利用する真の利点は、「古典的テスト理論では検討できない問題を解くことができる」という点にある。本章でも触れたように、最小限の共通問題で学力の変化を検討できるとか、同一個人の学力の伸びを測定できる等といった問題がそれである。IRTを利用することで、古典的テスト理論の元では不可能だった新たな学力研究の地平に進むことができるのである。

　IRTは心理学領域の発想であり、他分野の研究者には馴染みが薄い。しかし、近年の学力調査は、IRTの知識なくしては運用することも理解することも難しい。今後の学力調査において、さまざまな領域の研究に目を向け、複数の領域の知見を結集することの重要性を、最後にあらためて強く訴えておきたい。

（注）
(1) それぞれ、詳細については、下記のHPを参照のこと。
　　JELS：http://www.li.ocha.ac.jp/hss/edusci/mimizuka/JELS_HP/Welcome.html
　　日本子どもパネル調査：http://www.pdrc.keio.ac.jp/open/post.html
(2) PISAやTIMSSで採用されているIRTの詳細については、OECD（2012）やOlson et al.（2008）を参照のこと。
(3) IRTの代表的なモデルとして、他に識別度を省いた1パラメタ・ロジスティックモデル（1PLM）や受験者が当て推量で正答する確率を考慮する3パラメタ・ロジスティックモデル（3PLM）などがあるが、本章では扱わな

い。その理由は、以下のとおりである。

　まず、1PLM（理論体系によってはラッシュモデルと呼ばれる）は、PISAの成績推定に採用されているモデルである。各項目をまさにバーベルのように扱うため、項目を難易度順に整理することができ、テスト理論としてはわかりやすい。一方で、今回のようにすでに実施された学力調査に、後から1PLMを当てはめた場合、難易度順に並ばない項目（≒出来の悪い項目）はすべて分析から省く必要が生じるため、分析できる項目数が少なくなってしまう。3PLMは、TIMSSの成績推定に採用されているモデルであり、当てずっぽうで項目に正答する確率まで考慮した、2PLMより精緻なモデルである。ただ、今回の分析では3PLMも2PLMもほとんど推定結果が変わらなかった。

　以上のような理由により、本章では2PLMを採用している。なお、IRTのモデル体系や、その背後にある理論については村木（2011）や靜（2007）を参照してほしい。

（4）たとえば熊谷（2008）や大床・堀江（2015）を参照のこと。
（5）Rのバージョンは3.1.2である。なお、plinkパッケージは2015年2月現在、CRANから削除されている。

〈参考文献〉

加藤健太郎・山田剛史・川端一光，2014『Rによる項目反応理論』オーム社
苅谷剛彦・清水睦美・志水宏吉・諸田裕子，2002『調査報告「学力低下」の実態』岩波ブックレット
川口俊明，2009「学校効果の新たな分析手法の確立に向けて」志水宏吉編『「力のある学校」の探求』大阪大学出版会，pp. 233-248
川口俊明，2011「日本の学力研究の現状と課題」『日本労働研究雑誌』614号，pp. 6-15
川口俊明，2015「項目反応理論による学力調査の再分析」『福岡教育大学紀要』第64巻（第4分冊），pp. 1-12
熊谷龍一，2008「項目反応理論による英語能力推移に関する研究の比較」『クオリティ・エデュケーション』第1巻，pp. 29-36
耳塚寛明，2007「小学校学力格差に挑む」『教育社会学研究』第80号，pp. 23-39
村木英治，2011『項目反応理論』朝倉書店
OECD 2012, PISA 2009, *Technical Report*, OECD Publishing
大床太郎・堀江郁美，2015「項目応答理論の分析モデル概要と日本の数学関連テストにおける利用動向」『情報学研究』第4号，pp. 75-85

Olson, J., M. Martin, & I. Mulliseds., 2008, *TIMSS 2007 Technical Report,* TIMSS & PIRLS International Study Center

靜哲人，2007『基礎から深く理解するラッシュモデリング』関西大学出版部

志水宏吉・伊佐夏実・知念渉・芝野淳一，2014『「学力格差」の実態』岩波ブックレット

豊田秀樹，2012『項目反応理論【入門編】(第2版)』朝倉書店

おわりに

　「はじめに」で編者の志水が述べたように、本書にはふたつの特徴がある。ひとつめは、1989年、2001年、2013年の3時点比較を通して、子どもたちの学力格差の実態がどのように変化していったかを明らかにしたことである。もうひとつは、実態の把握と分析を踏まえて学力格差縮小の展望を語ること、志水の言葉でいえば「温かい知」を探求したことである。前者の特徴についていえば、これほど長期にわたって学力格差の経年変化を追った調査は、筆者の知る限り日本にはない。手前味噌になるが、今度の出版は日本の教育不平等研究において画期的な意義を持つといっていいのではないかと考えている。後者の特徴についていえば、教育現場からの研究者に対する期待が「温かい知」をめざす動機となっていることを強調したい。
　本書の締めくくりにあたって、この「温かい知」を語ることの意味と難しさについて、私なりに考えてみたい。
　研究から生み出された「知」が確かなものであるためには、その方法が学問的に妥当でなくてはならない。だが、学問的な厳密さは「温かい知」の必要条件ではあるが十分条件ではない。その知が「温かい」ものであるためには、子どもの教育に関わる人々に確信と展望を与えるものでなくてはならない。だから私は、教育研究者はむろん、学校の教職員、地域の教育関係者、教育行政の職員にも本書を読んでいただきたいと願っている。そして、それぞれの立場から、本書の内容に忌憚のないご意見をいただきたいと願っている。
　とはいえ、学問的な厳密さを確保しつつ展望を語るというのは、正直に言ってとても難しい。それは次のような理由からである。
　ひとつめの理由は、学力格差の縮小という研究課題自体に由来するものである。これまでの学力格差に関わる研究が明らかにしてきたことは、格差を生み出す要因の多くは学校の力の及ばぬところにあるということだ。海外の「効果のある学校」研究でもそのことは再三指摘されている。だが、それで

もなお、私たちは展望を語ろうとした。学校の力で学力格差を小さくすることはできる。学力格差の縮小は集団づくりと表裏一体のものだ。学校には、困難を抱えた子どもにたいして、学習面以外にも様々な支援をする役割がある。社会に存在する格差や不公正を批判的にとらえる社会観を育むのも、学校の仕事のひとつだ。そういう展望を、あくまでもデータの分析をふまえて、私たちは語ろうとした。

　もうひとつの理由は、学問の世界で使われる言葉と教育現場で使われる言葉に違いがあることである。それぞれの執筆担当者は現場に届く言葉で語る努力を惜しまなかった。例えば「学びあい」や「人間関係づくり」が学力とどう関係するかという課題設定そのものがそうした努力の表れだといえる。けれども、本書で使われている統計学の手法や学術用語の多くは、学問的な訓練を積んだことのない人には取っつきにくいことだろうと思う。これは専門書という性格上、ある程度はやむを得ないことだ。逃げを打つようで申し訳ないのだが、調査結果のエッセンスを抽出した小冊子（志水宏吉・伊佐夏実・知念渉・芝野淳一『調査報告「学力格差」の実態』岩波書店、2014年）がすでに刊行されているので、本書と併せてご覧いただきたい。

　みっつめの理由は、学力政策の影響である。全国学力・学習状況調査の結果が振るわなかった自治体の多くでは、程度の差こそあれ、学力向上という「成果」を求める現場への重圧は高まっている。大阪はそれが極端な形で現れている地域である。本書を準備している最中、大阪では「チャレンジテスト」と称するテストが高校入試の調査書（内申書）を作成する際に「活用」されることが決まった。来年の、いや数ヶ月先の学力テストで「成果」を求められる重圧の中では、教師集団の育成とか保護者や地域・家庭との信頼関係といった悠長なことは言っていられない。現場では長期的な展望を語る声よりも短期的な成果を求める声の方が大きく響きがちである。けれども、私たちは確信している。格差縮小の展望は、地域と結んだ学校づくりの長い道のりの先にあることを。

　このたびの研究の原点となった調査が行われたのは1989年である。ちょうどその頃、大阪では、被差別部落（同和地区）の子どもの学力不振を克服

おわりに

する道筋を明らかにすべく、いくつもの学力・生活実態調査が実施され、調査結果をめぐって教職員、教育行政、運動団体、研究者が熱い議論を闘わせていた。私たちの大先輩である友田泰正先生（当時大阪大学）は、こんな言葉を書き残している。

　調査は、ほとんど例外なく、被調査者の貴重な時間とエネルギーを消費するものであり、しかも被調査者のプライバシーにかかわり、無視できないほどの精神的負担を与える場合も、けっして少なくない。そのことを調査者がどの程度理解しようとするかによって、調査全体のあり方がほとんど一変するといっても過言ではない。
　調査が、多くの被調査者に迷惑をかけるものだということを正面から直視すれば、その迷惑に匹敵するだけの結果がえられ、その結果を何らかの形で、被調査者に還元していくということが、調査者の当然の義務となる。そして、この義務を果たすことが、けっしてなまやさしいことでないことがわかれば、いい加減な調査は実施できないはずである。もし実施するとすれば、それだけの価値をもたらす調査となるよう、その計画、実施、分析、報告、活用の方途のそれぞれに対して、慎重に、そしてできるかぎりのエネルギーを注ぐ覚悟ができていなくてはならない（友田泰正「マリノリティの学力保障をめぐる研究動向」部落解放研究所編『学力保障と解放教育』解放出版社、1987年、pp. 230-231）。

「いい加減な調査」は蔓延していないだろうか。「覚悟」は受け継がれているだろうか。数多の学力調査がくり返される今、肝に銘ずべき言葉だと思う。
　なお本書は、平成27年度大阪大学教員出版支援制度のサポートを受けて出版されるものであることを付け加えておく。

　　　　　　　　　　　　　　　2016年2月10日　執筆者を代表して
　　　　　　　　　　　　　　　　　　　　　　　高田一宏

執筆者紹介

(執筆順、2016 年 3 月 15 日現在)

志水　宏吉（しみず　こうきち）
1959 年生まれ。東京大学大学院教育学研究科博士課程修了。教育学博士。現在、大阪大学大学院人間科学研究科教授。専門分野は、教育社会学・学校臨床学。著書に『学力格差是正策の国際比較』（山田哲也との共編著、岩波書店、2015 年）、『学校にできること――人称の教育社会学』（角川選書、2010 年）、『「力のある学校」の探究』（編著、大阪大学出版会、2009 年）、『学力を育てる』（岩波新書、2005 年）など。

伊佐　夏実（いさ　なつみ）
京都府生まれ。大阪大学大学院人間科学研究科博士後期課程修了。博士（人間科学）。現在、宝塚大学造形芸術学部講師。専門は教育社会学。論文に、「教師ストラテジーとしての感情労働」（『教育社会学研究』第 84 集、2009 年）、「公立中学校における現場の教授学：学校区の階層的背景に着目して」（『教育社会学研究』第 86 集、2010 年）、「学力の男女格差」（志水宏吉、伊佐夏実、知念渉、芝野淳一『調査報告　学力格差の実態』岩波ブックレット、2014 年）など。

芝野　淳一（しばの　じゅんいち）
1986 年生まれ。大阪大学大学院人間科学研究科博士後期課程単位取得退学。修士（人間科学）。現在、大阪成蹊大学教育学部専任講師。専門分野は教育社会学・異文化間教育学。論文に、「国境を越える移動実践としての進路選択―グアムに住む日本人高校生の存在論的移動性に着目して」（『異文化間教育』第 43 号、2016 年）、「日本人学校教員の『日本らしさ』をめぐる実践と葛藤―トランスナショナル化する在外教育施設を事例に」（『教育社会学研究』第 95 集、2014 年）など。

前馬　優策（まえば　ゆうさく）
大阪大学大学院人間科学研究科博士後期課程退学。現在、大阪大学大学院人間科学研究科講師。専門は教育社会学（学力問題研究）。著書に、『福井県の学力・体力がトップクラスの秘密』（志水・前馬編著、中央公論新社、2014 年）。論文に、「子どもへの『願望』にみる現代社会」（長谷川裕編『格差社会における家族の生活・子育て・教育と新たな困難』旬報社、2014 年）、「日本における『言語コード論』の実証的検討」（『教育社会学研究』第 88 集、2011 年）。

執筆者紹介

若槻　健（わかつき　けん）
1971 年島根県生まれ。大阪大学大学院人間科学研究科博士後期課程修了。博士（人間科学）。現在、関西大学文学部准教授。専門分野は、市民性教育、カリキュラム研究。著書に『未来を切り拓く市民性教育』（関西大学出版部、2014 年）、『教育社会学への招待』（西田芳正との共編著、大阪大学出版会、2010 年）、論文に「『排除』に対抗する学校」（『教育社会学研究』第 96 集、2015 年）など。

知念　渉（ちねん　あゆむ）
1985 年沖縄県生まれ。大阪大学大学院人間科学研究科博士後期課程修了。博士（人間科学）。現在、大阪大学大学院人間科学研究科助教。専門分野は教育社会学・家族社会学。論文に、「〈ヤンチャな子ら〉の学校経験」（『教育社会学研究』第 91 集、2012 年）、「『貧困家族であること』のリアリティ」（『家族社会学研究』第 26 巻第 2 号、2014 年）など。

高田　一宏（たかだ　かずひろ）
1965 年生まれ。大阪大学大学院人間科学研究科博士後期課程単位取得退学。修士（人間科学）。現在、大阪大学大学院人間科学研究科准教授。専門分野は教育社会学・同和教育論・コミュニティ教育論。著書・編著書に『教育コミュニティの創造』（明治図書、2005 年）、『コミュニティ教育学への招待』（解放出版社、2007 年）、『学力政策の比較社会学（国内編）』（志水宏吉との共編著、明石書店、2012 年）など。

西　徳宏（にし　のりひろ）
1990 年生まれ。大阪大学大学院人間科学研究科博士後期課程在学中。日本学術振興会特別研究員。専門分野は教育社会学。論文に、「日本における「効果のある学校」研究の展開と課題」（『教育文化学年報』第 10 号、大阪大学大学院人間科学研究科教育文化学研究室、2015 年）「教育をめぐる社会関係資本論研究とその課題」（『教育文化学年報』第 9 号、大阪大学大学院人間科学研究科教育文化学研究室、2014 年）など。

川口　俊明（かわぐち　としあき）
1980 年生まれ。大阪大学大学院人間科学研究科博士課程修了。博士（人間科学）。現在、福岡教育大学教育学部准教授。専門分野は教育学・教育社会学。論文に、「教育学における混合研究法の可能性」（『教育学研究』78 巻第 4 号、2011 年）、「日本の学力研究の現状と課題」（『日本労働研究雑誌』614、2011 年）、「マルチレベルモデルを用いた「学校の効果」の分析」（『教育社会学研究』84 集、2009 年）など。

マインド・ザ・ギャップ！
―現代日本の学力格差とその克服―

2016年4月10日　初版第1刷発行　　　［検印廃止］

編著者　志水宏吉
　　　　高田一宏

発行所　大阪大学出版会
　　代表者　三成賢次

〒565-0871　吹田市山田丘2-7
　　　　　　大阪大学ウエストフロント
TEL・FAX　06-6877-1614（直通）
URL：http://www.osaka-up.or.jp

印刷・製本　尼崎印刷株式会社

© Kōkichi SHIMIZU, Kazuhiro TAKADA et al. 2016　Printed in Japan
ISBN 978-4-87259-541-3 C3037

Ⓡ〈日本複製権センター委託出版物〉
本書を無断で複写複製（コピー）することは、著作権法上の例外を除き、禁じられています。本書をコピーされる場合は、事前に日本複製権センター（JRRC）の許諾を受けてください。